Nitsch · Beil
von Schelling

Pubertät?

Cornelia Nitsch · Brigitte Beil
Cornelia von Schelling

Pubertät?
Kein Grund zur Panik!

Ein Buch für Töchter,
Söhne, Mütter und Väter

Mosaik

Bildnachweis

Ch. Lautenbacher 12/13, 20/21, 30/31, 192/193
PhotoDisc Inc. 56/57, 66/67, 96/97, 150/151, 230/231

Völlig aktualisierte Ausgabe

 / 5 4 3 2 1
Umschlaggestaltung und Motiv: Heinz Kraxenberger
Satz: Filmsatz Schröter GmbH, München
Druck und Bindung: GGP Media, Pößneck
Printed in Germany
ISBN 3-576-11544-7

Inhalt

Vorwort

Zunächst entstand dieses Buch aus dem Bedürfnis, die Pubertät unserer eigenen Kinder zu »checken«, denn von ihnen bekamen wir ständig zu hören: »Ihr checkt überhaupt nichts«. In der Tat drohten bereits die ersten unverkennbaren Vorzeichen der Pubertät, unsere Familien um ihr Gleichgewicht zu bringen.

Und von vielen »betroffenen« Freunden erfuhren wir, dass dort ebenfalls nicht alles zum Besten stand: Ein Sohn hatte sich über Nacht von einem anschmiegsamen, freundlichen Jungen in eine aufmüpfige kleine Bestie verwandelt; ein anderer von einem vorzeigbaren Schüler in einen militanten Leistungsverweigerer. Nicht anders die Töchter: Eine hatte nichts, aber auch nichts anderes im Sinn als sich in ausgeflipptem Outfit und wöchentlich wechselnder Haarfarbe ins Nachtleben zu stürzen. Eine andere hingegen verbarrikadierte sich, wann immer möglich, in ihrem Zimmer. Sie wurde von der Telefonitis befallen, während sie den Eltern jeglichen Einblick in ihr Seelenleben verweigerte.

Es zeigte sich immer deutlicher, dass bei den überforderten Müttern und Vätern pubertierender Kinder ein mindestens so dringender Bedarf nach Orientierung und Information besteht wie bei Eltern, die mit ihrem ersten Baby Neuland betreten und händeringend Rat und Hilfe suchen.

Folglich begannen wir mit der eingehenden Recherche zu diesem Buch, studierten psychologische Untersuchungen, sprachen mit zahlreichen Vätern und Müttern und interviewten Söhne und Töchter im Alter zwischen 12 und 18. Dabei entdecken wir, dass keine Publikation existiert, die sich auch an die Jugendlichen wendet. Wir aber halten es für unverzichtbar, in einem Buch zum Thema Pubertät beide anzusprechen, Eltern und ihre Kinder. Deswegen ist die Mehrzahl der Kapitel in »Jugendseiten« und »Elternseiten« aufgeteilt. Das heißt: Jeweils auf der linken Seite finden sich Informationen speziell für die Teenager, die rechte Buchseite enthält Auskünfte und Anregungen für Eltern.

Und noch ein Punkt vorweg, der viel zu wenig Beachtung findet: dass die Pubertät nämlich mindestens so viel über die Eltern des Teenagers aussagt wie über ihn selbst. Denn je nachdem, wo die Ängste und die Erwartungen der Eltern liegen, je nachdem, wie ihre Erziehungsvorstellungen sind, und je nach Temperament reagieren sie völlig unterschiedlich auf ihr Kind. So können sie etwa den Nasenring der Tochter mit leichtem Schauder, aber dennoch gelassen hinnehmen (»diese Modemarotte muss sie wohl auch noch durchmachen«), oder vor Entrüstung entsetzlichen Krach schlagen (»dieses schreckliche, gefährliche Ding ist in unserem Haus tabu«).

Jeder Vater und jede Mutter bringt eigene, tief verwurzelte Überzeugungen und Prinzipien mit, und diese werden nun von ihren heranwachsenden Kindern zum ersten Mal ernsthaft auf die Probe gestellt: Nie wieder werden Eltern so gnadenlos von ihren Kindern »gespiegelt« wie in dieser Phase – für Väter und Mütter also eine einmalige Chance, von ihren Söhnen und Töchtern über sich völlig Neues zu erfahren. Erwachsene lernen von Teenagern nicht nur alles über die aktuelle Musikszene, sie lernen sich selber ein ganzes Stück besser kennen.

Sicher – viele Kinder werden in der Zeit, die früher Flegelalter hieß, tatsächlich zu unerträglichen Nervensägen und (oft) rücksichtslosen, egomanischen Chaoten. Doch je mehr man über diese Entwicklungsphase weiß, je besser man sich in das komplizierte Seelenleben der Teenies einzufühlen vermag, je mehr Humor, Gelassenheit und Vertrauen man aufbringt und je mehr man bereit ist, »loszulassen« und die eigenen Prinzipien zu überdenken, desto entspannter kann diese Phase verlaufen. Bei uns haben wir festgestellt: Über all dem Grübeln, dem Wütend- und

Gekränktsein vergisst man so leicht, wie witzig die Kids in diesem Alter sind, wie schlagfertig, einfallsreich und originell. Sie nehmen uns auf den Arm, durchschauen uns und »checken« sofort, wenn wir gut drauf sind und uns auf sie einlassen, so wie sie sind – voller Widersprüche, aber lebendig und irgendwo ganz toll.

Pubertät – was ist das überhaupt?

Pubertät – was ist das überhaupt?

Nur mit Schaudern denken die meisten Eltern jüngerer Kinder an einen Programmpunkt, der unweigerlich auch auf sie zukommt – die Pubertät. Zu vieles haben sie darüber gehört und gelesen, was sie in Angst und Schrecken versetzt: Horrorgeschichten von friedlichen Kleinen, die sich über Nacht in launische, rotzfreche Monster verwandeln, von Chaoten, Schulschwänzern und Ausreißern, von ersten Experimenten mit Alkohol und Drogen, von Familien, in denen die Fetzen fliegen und permanenter Krach das einzig Verbindende ist. Verständlich, dass viele dieses heikle Thema nur zu gern beiseite schieben und das unbeschwerte Zusammensein mit ihren Kindern genießen. Schließlich hat das alles ja noch Zeit. Leider ein Irrtum.

Im Laufe der letzten hundert Jahre hat sich der Beginn der Pubertät in unseren Breiten um Jahre vorverlagert (siehe Seite 49). Gar nicht so selten platzt er mitten in die Kindheit, fängt bei verspielten kleinen Mädchen die Brust sich zu wölben an, und bei verträumten kleinen Jungen geht es los mit dem Wachstum der Hoden und dem Sprießen der ersten Schamhaare. »Wir wurden völlig überrascht vom frühen Start unserer Tochter«, erzählt eine Mutter. »Mit neun Jahren schon ein Busen? Wir hatten keine Ahnung, ob das normal war. «

Oft platzt die Pubertät mitten in die Kindheit

Die Kinder selbst wissen häufig nur das Notdürftigste von dem, was sie erwartet, und erstaunlich viele Eltern haben ihre eigenen Erfahrungen aus dieser Zeit vergessen oder verdrängt. Mit der Pubertät verhält es sich aber wie mit den meisten anderen Lebensabschnittten: Je weniger man sich damit auskennt, desto hilfloser steht man der Situation gegenüber und desto größer ist die Wahrscheinlichkeit, in Probleme oder sogar schwerwiegende Krisen zu geraten.

Je mehr man darüber weiß, desto besser ist man gewappnet

Pubertät – der Begriff stammt aus dem Lateinischen und bedeutet Geschlechtsreife. Damit ist aber nur ein Teil dessen erfasst, was sich in dieser Entwicklungsphase abspielt. Viele Autoren, vor allem Wissenschaftler nehmen deshalb die Bezeichnung Adoleszenz zu Hilfe, manchmal als Synonym für Pubertät, manchmal, um den Prozess der geistigen und seelischen Reifung, der den körperlichen Wandel begleitet, gesondert zu benennen. Im allgemeinen Sprachgebrauch hält sich jedoch der Begriff Pubertät für die gesamte Entwicklung zwischen Kindheit und Erwachsenendasein. Die Ungenauigkeit der Begriffe spiegelt wider, was für diese Lebensspanne so charakteristisch ist: Nichts lässt sich exakt fixieren. Weder Anfang noch Ende oder Ablauf der Pubertät stimmen bei allen Kids überein (siehe Seite 22). Ob friedlich und zielstrebig oder dramatisch, mit wilden Auswüchsen und gefährlichen Abstürzen – jedes Kind erlebt seine ganz individuelle Pubertät. In einem Punkt allerdings gleicht sie sich bei allen: Immer ist es aufregend und spannend zu erleben oder zu beobachten, wie sich aus einem knuddeligen Kindchen eine unverwechselbare Erwachsenenpersönlichkeit entpuppt.

Jedes Kind erlebt seine ganz individuelle Pubertät

Zu keiner anderen Zeit in seinem Leben macht ein Mensch eine vergleichbar stürmische Veränderung durch wie in der Pubertät. Das gesamte Koordinatensystem des Kinderlebens gerät aus den Fugen. Die biologischen »Umbauten« lassen den Körper plötzlich fremd erscheinen; überrollt von Hormonen und verwirrt durch unbekannte sexuelle Regungen, spüren die Teenies, dass sie nicht mehr in ihre alte Kinderrolle passen und sich auf die Suche nach einer neuen Identität machen müssen (siehe Seite 98). Mienen und Moden werden ausprobiert, Frisuren und Posen (siehe Seite 50). Überempfindlich registrieren sie, dass ihre Umgebung ihnen anders begegnet, sie mit ungewohnten Blicken taxiert. Um den Weg zum neuen Erwachsenen-Ich freizumachen, müssen die Eltern entthront werden (siehe Seite 156), an ihre Stelle treten Freunde und Idole aus der Sport-,Pop- oder Kinoszene als eine Art Rankgerüst auf unsicherem Terrain. Die erste glühende Liebe schlägt über den meisten Teenies zusammen (siehe Seite 86), fast zwangsläufig gefolgt von abgrundtiefem Kummer (siehe Seite 90). Hinter verrammelten Türen gehen Spielzimmer unter in Chaos und dröhnender Musik. Und auch das Denken entfaltet neue Möglichkeiten, es ist nicht mehr wie

Das Kinderleben gerät aus den Fugen

bislang auf das konkrete Umfeld beschränkt, sondern wird fähig zu größeren logischen, abstrakten Aufschwüngen (siehe Seite 58). Plötzlich hagelt es Widerspruch, Kritik – Eltern und Lehrer wissen ein Lied davon zu singen. Alles signalisiert: Achtung, ich bin kein Kind mehr!

Aber der Weg bis zum Erwachsensein ist weit, und häufig sehnen sich die Teenies zurück nach der Geborgenheit ihrer Kinderzeit (siehe Seite 122). Sie schwanken hin und her zwischen maßloser Selbstüberschätzung und verzweifelter Hilflosigkeit, überbordender Lebenslust und völliger Abschottung. Nie sind sie so verletzlich wie in dieser Zeit. Die Unsicherheit macht sie reizbar, launisch und widerborstig. Oft hängen sie herum, scheinen sinnlos zu gammeln und pumpen dabei wie die Maikäfer vor dem Abheben, bis sie Kraft und Mut genug haben für den nächsten Schritt in Richtung Großwerden (siehe Seite 120).

Immer wieder Mut sammeln für den nächsten Entwicklungsschritt

Es gibt eine Reihe von so genannten Naturvölkern, in denen die geschlechtsreifen Jungen und Mädchen von ihren Eltern getrennt und durch traditionelle Initiationsriten – wie Mutproben oder Prüfungen – in den Kreis der Erwachsenen eingeführt werden. Das Kind in ihnen muss symbolisch sterben, während sie ihre Rolle als Mann oder Frau übernehmen. Der Ritus lässt keinen Raum für Schwierigkeiten und Umwege der bei uns bekannten Art. Einerseits ist er deshalb Hilfestellung, andererseits jedoch große Einschränkung, denn er legt die Youngsters unabänderlich auf überlieferte Muster fest. Im hiesigen Kulturkreis dagegen müssen sie den Übergang von der Kindheit zum Erwachsenenleben selbst aktiv gestalten, und nur selten gelingt das ohne Schmerzen, Irrtümer, Angst oder Kampf. Dafür aber haben sie die große Chance, sich umzuschauen, zu experimentieren und schließlich selbst zu entscheiden: Wie will ich sein, wo liegen meine Ziele, wo ist mein Platz in der Gesellschaft (siehe Seite 242). Wegen dieser Möglichkeit, noch einmal von vorn anzufangen und die Weichen neu zu stellen, erscheint die Pubertät manchen Psychologen wie eine »zweite Geburt«. Überhaupt wurden eine Menge Bil-

In unserem Kulturkreis gibt es keine Initiationsriten, deshalb müssen die Jugendlichen den Übergang selbst gestalten

der und Bezeichnungen erfunden, um die Turbulenzen dieser Phase auf einen Nenner zu bringen. Vom klassischen »Sturm und Drang« und den »Flegel- oder Backfischjahren« der Jahrhundertwende über den »Abschied von der Kindheit«, die »zweite Trotzphase«, die »ersten Wechseljahre«, die »Verflüssigung der Persönlichkeitsstruktur« bis zum »Hummer-Syndrom«, so genannt, weil die Teenies streckenweise genauso schutzlos und gefährdet sind wie der Hummer beim Panzerwechsel. Dass die Pubertät ein so verheerendes Image hat, ist nicht zuletzt darauf zurückzuführen, dass sie von Entwicklungspsychologen der psychoanalytischen Richtung, die sich in erster Linie an Patienten orientierten, lange Zeit in den finstersten Farben dargestellt wurde. Sie sei eine einzige permanente Krise, hieß es, regelmäßig begleitet von tief greifenden psychologischen Brüchen und Störungen, von Aufstand gegen Autoritäten und Entfremdung von der Familie. Dieses Bild prägte die Erwartungshaltung vieler Elterngenerationen, und in jeder Aufmüpfigkeit ihrer Sprösslinge fanden sie dafür eine Bestätigung.

Viele Namen hat die Pubertät

Untersuchungen aus den letzten rund zehn Jahren kamen zu ganz anderen Ergebnissen. Sie förderten zutage, dass die Teenies viel weniger von Ängsten und Konflikten gebeutelt werden als bisher behauptet und dass sie sich auch keineswegs ständig mit ihren Familien in den Haaren liegen. Die meisten von ihnen, so das Ergebnis verschiedener Studien, haben bei aller Skepsis eine positive Grundstimmung und geraten emotional nicht völlig aus dem Lot; sie sind selbstbewusst und zielstrebig und beurteilen ihr Verhältnis zu den Eltern als gut und harmonisch. Offensichtlich ist die viel berufene Katastrophen-Pubertät keineswegs die Regel. Und dennoch: Wenn sie auch weniger dramatisch eingeschätzt wird als vor einigen Jahrzehnten, bleibt die Pubertät doch eine konfliktträchtige, schwierige Zeit. Nicht nur für die Jugendlichen, sondern auch für ihre Eltern. Es tut weh loszulassen, die innige Verbundenheit mit den Kindern zu lockern, damit sie ihren eigenen Weg finden können. Es ist

Neue Untersuchungen zeigen: Viele Jugendliche sind zielstrebig, selbstbewusst und verstehen sich gut mit den Eltern

hart, plötzlich als hoffnungslos vorgestrig und steinalt eingestuft zu werden. Es macht Sorgen, den Jungen bei ihren ersten »Flugversuchen« zuzuschauen und nicht zu wissen, ob sie heil am rettenden Ufer des Erwachsenenlebens landen werden. Es ist schwer, sich nicht ständig einzumischen, während die Weichen für die Zukunft gestellt werden. Es fordert eine Menge Geduld und Vertrauen, auch Irrwege und Fehler zuzulassen. Und viel Zuwendung und Nähe ist nötig, um erkennen zu können, wann die Kinder tatsächlich Hilfe – vielleicht auch fachmännische – brauchen. Bei aller Keckheit sind sie nämlich noch lange auf elterlichen Beistand angewiesen. Nur in ganz anderer Form als bisher. Nicht Regieanweisungen und Einmischungen tun ihnen gut, sondern freundschaftliche Begleitung, die Achtung vor ihrer Eigenart zeigt, sie ernst nimmt, ihr Selbstwertgefühl stärkt und ihre Unabhängigkeit im Denken und Handeln fördert. »Meine Geheimwaffen waren Humor und Gelassenheit, als meine drei in ›die Jahre‹ kamen«, berichtet ein erfahrener Vater. »Ich konnte mich genau an meine eigenen Verrücktheiten von früher und meine unverschämten Attacken gegen die Eltern erinnern. Und plötzlich zogen meine Sprösslinge gegen mich zu Felde, manchmal sogar mit den gleichen Sprüchen! Natürlich musste ich manchmal schlucken, aber ich wusste, was dahinter steckte, und dass sie nicht mich persönlich meinten, sondern meine Position als Vater ankratzten.«

Warum es Müttern und Vätern so schwer fällt loszulassen

Humor und Gelassenheit helfen in harten Zeiten

Vielen Eltern macht das Flüggewerden ihrer Kinder deswegen so schwer zu schaffen, weil es sie zwingt, einen neuen Abschnitt ihres eigenen Lebens ins Auge zu fassen. Was für die Teenies der Abschied von der Kindheit ist, bedeutet für die Eltern den Abschied vom Jungsein. Ehe sie sich's versehen, gehören sie zum alten Eisen, werden belächelt wegen ihrer Ansichten, Ausdrucksweisen, Frisuren oder Hits. Dabei fühlen sich die meisten durchaus noch jugendlich und schwungvoll. Bei manchen rührt sich der Neid, wenn sie die heiße Verliebtheit ihrer Kinder miterleben, während ihre eigene Beziehung vielleicht längst verwelkt oder sogar abgestorben ist. Oder wenn sie die weltverbesserischen Träumereien mitbekommen, während sich bei ihnen selbst schon Resignation einschleicht. Dazu mischt sich Wehmut, das schmerzliche Gefühl, die wärmende, vertraute Nähe mit den Kindern nicht halten zu können. Aber selbst wenn der Abschied von der langen, oft erfüllenden Kinderphase nicht leicht fällt, liegt darin immer auch eine große Chance: neu anzufangen, für sich selbst oder auch gemeinsam zu zweit, eigene Pläne zu verwirklichen, Dinge zu tun, für die nie Zeit blieb, über sich selbst nachzudenken, anstatt immer nur über das Wohlergehen der Sprösslinge.

Die Kinder werden flügge – eine Chance für die Eltern, neu anzufangen

Unsere Gesellschaft ist nicht gerade kinderfreundlich. Die Skepsis hält sich allerdings in Grenzen, solange die Sprösslinge klein und niedlich, lieb und schmusefreudig sind. Aber Pubertierende, schlaksig, motzig, picklig – was soll man an ihnen mögen? Neben den unzähligen Tiraden über die Verwirrungen, Abwege und Gefahren der Pubertät gingen ihre positiven Seiten fast restlos unter. Erst in jüngster Zeit mehren sich die Stimmen, die zur Sprache bringen, was am Zusammenleben mit Youngsters im Aufbruch zum Erwachsenwerden interessant und spannend sein kann und einfach Spaß macht. Das ist nämlich gar nicht so wenig: ihre Begeisterungsfähigkeit zum Beispiel, ihr Mut und Optimismus trotz aller bedrohlichen Perspektiven, die Fantasie und der Erfindungsreichtum, wenn sie sich ihre eigene Kultur neben der der alten schaffen, die Intensität, mit der sie fühlen, lieben und leiden, die Art, wie sie das Denken entdecken – so ungebremst, als hätte es Sokrates nie gegeben –, ihr chamäleonhaftes Ausprobieren von Ich-Sein und nicht zuletzt die Herausforderung, jung und flexibel zu bleiben, um sie überhaupt auszuhalten.

Was am Zusammenleben mit Jugendlichen im Aufbruch interessant und spannend sein kann

Wenn am Ende dieser turbulenten Phase der Brückenschlag zum Erwachsensein geschafft ist, gelingt vielen Eltern und Kindern eine neue Art der Verbindung. Nicht mehr ganz so eng vielleicht, aber doch nah und zärtlich, mit Respekt vor der jeweiligen Andersartigkeit, eine Gemeinsamkeit unter allmählich gleichberechtigten Partnern. □

Erwachsen werden in Etappen

Die drei wichtigsten Phasen der Pubertät

Trotz aller individuellen Abweichungen in der Entwicklung gibt es wesentliche Gemeinsamkeiten

Die einzelnen Etappen der Pubertät lassen sich zeitlich nicht genau festlegen. Ein Kind in einem Elendsviertel Südamerikas beispielsweise wird notgedrungen früh selbstständig und unkindlich, ein behütetes Kind gut situierter Eltern darf sich Zeit nehmen, bis es erwachsen ist. Zudem sind in einer einzelnen Familie manche Kinder Früh-, andere Spätentwickler. Doch ungeachtet aller gesellschaftlichen Unterschiede und trotz individueller Abweichungen in der persönlichen Entwicklung sind auch wesentliche Gemeinsamkeiten festzustellen. Die klassische Entwicklungspsychologie gliedert den Übergang von der Kindheit ins Erwachsenenalter in drei Phasen: die Vor- oder Frühpubertät (Mädchen: 10.5–13.5 Jahre, Jungen: 12–14 Jahre), die Pubertät (Mädchen: 13.5–15.5 Jahre, Jungen: 14–16 Jahre) und die Adoleszenz (Mädchen: 15.5–20 Jahre, Jungen 16–21 Jahre). Im allgemeinen Sprachgebrauch allerdings steht der Begriff Pubertät für die gesamte Entwicklung einer bestimmten Altersgruppe (siehe Seite 15), wobei der Beginn der Pubertät erheblich früher einsetzt als zur Zeit unserer Großeltern (siehe Seite 14).

Wie kündigt sich die Pubertät an? Bei jedem Kind ein wenig anders, und dennoch: Die ersten Vorboten des Ablösungsprozesses sind nicht zu verkennen. Meistens gerät zuallererst das seelische Gleichgewicht ins Wanken.

1. Phase: Die Ablösung bahnt sich an

Jungen starten etwa zwei Jahre später als Mädchen

Mit kleinen, oft kaum merklichen Schritten beginnen Mädchen bereits mit 10 oder 11 Jahren die Unbefangenheit aus Kinderzeiten hinter sich zu lassen, Jungen starten etwa zwei Jahre später. Die Stimmungen der Heranwachsenden schwanken zunehmend; die Kids sind schneller gekränkt als vielleicht noch zwei, drei Monate zuvor, sie sind grüblerischer und verschlossener.

Die Mädchen werden vor allem alberner, kichern grundlos und immerzu. Die Jungen sind eher grob und ruppig.

Beide Geschlechter versuchen auf ihre Art, ihre Unsicherheit und geradezu mimosenhafte Empfindsamkeit – sie wissen ja nicht mehr so genau, wer sie sind oder wo sie stehen – zu übertünchen. Das mangelnde seelische Gleichgewicht wird begleitet von körperlichen Veränderungen und dem Verlust der harmonischen kindlichen Proportionen – das Körperbild gerät also auch aus dem Lot (siehe Seite 50).

Auseinandersetzungen mit den Eltern müssen unbedingt sein

Sowohl Jungen als auch Mädchen werden jetzt streitlustiger. Da sie selbstständig werden wollen, sind Auseinandersetzungen mit den Eltern unvermeidlich. Mit Macht wehren sich die Teenies gegen Kontrolle und Bevormundung, gleichzeitig aber suchen sie immer wieder die Nähe zu den Eltern, um Kräfte zu sammeln auf dem Weg in die Selbstständigkeit.

Warum sich Pubertierende am liebsten mit sich selbst beschäftigen

Am liebsten beschäftigen sich die Pubertierenden mit sich selbst – sie drehen und wenden sich vor dem Spiegel, prüfen die allerersten körperlichen Veränderungen und versuchen, sich mit dem Wandel ihrer äußeren Erscheinung anzufreunden (siehe Seite 50, 124). Die meisten Mädchen sind stolz auf ihre neuen Rundungen, selbst wenn sie sich deswegen noch ein wenig schämen. Doch manchen geht die Entwicklung viel zu schnell, und sie ziehen sich noch einmal in die Kindheit zurück (siehe Seite 40, 52).

Das Verhältnis zwischen den Geschlechtern liegt zu diesem Zeitpunkt auf Eis. Die Jungen wollen von gleichaltrigen Mädchen überhaupt nichts wissen: Alle »Weiber« sind »super-blöd«. Dahinter verbergen sich Rivalität und Hilflosigkeit, aber auch die unbewusste Flucht von der umsorgenden Liebe der Mutter, die den Sohn jetzt, da er unabhängig werden will, gleichsam zu ersticken droht. Mädchen stehen also für jene emotionale Abhängigkeit, die es nach und nach abzuschütteln gilt. Daher mobilisieren die Jungen »männliche« Kräfte – sie werden zu renommiersüchtigen kleinen Angebern. Was zählt, sind Mut und Körperkraft, in der Schule bilden sie »Banden«, denn zu vielen fühlen sie sich am stärksten.

Die Beziehung zum Vater ist in dieser frühen, gerade erst aufkeimenden Phase der Pubertät noch weitgehend harmonisch und unbefangen – für die Jungen ist er Verbündeter und häufig noch unbestrittenes Vorbild. Die Mädchen kokettieren mit ihrem Vater wie zu Kinderzeiten und sind nach wie vor Papis Liebling. Erst allmählich beginnen andere Idole dem Vater den Rang abzulaufen.

Manchmal sind sie noch echte Kinder, manchmal schon erstaunlich reif

In manchen Bereichen sind die angehenden Teenies noch echte Kinder, in anderen erstaunlich reif. Ihr gesamtes Verhalten ist widersprüchlich und unberechenbar: Sie schwanken zwischen Tatendrang und Tagträumen, Lesewut und Langeweile, Erlebnishunger und Zurückgezogenheit, Selbstüberschätzung und Komplexen. Mal sind sie tief traurig, Augenblicke später platzen sie fast vor Übermut und Lebensfreude (siehe Seite 130, 136).

Die Entwicklung des Denkvermögens macht sie fähig zur Kritik

Ihre Zerrissenheit rührt aber auch daher, dass sich in dieser Zeit die geistigen Fähigkeiten verändern (siehe Seite 58). Mit dem wachsenden Verständnis für sinnvolle Zusammenhänge und der rapiden Entwicklung des logischen Denkvermögens keimen auch irritierende Erkenntnisse: Die Unzulänglichkeiten der Eltern und der Gesellschaft, der Welt insgesamt werden immer deutlicher wahrgenommen. Die Kritik der Heranwachsenden fällt oft vernichtend aus – zu spüren bekommen das vor allem die Eltern (siehe Seite 62, 156).

2. Phase: Auf der Suche nach der eigenen Identität
Die erste Menstruation gilt als endgültiger Beginn der Pubertät – sie ist für ein Mädchen ein aufregendes Ereignis. Es macht ihr vielleicht ein wenig Angst und erfüllt sie mit Unsicherheit – Wie »weiblich« muss sie jetzt auftreten? Was muss sie in Zukunft bedenken? –, aber gleichzeitig stärkt es ihr Selbstbewusstsein: Aus dem kleinen Mädchen wird eine junge Frau (siehe Seite 38).

Auch bei Jungen erzeugt der erste Samenerguss meist gemischte Gefühle: Einerseits Befremden – viele Jungen sind zunächst unangenehm berührt und schämen sich über die Flecken im Laken –, andererseits sind sie stolz auf den Beweis ihrer Männlichkeit (siehe Seite 44).

Mal stolz, mal ängstlich erleben sie die ersten Anzeichen der Pubertät

Der Geschlechtstrieb der Heranwachsenden wird nun intensiver, doch trotz aller Sehnsucht, sich zu verlieben, und trotz diffuser Einsamkeitsgefühle scheuen sich die meisten noch davor, es »das erste Mal« mit einem Mädchen bzw. mit einem Jungen zu wagen. Die Mehrzahl der Teenies ist bereit zu warten, bis sie sich reif dafür fühlt. Flüchtige Schmusereien oder leichtes Petting ja – aber weiter gehen sie meist nicht (siehe Seite 86).

Normal ist es, dass die Pubertierenden nun häufig onanieren, Jungen auch in der Gruppe von Freunden, wobei sie mit Vorliebe ihre »Potenz« untereinander vergleichen. Mädchen dagegen ziehen sich häufig zurück und geben sich ihren Fantasien und Träumereien hin (siehe Seite 74).

Sehr wichtig wird es für die 13- und 14-Jährigen, sich möglichst sichtbar von ihren Eltern zu unterscheiden – etwa durch verrückte Kleidung oder ausgeflippte Frisuren (siehe Seite 51, 126). Doch die allmähliche Loslösung bringt nicht nur die ersehnte Unabhängigkeit, sie erzeugt auch Gefühle der Leere und Verlorenheit, zumal die meisten Kinder auch noch keinen Liebespartner außerhalb der Fa-

Nichts ist wichtiger, als sich von den Erwachsenen abzugrenzen

milie gefunden haben: Die romantischen und erotischen Fantasien sind noch Luftschlösser, Schwärmereien für fiktive oder unerreichbare »Traumgestalten«, die es mit der gestandenen Liebesbeziehung zu den Eltern keineswegs aufnehmen können.

Die »beste Freundin« und das Tagebuch, denen jetzt die intimsten Geheimnisse anvertraut werden, helfen den Töchtern, die Bindung an die Familie, vor allem an die Mutter als engste Vertraute zu lockern. Außerdem versuchen die Mädchen auf diese Weise, Antworten zu finden auf Fragen wie: Was will ich? Was ist mir wichtig? Was denken die anderen von mir? Manche schwärmen für eine ältere Jugendliche, eine Freundin der Mutter oder eine Lehrerin, sodass die einstmals der Mutter geltende Idealisierung nun auf eine Frau außerhalb der Familie verlagert wird (siehe Seite 118).

Wem vertraut man seine innigsten Gedanken an?

Jungen fällt es meist schwerer als Mädchen, zu ihren Gefühlen, zu ihrer Verletzlichkeit und zu ihren Ängsten zu stehen. Sie leugnen sie, indem sie sich besonders »cool« geben, vielleicht derbe Zoten reißen und sich in wenig realistische Allmachtsfantasien flüchten (siehe Seite 76, 144). Nur ein oder zwei nahen Freunden werden Schwächen gebeichtet, ohne dabei fürchten zu müssen, womöglich ausgelacht zu werden. Den Eltern gegenüber sind Jungen zunehmend verschlossener (siehe Seite 158).

Warum die Clique und neue Idole jetzt so wichtig werden

Eine Chance, Gefühle auszuleben, bietet die Clique – beispielsweise beim gemeinsamen Musikhören. Die Gruppe Gleichaltriger ist wie eine Zufluchtstätte, in der man fern von den Eltern miteinander Erfahrungen macht und Meinungen austauscht. Auch neue Vorbilder helfen, Gefühle der Leere zu bekämpfen. Popstars und andere Idole verkörpern Ideale, denen es in dieser Altersphase nachzueifern gilt, bis nach einem Entwicklungssprung wieder andere Identifikationsmodelle fällig werden. So schlüpfen die

Teenager in ihrer Fantasie in die unterschiedlichsten Rollen, bis sie eine finden, die annähernd zu ihnen passt (siehe Seite 168).

Auf der Suche nach sich selbst rücken sie ab von den Erwartungen der Eltern

Sie sind auf der Suche nach sich selbst und müssen sich somit auch von jenem Bild unterscheiden, das sich die Eltern bisher von ihnen gemacht haben. Das heißt nicht, dass sie sich innerlich ganz und gar von ihren Eltern loslösen müssen. Es bedeutet vielmehr, dass sie sich – um eine eigene Identität zu finden – mit sich selbst und mit ihrer Umwelt intensiv auseinander setzen müssen (siehe Seite 98).

Mit 15, 16 Jahren erreichen die Konflikte zu Hause und in der Schule meist ihren Höhepunkt. Der Freiheitsdrang der Jugendlichen ist kaum noch zu bremsen, sie wollen ausgehen, Abenteuer erleben oder einfach mit ihren Freunden faulenzen und quatschen (siehe Seite 176). Elterliche Ermahnungen, Einschränkungen oder Erziehungsversuche treiben die Teenager zur Raserei. Sind sie nicht endlich erwachsen? Väter haben vor allem Angst um ihre Töchter, die ihnen entgleiten (siehe Seite 89), während sie mit ihren Söhnen heftige Machtkämpfe ausfechten (siehe Seite 146). Mütter betrauern den Verlust emotionaler Nähe zu ihren Kindern, aber häufig auch die Abnahme an Kontroll- und Einflussmöglichkeiten (siehe Seite 158).

Elterliche Erziehungsversuche werden energisch abgewehrt

Dafür werden die Kinder zu erstaunlich interessanten Gesprächspartnern. Zum einen nehmen ihre geistigen Interessen zu, zum anderen beginnen sie, intensiv über ihre eigenen Gefühle nachzudenken. Ihre Stimmungsschwankungen lassen nach, sie horchen eher in sich hinein, analysieren ihr eigenes Seelenleben, die Gefühle, Gedanken und Verhaltensweisen der anderen (siehe Seite 58). Die Mädchen sind meist introvertierter und ziehen sich häufig in ihre eigene Welt zurück, während die Jungen ihre Bedürfnisse und auch ihre Aggressionen stärker nach außen ausleben (siehe Seite 158).

Noch denken sie in Schablonen ohne Gespür für Zwischentöne

In ihrem Urteil über ihre Umwelt sind Teenager noch ausgesprochen radikal, denn ihrem »Schwarzweißdenken« fehlen mangels Erfahrung noch die Differenzierungen, die Zwischentöne. Viele sind in dieser Lebensphase auch schwermütig und erleben ihren ersten Weltschmerz. Schließlich ist ihr Selbstgefühl noch keineswegs stabil; sie zweifeln an sich und fühlen sich manchmal völlig verloren (siehe Seite 130). Zum Glück aber werden seelische Tiefs immer wieder von euphorischen Gefühlen, überbordender Lebensfreude und einer Begeisterungsfähigkeit abgelöst, die Erwachsenen längst abhanden gekommen sind.

3. Phase: Selbstfindung und Versöhnung mit den Eltern

Mit 16 werden fast alle Mädchen ausgeglichener, offener und auch den Eltern und anderen Erwachsenen gegenüber wieder zugänglicher. Jungen brauchen meist noch einige Zeit, bis sich ihr Selbstgefühl festigt und sie ein freundschafliches Verhältnis zu Familie und Lehrern aufbauen können (siehe Seite 112). Die Abgrenzung zu ihnen hat sie nicht nur unabhängiger und freier werden lassen, sondern auch gestandener und sicherer.

Nur über die Abgrenzung von Erwachsenen können sie frei und sicher werden

Die meisten haben bereits verschiedene Stadien der Verliebtheit erlebt, haben die ersten Glücksgefühle und den ersten Kummer in der Liebe hinter sich. Sie sind daher zunehmend in der Lage, offen und »normal« mit dem »fremden« Geschlecht umzugehen. Die Clique Gleichgeschlechtlicher verliert in dem Maße an Gewicht, in dem die heterosexuellen Beziehungen an Bedeutung zunehmen. Die eigene Geschlechtsidentität ist weitgehend gefestigt (siehe Seite 100).

Vieles konsolidiert sich in der Schlussphase der Pubertät: Die Interessen und die eigenen Werte, Freundschaften, der Wunsch, etwas zu leisten, und persönliche Zukunftsvorstellungen. Immer häufiger setzen sich die Jugendlichen jetzt mit erwachsenen Lebensrollen auseinander und fragen sich, was sie werden und wie sie später einmal leben wollen. Die ausgefallenen, oftmals fantastischen, verschwommenen Vorstellungen der Vergangenheit weichen allmählich realistischeren Zielen (siehe Seite 58).

Unausgegoren und schwierig müssen sie nicht bleiben

Aus den ungestümen, unansprechbaren 15- und 16-Jährigen sind auf einmal geradezu besonnene Jugendliche geworden: Ihr Denken ist präziser und fundierter, gleichzeitig sind sie flexibler und differenzierter in ihrem Urteil über andere (siehe Seite 62). Die Größenfantasien sind fast überwunden, die Unvollkommenheit der Eltern, aber auch die eigene Unzulänglichkeit wird als das hingenommen, was sie ist: menschlich.

Sicher – noch hat der Jugendliche seinen Platz in der Gesellschaft nicht gefunden. Konflikte bleiben, es ist nicht leicht, sich in die Erwachsenenwelt einzufügen (siehe Seite 242). Doch der innere Aufruhr, die Gefühle der Leere und Verlorenheit aus zurückliegenden Jahren werden immer seltener; es ist nicht mehr ganz so schwer, mit Enttäuschungen fertig zu werden, und man hat gelernt, mit sich, den Freunden und Erwachsenen sachlicher, selbstverständlicher und souveräner umzugehen. Den Widrigkeiten des Lebens steht man endlich nicht mehr so hilflos gegenüber. □

Wie sich der Körper verändert

Und plötzlich wächst der Busen

Schon mit 6 bis 10 Jahren bereitet sich der Körper aufs Erwachsenwerden vor

Irgendwann im Alter zwischen 6 und 10 Jahren gibt das Gehirn das Startzeichen für den Umbau des Kinderkörpers in den einer Frau. Die Eierstöcke erwachen aus ihrer frühkindlichen Ruhephase, sie wachsen und beginnen mit der Produktion der weiblichen Geschlechtshormone Östrogen und Gestagen. Durch sie angeregt, nimmt die Gebärmutter an Größe zu, und ihre Schleimhaut wird dicker. Was sich bei den inneren Geschlechtsorganen anbahnt, schlägt nach und nach auch äußerlich durch: Das Becken verbreitert sich zu seiner bleibenden Form; die Brustwarzen werden dunkler, und das Gewebe um sie herum fängt an, sich zu wölben; die Schamlippen nehmen an Größe und Fülle zu und verfärben sich dunkler, und die Klitoris schwillt an. Neben den weiblichen Geschlechtshormonen zirkulieren aber auch die männlichen Androgene in den Blutbahnen jeder Frau, nur in geringerer Menge. Sie lösen das Sprießen der Schambehaarung aus und etwas später auch das der Achselhaare.

Fast immer sind die Extremitäten dem Rumpf um ein paar Längen voraus

Parallel zu dieser rasanten Entwicklung schießen die Mädchen in die Höhe, bis zu 8 Zentimeter in nur zwei bis drei Jahren – zum Leidwesen der Betroffenen keineswegs in harmonischen Proportionen. Die Extremitäten sind dem Rumpf beim Wachstumsspurt ein Stück voraus, sie wirken plötzlich ungelenk und schlaksig. Aber auch sonst ändern sich die Konturen des Kinderkörpers: Er beginnt programmgemäß Fett anzulegen, Hüften und Po werden runder. Das Gesicht entwickelt allmählich markantere Züge – und dank des Hormonüberschusses oft auch eine Menge Pickel (siehe Seite 46). Nahezu ausnahmslos tritt erst nach dem größten Wachstumsschub die erste Monatsblutung ein, die Menstruation (siehe Seite 38). □

Während der Pubertät blicken Mädchen besonders kritisch in den Spiegel. Mal entdecken sie einen Pickel, der stört, mal Haare, die nicht so glänzen, wie sie glänzen sollten. Besonders aufmerksam wird der Busen betrachtet. Er muss perfekt sein, weil er als wichtigstes Merkmal ihrer »neuen« Weiblichkeit gilt. Stimmt die Oberweite, oder stimmt sie nicht? Ist der Busen klein, heißt das: »Viel zu mickerig. Ich kann nicht mithalten mit den Freundinnen, die einen viel üppigeren Busen vorzuweisen haben.« Ist der Busen groß, dann macht das auch nicht unbedingt glücklicher: »Alle schauen mich an – vor allem in den Turnstunden!« Größe und Wachstum der Brust legen weitgehend die Gene fest. Oft entwickeln sich die Brüste nicht gleichmäßig. Manche Mädchen müssen eine Weile mit einer Asymmetrie leben, die sich später aber wieder verwächst.
Die Mutter einer heute 18-Jährigen erzählt von eigenen Erfahrungen:
»Ich ging zu meiner Mutter, als ich mit 13 so einen merkwürdigen glasigen Ausfluss hatte. Sie schickte mich weg mit der Bemerkung: ›Das gibt sich wieder.‹ In Wirklichkeit war es ein Signal für die wenig später beginnende Periode. Schon damals beschloss ich, meine zukünftigen Kinder nie so allein zu lassen. Was ihnen hilft, ist ein klares, deutliches Gespräch über alle kommenden Veränderungen ihres Körpers. Dadurch finden sie Sicherheit und das Gefühl, ernst genommen zu werden.«

Was den Kindern hilft: Zuwendung und klare Informationen

Am wenigsten vertragen es die Kinder, wenn Eltern ihre eigene Unsicherheit hinter Spötteleien verstecken. »Sehe ich da etwa eine Wölbung?« Kommentare dieser Art nehmen ihnen jegliches Zutrauen und drängen sie dazu, sich zu verschließen. Oft gelingt der Brückenschlag besonders gut über Berichte der Erwachsenen von ihren eigenen früheren Problemen und Empfindungen. Um mit allen irritierenden Veränderungen fertig zu werden, brauchen die Teenies verständnisvollen Beistand. □

Bloß kein Spott über Pickel und neue Rundungen!

Unvermittelt kippt die Stimme

Lange bevor ein Junge irgendwelche Veränderungen seiner Geschlechtsmerkmale entdeckt, bereitet sich der Körper bereits auf die Pubertät vor und produziert Androgene, männliche Keimdrüsenhormone. Zwischen dem 12. und 13. Lebensjahr ist es meist so weit, dass sich die ersten ersehnten Beweise körperlicher Veränderungen zeigen. Es ist aber auch völlig normal, wenn sich das präpubertäre Stadium bis zum 14. Lebensjahr hinzieht.

Rund vier Jahre braucht die Entwicklung vom Jungen zum Mann

Gesteuert durch das in den Hoden freigesetzte männliche Geschlechtshormon Testosteron sowie durch die in der Nebenniere produzierten Androgene, kommt die Pubertät in Gang: Zunächst vergrößern sich die Hoden, und kurze Zeit später wachsen die ersten Schamhaare. Nach etwa vier Jahren ist das Stadium des Erwachsenen erreicht. Der Penis wird etwa ein Jahr nach Beginn des Hodenwachstums zunächst länger, dann breiter und dicker. Den ersten Samenerguss entdeckt ein Junge meistens erst morgens beim Aufwachen, denn er geschieht unbemerkt während des Schlafs, manche Jungen produzieren den ersten Erguss allerdings auch durch Selbststimulation (siehe Seite 44).

Manche legen bis zu 12 Zentimeter Länge in nur einem Jahr zu

Kurz nach Beginn des Peniswachstums legt auch der Körper an Größe zu: In einem einzigen »Rekordjahr« – häufig mit 14 – beträgt das Längenwachstum oft bis zu 12 Zentimeter. Spätestens jetzt holen Jungen körperlich den bisherigen Vorsprung der Mädchen auf. Dabei wachsen einige Körperregionen schneller als andere: Hände und Füße machen den Anfang, dann folgen Hüften, Brust und Schulterbreite. Der Rumpf streckt sich meist erst zum Schluss – daher die für die Pubertät typische Disproportion des Körpers.

An Armen, Brust und Beinen wachsen die Muskeln, auch das Herz vergrößert sich fast auf das Doppelte, der Blutdruck und das Atemvolumen steigen rascher als bei den Mädchen. Etwa mit 16 haben 98 Prozent der Jungen den Stimmbruch überwunden und ihre endgültige Größe erreicht. □

Manchmal können sich Eltern ein Lachen nicht verkneifen: zu komisch die ungelenken Bewegungen ihres pubertierenden Sohnes, so riesenhaft seine Füße, so witzig diese kippende Stimme, mal rau und männlich, plötzlich wieder hoch und piepsig. Ist es da verwunderlich, wenn Eltern den Sohn ab und zu ein wenig aufziehen?

Es schmerzt, wenn sich Eltern oder Freunde mokieren

Normalerweise sind die heranwachsenden Kinder aber wenig empfänglich für diese Art von Humor und kaum in der Lage, über sich selbst zu lachen. Zu drastisch und sogar unheimlich die Veränderungen ihres Körpers, als dass sie souverän damit umgehen könnten. Außerdem müssen Teenager nicht nur die indiskreten Bemerkungen Erwachsener ertragen, auch Gleichaltrige sind groß darin, sich übereinander zu mokieren – kein Pickel, keiner der angeblichen Mängel des anderen bleibt unkommentiert.

Auch ein einzelnes Barthaar kann man rasieren

Schon deswegen tut es Teenagern gut, von den Eltern aufgebaut zu werden. Selbst wenn sie sich lässig geben, sind sie doch einerseits überaus kränkbar, andererseits aber auch stolz auf die Attribute ihrer Männlichkeit – etwa über den ersten Flaum an der Oberlippe oder die neue imposante Muskelmasse. Sie wollen also ernst genommen werden. Und wenn sich ein Junge unbedingt rasieren will, selbst wenn er erst knapp 15 ist und die Barthaare nur vereinzelt sprießen, so soll er es ruhig probieren, ohne deswegen belächelt zu werden. Vermutlich haben auch seine Freunde schon die erste Rasur hinter sich, und er muss mithalten. Sollte er danach fragen: Am besten ist eine Nassrasur, vor allem bei Akne, egal, ob am Anfang der Schaum nur so aus den Nasenlöchern quillt. Jeder erste Versuch ist schwierig, aber deswegen auch umso aufregender.

Die meisten Jungen empfinden es übrigens als unangenehm, im Stimmbruch zu sein, und wünschen sich sehnlichst, dass das Gekrächze ein Ende haben möge. Zu ihrem Trost: Meist erhält die Stimme drei bis sechs Monate nach Beginn des Stimmbruchs ihre engültige Klangfärbung. □

So läuft das Programm bei Mädchen ab

Der zeitliche Ablauf der körperlichen Entwicklung ist individuell sehr unterschiedlich. Nicht selten sitzen zwei Mädchen gleichen Alters in der Schule nebeneinander, die eine noch völlig kindlich, die andere schon mit den Rundungen einer erwachsenen Frau. Und auch bei der Reihenfolge der einzelnen Stadien hält sich die Natur nicht immer an das Schema. Bei manchen ist die Brustentwicklung das erste sichtbare Zeichen für den Start in die Pubertät, bei anderen die Schambehaarung. Was »normal« ist, hat hier eine große Streubreite.

Das Wort »normal« vergisst man besser, denn die Natur hält sich selten an ein starres Schema

Bei 96 Prozent der Mädchen aber spielt es sich so ab:

- Beginn der Schambehaarung zwischen 8,5 und 12,5 Jahren;
- Beginn der Brustentwicklung zwischen 8 und 13 Jahren;
- größter Wachstumsschub zwischen 9,5 und 14,5 Jahren;
- erste Regelblutung zwischen 10 und 16,5 Jahren;
- Wachstumsende mit rund 16 Jahren.

Fast immer dauert es ein paar Jahre, bis sich der Zyklus eingependelt hat. Damit verschwinden auch die lästigen Begleiterscheinungen der hormonellen Umstellung wie fettige Haut, Pickel und übermäßiges Schwitzen.

Gegenüber ihren männlichen Altersgenossen haben Mädchen einen Entwicklungsvorsprung von etwa zwei Jahren. Deswegen wachsen sie ihnen in dieser Phase zeitweilig über den Kopf. □

Die Brust

Meistens ist die knospende Brust das erste sichtbare Zeichen für den Pubertätsbeginn bei Mädchen. Bis zur vollen Reife dauert es aber gewöhnlich noch rund vier Jahre. Die Größe der Brust wird durch den Drüsenkörper und Fettansammlungen bestimmt. Im Wesentlichen ist sie anlagebedingt und lässt sich weder durch Päppel- noch durch Fastenkuren entscheidend beeinflussen. Häufig entwickelt sich die Brust zunächst asymmetrisch. Kein Grund zur ernsthaften Beunruhigung, denn diese Ungleichheit legt sich fast immer im Verlauf der weiteren Entwicklung.

Mit jedem der zahlreichen Entwicklungsschritte dieser Lebensphase betreten die Teenies Neuland, auf dem sie sich erst zurechtfinden müssen. Die Gruppe der Gleichaltrigen, mit denen sie sich gemeinsam vortasten, gibt ihnen dabei besonders viel Halt und Sicherheit. Umso schlimmer, wenn einer aus dem Takt der Gruppe fällt und den anderen in der Länge davonwächst oder klein und kindlich zurückbleibt. Gerade jetzt wirkt jede Abweichung vom Gros der Übrigen – sei es im Längenmaß oder bei der Entwicklung weiblicher Kurven – extrem verunsichernd und beängstigend. »Meine Tochter war immer schon etwas größer als ihre Freundinnen«, berichtet eine Mutter, »aber mit 12 überragte sie plötzlich alle um zwei Köpfe. Sie kam sich wie eine Riesin vor, und jeder erwartete von ihr das Verhalten einer Erwachsenen. Am liebsten hätte sie sich verkrochen. Inzwischen – mit 17 – ist es wieder wie früher. Ein bisschen größer wird sie immer bleiben, mehr aber nicht.«

Auch wenn sie rießengroß erscheinen, sind sie noch lange nicht erwachsen

Bei der Variationsbreite von mehreren Jahren im zeitlichen Ablauf ist es klar, dass einige die Randfiguren spielen müssen und besonders früh oder besonders spät starten. Für die Kinder bedeutet es eine große Beruhigung, zu wissen, dass beides völlig in Ordnung ist. Fast immer lässt sich übrigens nachweisen, dass die Eltern ebenfalls entsprechende Früh- oder Spätzünder waren. »Ich sah mit 13 auch noch aus wie ein Kleinchen«, erzählt Julia. »Und ich erinnere mich, wie ich es hasste, als Baby behandelt zu werden. Umso besser kann ich jetzt meiner Tochter helfen, sich auch als Nachzüglerin stark zu fühlen und darauf zu vertrauen, dass sie trotzdem eine richtige Frau wird.«

Früh- oder Spätentwickler – meistens ist es genetisch bedingt

Wenn allerdings Busen und Schamhaar schon vor dem 8. Geburtstag sprießen oder sich mit 14 Jahren noch gar nichts rührt, ist das Anlass für eine ärztliche Klärung. □

Die Menstruation

Was alles passieren muss, damit die Menstruation in Gang kommt

Von der Pubertät bis zu den Wechseljahren ist der monatliche Zyklus ein wesentlicher Teil des Lebens jeder Frau. Der rhythmische Ablauf beginnt, wenn auf Befehl der Steuerungszentrale im Gehirn das erste von vielen tausend Eibläschen in den Eierstöcken reift, platzt und ein Ei entlässt. Während das Ei durch den Eileiter Richtung Gebärmutter wandert, bereitet sich deren Schleimhaut darauf vor, das befruchtete Ei zu schützen und zu ernähren. Sie wird dicker und lockerer. Findet keine Befruchtung statt, stößt die Gebärmutter die Schleimhaut ab: Die Menstruation tritt ein. Danach fängt der Prozess von Reifung, Vorbereitung und – falls das Ei unbefruchtet bleibt – Abstoßung erneut an. Es sind die weiblichen Geschlechtshormone, die das periodische Geschehen dirigieren.

Für eine unregelmäßige Periode gibt es viele Gründe

Gewöhnlich dauert die Blutung drei bis sieben Tage. Dabei werden rund 100 ml Blut, ungefähr eine kleine Tasse voll, vermischt mit Stückchen des Schleimhautgewebes ausgeschieden. Fast immer ist die Periode anfangs sehr unregelmäßig. Der Körper braucht ein paar Jahre, um seinen Rhythmus zu finden. Und auch dann stimmt er nur in seltenen Fällen mit dem Durchschnittsmaß von 28 Tagen überein. Manche Frauen haben einen Zyklus von nicht einmal 21 Tagen, bei anderen dauert er länger als 35 Tage. Die unregelmäßigen Zyklen der ersten Zeit lassen meistens darauf schließen, dass die Blutung nur durch den Hormonspiegel ausgelöst wurde, aber kein Eisprung stattfand. Obwohl in derartigen Zyklen keine Schwangerschaft eintreten kann, ist es höchst riskant, darauf als Sicherheit zu vertrauen. Auch andere Einflüsse nämlich wirken sich auf die Periode aus. Seelische Belastung etwa, körperliche Überanstrengung, Krankheit oder Klimawechsel führen unter Umständen dazu, dass sich Termin, Stärke oder gewohnter Ablauf der Menstruation verändern. Unter extremen Bedingungen setzt sie manchmal ganz aus.

Rund die Hälfte der jungen Mädchen hat im Umfeld der Menstruation mit Beschwerden wie Bauchkrämpfen, Zie-

Weiter auf Seite 40

Wie wichtig es ist, die Kinder gründlich auf alle körperlichen Ereignisse während der Pubertät vorzubereiten, illustrieren die Horrorgeschichten aus Großmutters Zeiten: Ahnungslose junge Mädchen fürchteten bei ihrer ersten Blutung, sich verletzt zu haben oder an einer schlimmen Krankheit zu leiden. Selbst wenn solche Fälle heute selten sein dürften, wird das Erleben der Menstruation noch immer entscheidend vom mütterlichen Verhalten mitgeprägt. Frauen, die die Regel als selbstverständlichen, natürlichen Teil ihrer Weiblichkeit betrachten, geben diese unkomplizierte Einstellung meistens an ihre Töchter weiter. Weder der Vorgang selbst noch die notwendigen Gebrauchsgegenstände wie Binden oder Tampons müssen verheimlicht werden. Gerade der Einkauf dieser Utensilien bietet oft eine Chance, schon kleinen Mädchen zu erklären, was später auch in ihrem Körper ablaufen wird und dass es ein ganz normaler Vorgang ist, von dem alle Frauen betroffen sind. Es liegt primär in der Hand der Mütter, ihren Töchtern zu vermitteln, dass Menstruationsblut nichts Schmutziges, Ekelhaftes ist, sondern ein Zeichen ihrer Fruchtbarkeit, ein Symbol ihres Erwachsenseins, auf das sie stolz sein können. Solch eine positive Haltung nimmt den Töchtern die demütigende und peinliche Sorge, bloß alles heimlich abzuwickeln. Auch auf die Geschwister – vor allem die männlichen – färbt diese Einstellung meistens ab, und sie gewöhnen sich schon früh daran, eine ganz natürliche Sache entsprechend natürlich zu behandeln.

Wichtig: kein peinlich zu hütendes Geheimnis aus der Menstruation machen

Weniger einfach ist der Start ins Frausein für Mädchen, deren Mütter die Menstruation als schambesetzte, unangenehme weibliche Plage ansehen. Auch die negative Haltung »vererbt« sich fast immer auf die Töchter – und mit ihr oft die Neigung, die Periode als besonders schmerzhaft oder stimmungsdämpfend zu empfinden. Egal, ob zur einen oder anderen Kategorie gehörend, schätzen die Mädchen es gewöhnlich gar nicht, wenn die Eltern das große Ereignis im Freundes- und Verwandtenkreis ausposaunen. Gerade jetzt braucht ihre Intimität besonderen Schutz.

Trotzdem: Die Intimsphäre braucht Schutz nach außen

Viele Mütter sind selbst noch mit einer Menge traditioneller

Weiter auf Seite 41

Was bei Stimmungstiefs und Schmerzen helfen kann

hen im Unterleib, Rückenschmerzen, Aggressionen oder Stimmungstiefs zu kämpfen. Manchmal kann Stress die Ursache sein, eine hormonelle Störung oder die Ablehnung der weiblichen Rolle. Oft helfen Entspannung, ein heißes Bad oder feuchte Wärme auf dem Bauch. Bei starken, regelmäßig auftretenden Schmerzen oder wenn die Blutung länger als acht Tage dauert, ist eine frauenärztliche Kontrolle anzuraten (siehe Seite 41).

Es wird oft empfohlen, dass die jungen Mädchen von Anfang an den ersten Tag ihrer Periode, mit dem ein neuer Zyklus beginnt, im Kalender markieren. So können sie beobachten, wie sich ihr individueller Rhythmus allmählich einpendelt und nach einer Weile berechnen, wann die nächste Blutung zu erwarten ist.
Die erste Monatsblutung zeigt an, dass ein Mädchen körperlich zur Frau geworden ist, reif und fähig, Kinder zu bekommen. Eigentlich ein Grund, stolz zu sein. Manche Teenies reagieren erschrocken auf das Zeichen ihrer Weiblichkeit, andere empfinden es als Last, die meisten nehmen es ziemlich gleichgültig hin. Viele Mädchen gehen zwar mit ihrer Menstruation ganz locker um, vielleicht empfinden sie auch Genugtuung, weil sie nun zum Kreis der Großen gehören. Aber wirklich stolz – das ergaben Umfragen – sind die wenigsten. Und es wird ihnen auch nicht gerade leicht gemacht. Denn das Ereignis, das ihnen zu ihrem neuen, erwachsenen Status verhilft, ist gleichzeitig eines, das sich im Verborgenen abzuspielen hat, von dem nach wie vor möglichst niemand etwas bemerken soll. Am ehesten können diejenigen Mädchen eine positive Einstellung entwickeln, die bei ihren Müttern eine selbstbewusste, unbefangene Weiblichkeit miterleben. □

Je offener und unbefangener Mütter zu ihrer Weiblichkeit stehen, desto leichter ist es für die Töchter

Vorurteile, die Menstruation betreffend, aufgewachsen. Dass man in dieser Zeit nicht schwimmen gehen dürfe etwa, dass man keinen Sport treiben und nicht miteinander schlafen solle. Vorstellungen, die neben vielen anderen aus den Zeiten finstersten Aberglaubens stammen. Tatsächlich gibt es für das Verhalten eines Mädchens oder einer Frau während der »Tage« keine einschränkenden Richtlinien. Erlaubt ist, was Spaß macht und gut tut – auch ausruhen und sich schonen.

Schwimmen, Sport und Sex – die Menstruation muss kein Hindernis sein

Im deutschsprachigen Raum liegt das Durchschnittsalter der Mädchen bei der ersten Monatsblutung bei 12,7 Jahren. Von einer Entwicklungsverzögerung sprechen Ärzte erst, wenn mit 14 Jahren noch keine Zeichen körperlicher Veränderung erkennbar sind. Meist liegt dann eine konstitutionelle Verzögerung vor. Das heißt: Das Mädchen ist einfach ein Spätentwickler. Die Pubertät verläuft sonst aber ganz normal. Nur selten ist eine chronische Erkrankung Ursache – zum Beispiel eine Erkrankung der Nieren oder der Schilddrüse, oder es steckt eine Störung der Chromosomen oder der Keimdrüsen hinter der Verzögerung. □

Die erste gynäkologische Untersuchung

Wenn das heranwachsende Mädchen oder die Eltern unsicher sind, ob die Entwicklung programmgemäß verläuft, wenden sie sich am besten an einen Frauenarzt oder eine Frauenärztin. Ebenso, wenn die Blutungen sehr schmerzhaft oder sehr lang anhaltend sind.

Töchter mit einem guten Verhältnis zu ihren Müttern gehen oft zu deren Ärztin oder Arzt und nehmen beim ersten Mal gern ihre Begleitung an. Sie haben aber auch das Recht, ohne Kenntnis der Eltern einen Krankenschein anzufordern oder um eine Überweisung durch den Hausarzt zu bitten. Und Eltern sollten den Wunsch ihrer Töchter, eventuell allein mit Arzt oder Ärztin zu reden, unbedingt respektieren.

So läuft das Programm bei Jungen ab

Nur die Reihenfolge der Entwicklungsschritte ist bei jedem gleich

Bei Jungen kündigt sich die Pubertät in der Regel ein, zwei Jahre später an als bei Mädchen. Doch wann der Körper beginnt, sich zu verändern, und in welchem Tempo er sich entwickelt, ist individuell sehr verschieden. Nur die Abfolge der körperlichen Veränderungen ist relativ konstant – so entwickeln sich zuerst die Genitalien, dann folgt der Wachstumsschub und erst später setzt der Bartwuchs ein.

Bei der Mehrzahl der Jungen spielt es sich so ab:

- Vergrößerung der Hoden zwischen 9,5 und 13,5 Jahren, bzw. ab einem Körpergewicht von 35 Kilo;
- Wachstum der Schambehaarung zwischen 9,5 und 15,5; nach und nach kräuseln sich die Haare;
- Vergrößerung des Penis zwischen 9,5 und 16,6, wobei die Genitalentwicklung bereits mit 13, aber bei Spätentwicklern auch erst mit 18 Jahren beendet sein kann;
- der erste Samenerguss zwischen 13 und 15;
- die ersten Barthaare zwischen 13 und 16;
- Stimmbruch zwischen 13 und 16;
- Wachstumsschub zwischen 10,5 und 16;
- Achselbehaarung zwischen 13,6 und 14,5;
- Brust- und Beinbehaarung zwischen 15 und 17;
- Wachstumsende zwischen 13,5 und 17,5 Jahren.

Während bei Mädchen der Wachstumsschub meist den Beginn der Pubertät ankündigt, schießt die Mehrzahl der Jungen erst schlagartig in die Höhe, nachdem sich die Genitalien vergrößert haben. Noch eines: Die Nase verändert sich natürlich auch in der Pubertät und erreicht meist schon im 15. Lebensjahr ihre Erwachsenengröße. □

Jungen sind meist viel zufriedener mit ihrer körperlichen Entwicklung als Mädchen, denn für ihr Selbstwertgefühl ist das äußere Erscheinungsbild nicht so ausschlaggebend, obwohl sich das langsam zu verändern beginnt. Dennoch: Buben, die mitten in der Pubertät noch deutlich kleiner und schmächtiger sind als die Mehrzahl ihrer Freunde und körperlich noch wie ein Kind aussehen, fühlen sich oft »minderwertig«. Zum einen treten die sich schneller entwickelnden Jungen besonders selbstbewusst auf, imponieren den Mädchen und entsprechen am ehesten dem Ideal des attraktiven Jugendlichen – vor allem natürlich, wenn sie wohlproportioniert und athletisch aussehen. Zum anderen werden Frühentwickler auch von Erwachsenen eher ernst genommen und genießen mehr Freiheiten als Gleichaltrige, die körperlich noch nicht so weit sind.

Warum es Frühentwickler leichter haben

Eltern neigen dazu, den »Kleinen« zu bemuttern, und sind meist strenger, als es seinem Alter entspricht. Dabei wäre dem Sohn eher geholfen, wenn die Eltern ihn zunehmend mitreden und mitbestimmen ließen und Verständnis für eventuelle Minderwertigkeitsgefühle zeigten. Denn kleine, kindlich wirkende Jungen machen oft demütigende Erfahrungen – ständig sind sie es, deren Ausweis im Kino oder vor der Disko kontrolliert wird.

Hoffnung für Spätzünder: Auch mit 16 kann man noch in die Höhe schießen

Wichtig sind auch informative Gespräche. Gerade Spätentwickler sollten wissen, dass ein Wachstumsschub auch noch mit 15 oder 16 möglich ist, die Körpergröße allerdings in 80 Prozent der Fälle vererbt wird. Viele Jugendliche machen sich Gedanken über ihre Entwicklung: Ist ihr Penis nicht zu klein? Wann beginnt endlich der Bart zu wachsen? Je mehr sie über die normalen, individuell sehr unterschiedlichen körperlichen Veränderungen wissen, desto sicherer fühlen sie sich. □

Nachts im Schlaf der erste Samenerguss

Der erste Samenerguss ereignet sich gewöhnlich vor dem entscheidenden Wachstumsschub

Wenn die Hoden sich vergrößern und die ersten Schamhaare sprießen, kündigt sich beim Jungen der Beginn der Pubertät an. Der Körper produziert vermehrt männliche Geschlechtshormone, der Penis wird größer, und einige Zeit später, in aller Regel zwischen dem 13. und 14. Lebensjahr, erlebt der Junge den ersten Samenerguss. Diese erste Ejakulation, auch Oigarche genannt, wird oft gleichgesetzt mit der Menarche, also der ersten Menstruation des Mädchens. Doch ganz korrekt ist das nicht, da Mädchen die erste Menstruation etwa in der Mitte der Pubertät bekommen, und zwar meist dann, wenn sie den größten Wachstumsschub bereits hinter sich haben (siehe Seite 36). Jungen hingegen erleben die erste Ejakulation zu Beginn der Pubertät, wenn der entscheidende Wachstumsschub meistens noch bevorsteht.

Jungen sind meist stolz auf diesen Beweis ihrer Männlichkeit

Außerdem sind die Empfindungen von Jungen beim ersten Samenerguss größtenteils weniger gemischt als die Gefühle der Mädchen bei der ersten Menstruation (siehe Seite 40). »Als ich morgens aufwachte, mein Schlafanzug nass war und klebte, dachte ich nur, geil, jetzt bin ich ein Mann. Das Onanieren macht seitdem auch viel mehr Spaß, einfach weil ich jetzt spermen kann, also einen Samenerguss habe«, freut sich der 13-jährige Markus.

Selbst wenn es manche Jungen irritiert, dass sie auf den nächtlichen Samenerguss keinen Einfluss haben, sind sie doch geradezu stolz auf den Beweis ihrer Männlichkeit. □

Natürlich will keine Mutter indiskret sein, aber wenn ihr Sohn eindeutig in der Pubertät ist, nimmt sie doch hie und da die Laken genauer unter die Lupe: Hat er bereits einen Samenerguss? Die Mutter des 15-jährigen Philip: »Als mein Sohn 14 wurde und ich niemals die geringste Spur einer nächtlichen Ejakulation in seinem Bettzeug entdeckte, begann ich mich zu wundern. Ich hätte aber nie ein Wort gesagt, wenn ich nicht ein lautes Gespräch zwischen meinem Sohn und zwei Freunden mitbekommen hätte. Vielleicht hatten sie um die Wette onaniert, jedenfalls machten sich die zwei anderen über meinen Sohn lustig, weil er nicht ›spermen‹ konnte. Er sagte immer nur ›Jetzt hört endlich auf!‹ und war für den Rest des Tages schlecht gelaunt. Daraufhin habe ich mit einem befreundeten Arzt gesprochen, der mir versicherte, es sei völlig normal, die erste Ejakulation erst mit 15 oder sogar noch später zu bekommen.«

Kein Grund zur Sorge, wenn es erst mit 15 passiert

Da es schwierig ist, mit Teenagern über ihre Sexualität zu reden – Eltern, die es versuchen, erhalten meist eine klare Abfuhr –, bleibt noch die Möglichkeit, dem Sohn (und natürlich auch der Tochter) vorzuschlagen, einen Arzt aufzusuchen, um Antworten auf Fragen zu bekommen, die sie ihren Eltern nicht stellen wollen. Selbst wenn sie behaupten, »alles zu wissen«, beschleicht Teenager immer wieder die Ungewissheit, ob bei ihnen auch wirklich alles stimmt: Den einen beruhigt es zu erfahren, dass Aussehen und Konsistenz der Samenflüssigkeit nach einem »feuchten Traum« ganz verschieden sein können, gelblich oder weiß, ein Teil davon auch durchsichtig. Ein anderer profitiert vielleicht von der Information, dass sein Ejakulat und sogar das bisschen Flüssigkeit, das bereits vor dem Orgasmus austritt, meist lebendige Spermien enthält. Selbst wenn die Hoden zu Anfang noch nicht voll funktionsfähig sind und somit nicht in jedem Samenerguss Spermien vorhanden sind, kann ein Junge davon ausgehen, dass er mit Beginn des ersten Samenergusses ein Kind zeugen könnte. □

Auch wenn es schwer fällt, darüber zu reden – gerade jetzt sind Informationen äußerst hilfreich

Womit fast jeder zu kämpfen hat: Akne, Schwitzen, Müdigkeit

Neben den gravierenden körperlichen Veränderungen gehören ein paar Begleiterscheinungen zum Programm der Pubertät, die mal stärker, mal schwächer auftreten, in jedem Fall aber die generelle Unsicherheit der Jugendlichen entschieden vergrößern.

Akne – meistens trifft sie Jungen heftiger als Mädchen

Akne – eine Flut von Pickeln und Pusteln auf Gesicht, Nacken, Rücken und Dekolleté – ist ein geradezu klassisches Merkmal dieser Phase. Sie entsteht durch einen Überschuss an männlichen Sexualhormonen, die die Talgdrüsen der Haut veranlassen, zu viel Fett abzusondern. In den verstopften Poren bilden sich Stippchen, Mitesser oder eitrige Pusteln – in welchem Ausmaß, hängt jeweils von Erbanlage und Hormonproduktion ab. Mädchen trifft es gewöhnlich weniger heftig als Jungen, weil in ihrem Organismus der Einfluss der weiblichen Geschlechtshormone gegenüber dem der männlichen dominiert.

Wie Stress die Pickelproduktion anregen kann, erleben viele Jugendliche sehr peinigend: Gerade wenn sie für eine Verabredung besonders attraktiv sein möchten, machen sich die dicksten Exemplare breit. Obwohl die Pickelplage fast regelmäßig zum Ende der Pubertät verschwindet, ist sie für die Betroffenen oft eine Zeit lang das beherrschende Thema und die größte Sorge. Viel lässt sich nicht dagegen tun, weder mit Diäten noch mit Waschorgien. Wichtig sind seifenfreie, fettarme Pflegeprodukte und vor allem sorgfältige Desinfektion, wenn's ans Ausdrücken geht. Sonst wird die Sache eher noch schlimmer. In schweren Fällen kann mit Medikamenten zwar nicht unbedingt Heilung, aber zumindest doch Linderung erreicht werden.

Heilen lässt sie sich schlecht, aber zur Linderung kann man einiges tun

Schwitzen – in bislang ungewohnter Art – irritiert viele Heranwachsende. Die Schweißdrüsen in den Achseln und im Genitalbereich nehmen während der Pubertät ihre

Weiter auf Seite 48

Ausgerechnet zu dem Zeitpunkt, wenn sie anfangen, sich intensiver um das andere Geschlecht zu bemühen und ihren Platz im Kreis der Großen zu suchen, schaut den meisten Teenies aus dem Spiegel ein pickelübersätes Gesicht entgegen.

Auch wenn es kein weltbewegendes Problem ist, sollten Eltern auf die Pickelsorgen sensibel reagieren

Verständnisvolle Eltern werden begreifen, dass dieses Problem für ihre Kinder sehr schwerwiegend ist. Es setzt ihrem ohnehin schon instabilen Selbstbewusstsein heftig zu. Die Pickel einfach wegzuleugnen – »Die paar Stippchen sind doch wirklich nicht schlimm!« – nützt gar nichts, wo doch jeder sehen kann, wie sie blühen. Besser bewährt hat sich vernünftige, praktische Hilfestellung: die gemeinsame Auswahl der richtigen Pflegemittel und die gemeinsame Überlegung, ob und wann ärztlicher Rat nötig ist. Manche Eltern schaffen es, das Manko der Pickel durch ein scheinbar zufällig platziertes Kompliment auszugleichen. Der Vater eines 16-Jährigen: »Als ich ihm sagte, er bekäme allmählich Schultern wie ein Bodybuilder, ging er gleich ein paar Nummern gerader aus dem Zimmer. Es wirkte wie eine Mutspritze gegen die deprimierende Akne.« Irgendeine Schokoladenseite hat jeder – es lohnt den Versuch, sie im richtigen Augenblick ins Spiel zu bringen.

Körperpflege – ein wichtiger Programmpunkt

Verständnis brauchen die Kids auch, wenn sie plötzlich anfangen, ziemlich »gebraucht« zu riechen. Sie sind in dieser Phase hypersensibel, und jede taktlose Bemerkung würde sie verletzen. »Ich weiß, es wäre meiner Tochter entsetzlich peinlich gewesen, wenn ich sie auf ihren Schweißgeruch hingewiesen hätte«, erzählt eine Mutter. »Deshalb schlug ich ihr vor, gemeinsam mit ihr ein eigenes Duschgel und Deo für sie auszusuchen. Schließlich sei sie ja beinahe erwachsen. Sie fand das toll, und damit war die Sache erledigt.«
Für die meisten Eltern bedeutet es eine extreme Geduldsprobe, wenn ihre Sprösslinge plötzlich in dauernde Lustlosigkeit und Müdigkeit verfallen. Im Alltagsstress übersehen sie leicht, wie strapaziös das körperliche Programm ist, das ihre Kinder jetzt in dieser Zeit zu absolvieren haben. Der Gedanke, dass es nicht

Weiter auf Seite 49

Funktion auf. Nicht nur bei Hitze sondern sie Schweiß ab, auch bei Angst und Aufregung. Und oft im Übermaß, bis sich auch hier die Umstellung eingespielt hat – daher plötzlich die Schwitzflecken unter den Achseln – ein sicheres Zeichen, dass sich der Hormonhaushalt umstellt. Teenies duften nicht mehr so angenehm wie kleine Kinder, sie riechen wie Erwachsene. So normal das Ganze ist, gibt es doch ein Problem: Die Jungen und Mädchen merken häufig nichts davon. Tägliches Waschen und Deodorants für die Achselhöhle schaffen Abhilfe.

Extreme Müdigkeit gehört jetzt dazu

Müdigkeit – verbunden mit niedrigem Blutdruck, Rücken- und Gliederschmerzen – ist die ganz natürliche Folge des schnellen Wachstums und der immensen hormonellen Umstellung, die der Körper verkraften muss. Vor allem morgens haben Teenies oft Schwierigkeiten, in Gang zu kommen, und bei Mädchen speziell sind Schwindel- und Ohnmachtsanfälle beinahe an der Tagesordnung. Kein Grund also, sich zu sorgen. Bis sich der Organismus umgestellt hat, legen viele Jugendliche instinktiv Ruhephasen ein. Sie raffen sich zu nichts auf, hängen scheinbar sinnlos herum (siehe Seite 120). Besser als mit Pillen lässt sich mit viel frischer Luft und Sport etwas gegen Kreislaufprobleme und Abgeschlafftheit unternehmen. Und am Morgen erleichtert Kaffee oder schwarzer Tee den Start. □

gewöhnliche Faulheit ist, die sie so durchhängen lässt, gibt vielen Müttern und Vätern ein neues Maß an Geduld und Verständnis. Und durch eigene sportliche Aktivität und einen eiskalten Guss am Ende des morgendlichen Duschens können sie ihren Kindern am besten zeigen, wie man auch ohne Medikamente in Schwung kommt. Ständige, anhaltende Müdigkeit kann aber auch andere als entwicklungsbedingte Gründe haben. Einige Teenies leben mit einem viel zu vollen Programm, andere stehen unter emotionalem Druck oder fasten zu streng – der Figur zuliebe. In manchen Fällen liegt die Ursache auch in organischen Erkrankungen oder psychischen Störungen (siehe Seite 222). Bei aller Toleranz ist deshalb die Aufmerksamkeit der Eltern wichtig, um erkennen zu können, wann sie selbst eingreifen müssen oder ärztlichen Rat suchen sollten.

Manchmal können gesundheitliche Probleme hinter der Müdigkeit stecken

Sich möglichst starke Nerven zuzulegen, ist das Beste, was Eltern tun können, damit aus den Begleiterscheinungen der Pubertät nicht massiver Zündstoff für Familienkräche wird, denn längst nicht bei jedem Kind greifen die Tipps erfahrener elterlicher Leidensgenossen. Manche Teenies setzen Pickelgesicht, Schweißgeruch und Lethargie hemmungslos als Waffen beim Ablösungsprozess vom Elternhaus ein. Dann hilft nur ein stabiles Nervenkostüm. □

Akzeleration – der immer frühere Pubertätsbeginn

Um die Mitte des vorigen Jahrhunderts trat in unseren Breiten die erste Monatsblutung mit ungefähr 17 Jahren ein. Heute im Durchschnitt schon mit zwölfeinhalb. Warum sich der Start ins Erwachsenendasein kontinuierlich vorverlagerte, konnte die Forschung bislang noch nicht endgültig klären. Es wird jedoch vermutet, dass die bessere Ernährung, vor allem mit Eiweiß, dafür verantwortlich ist. Diese zeitliche Verschiebung – von Fachleuten Akzeleration genannt – scheint inzwischen zum Stillstand gekommen zu sein. Auch hierfür gibt es noch keine zufrieden stellende Erklärung.

Soll das etwa ich sein? Das neue Körpergefühl

Plötzlich dreht sich alles um den Körper

Für kleine, gesunde Kinder ist der eigene Körper gewöhnlich überhaupt kein Thema. Lang oder kurz, hübsch oder weniger wohlgeraten, männlich oder weiblich – lauter Fragen von höchst nebensächlicher Bedeutung. Erst die einschneidenden Veränderungen während der Pubertät beenden dieses naive, unreflektierte Einssein mit sich selbst. Durch seine rapide Verwandlung rückt der Körper plötzlich in den Mittelpunkt des Interesses. Fasziniert, erschrocken oder stolz beobachten die Kids, wie er neue Umrisse, eventuell auch neue Problemzonen entwickelt. Und die Reaktionen und Kommentare der Umgebung verstärken das Gefühl, nicht mehr zu sein, wer man bisher war. Das Herauswachsen aus dem gewohnten Erscheinungsbild können sie beobachten, aber was sich da an neuen Konturen entpuppt, stürzt viele zunächst in tiefste Verunsicherung. Soll das etwa ich sein? Mit dieser Riesennase? Diesem dicken Po? Stunden verbringen sie jetzt vor dem Spiegel, überprüfen kritisch ihr Konterfei, probieren Frisuren, Klamotten, Make-ups, Posen und Mienenspiel. Und es ist wichtig, dass sie das tun. Schließlich müssen sie sich wieder finden in diesem mutierenden Körper, müssen lernen, dass die Merkmale ihres Geschlechts ihn nun endgültig prägen, müssen entdecken, was zu dem neuen Ich passen könnte.

Die Grundlage für ein gesundes Erwachsenenleben: den eigenen Körper annehmen

Das Akzeptieren des eigenen Körpers ist eine entscheidende Grundlage für einen wesentlichen Teil ihrer Erwachsenen-Identität, das Erleben ihrer zukünftigen Rolle als Frau oder Mann (siehe Seite 104, 106). Vielen Heranwachsenden fällt das nicht gerade leicht. Denn natürlich messen sie sich bei ihrem Wandlungsprozess häufig an den allgegenwärtigen Idealbildern von schlanker, langbeiniger Weiblichkeit und kerniger, kraftstrotzender Männlichkeit. Verglichen mit diesen überhöhten Traumgestalten sticht ihnen die Unausgewogenheit und Unvollkommenheit der eigenen Figur erst recht ins Auge. Sie empfinden sich als noch pummeliger, schlaksiger, mickriger. Das Gefühl, unrettbar hässlich zu sein, absolut nicht liebenswert, ist für Teenies manchmal ein großes Problem, das bis zum Selbsthass, zur Selbstzerstörungslust (siehe Seite 222) führen kann. □

Auch wenn längst nicht alle Teenies gravierende Probleme mit der Veränderung ihres Körpers haben, gehört die stundenlange Okkupation des Badezimmers fast ausnahmslos zum Programm. Eltern neigen oft dazu, diese intensive Beschäftigung mit dem Erscheinungsbild als grenzenlose Eitelkeit zu betrachten. Viele erinnern sich einfach nicht an ihre eigene Zeit der Experimente vor dem Spiegel: »›Sag bloß, du hast nicht herumprobiert‹, warf mir meine Tochter vor, als ich sie genervt aus dem Bad zu scheuchen versuchte«, berichtet eine Mutter. »Und plötzlich fiel's mir wieder ein: der Schmollmund von Brigitte Bardot – ewig habe ich daran geübt. Ich wusste nicht, wie ich sein wollte, sexy und wild, zart und romantisch oder stark und emanzipiert, und es dauerte seine Zeit, bis ich bei mir selbst landete.«

Hilfreich: wenn Eltern zurückdenken an ihre eigenen Idole

Genauso geht es den Jugendlichen heute: Mal treten sie klotzig als Machos auf, dann wieder als durchgestylter Dandy oder abgebrühter Weltkenner, lassen Kaskaden »weiblichen« Gelächters los, schwenken die Hüften und geben sich im nächsten Augenblick als die kühle Intellektuelle. Viele stülpen sich in dieser Zeit der Unsicherheit einen bestimmten Look über, der dem Trend einer Clique oder Jugend-Mode folgt. Dabei ist das Gefühl dazuzugehören meistens entschieden wichtiger als die Frage, ob das jeweilige Outfit einem steht. Im Kreis der Altersgenossen, von denen fast alle in ähnliche Turbulenzen verwickelt sind, anerkannt zu werden, gibt dem lädierten Selbstbewusstsein den dringend benötigten Auftrieb. Nicht wenige Kids erfahren auf diese Weise, dass Schönheit und Liebenswürdigkeit viel mit dem subjektiven Blickwinkel zu tun haben.

Aufregung lohnt sich nicht, denn kaum ein Look ist von Dauer

Eltern erschauern oft, wenn ihre Kinder plötzlich schwarz verhüllt daherkommen, wenn sie den Mund verziehen oder die Mähne schütteln wie »alle«. Fest steht, dass der elterliche Geschmack jetzt überhaupt keine Rolle spielt. Durch Kritik werden die Jugendlichen nur weiter in ihre eigene Szene abgedrängt. Im Übrigen ist es müßig, sich über gegelte Tollen, zerfetzte Hosen, befremdliche Mimik und ähnliches mehr aufzuregen. Spätestens nach ein paar Wochen folgt garantiert der nächste Look – bis die meisten irgendwann stark genug sind, zu sich selbst zu stehen. □

Komplexe und Schamgefühle

Neidisch blicken die schmächtigen Buben auf die kräftigen Großen, vor denen Jung und Alt jede Menge Respekt zu haben scheinen. Unsicher schielen die kindlich aussehenden Mädchen auf ihre schnell entwickelten Freundinnen. Doch fragt man nun die Beneideten, ob sie zufrieden sind mit ihrem Aussehen, fällt die Antwort meist negativ aus: Fast alle Teenager meinen, sich zu langsam oder zu schnell, auf jeden Fall nicht wunschgemäß und nicht so wie »wie alle anderen«, zu entwickeln.

Ein Grund für viele Probleme: das ewige Vergleichen mit anderen

Den Mädchen macht der körperliche Wandel meist besonders zu schaffen. Zum einen schämen sie sich der für alle so sichtbaren, nicht immer harmonischen Veränderungen – sie wissen nicht, wie sie damit umgehen sollen, und all die neuen körperlichen Vorgänge überfordern sie. Zum anderen vergleichen sie sich ständig mit einem heiß ersehnten Idealbild von sich selbst – und fühlen sich unzulänglich, weil es für sie so unerreichbar ist (siehe Seite 50). Nicht zuletzt erfüllt sie die »Sexualisierung« ihres Körpers und ihrer gesamten Erscheinung durch andere mit Unbehagen: Sie fühlen sich von Kopf bis Fuß beäugt, immer wieder scheint ihre »Weiblichkeit« auf dem Prüfstand, völlig unabhängig von ihren eigenen Gefühlen. Sie spüren, dass es die Blicke und Kommentare der anderen sind, die darüber entscheiden, ob sie als junge Frau bestehen (siehe Seite 104).

Für Mädchen schwer auszuhalten: immer auf dem Prüfstand zu stehen

Jungen kümmern sich in aller Regel weniger um die Einschätzung ihres Äußeren durch die Erwachsenen, und es gelingt ihnen leichter, sich als selbstbestimmende Individuen zu fühlen. Das zeigt sich schon meist auch daran, wie entschieden sie von den elterlichen Erwartungen abrücken. Doch auch Jungen beschleichen Komplexe und Ängste, und zwar häufig im Zusammenhang mit ihren Geschlechtsorganen und ihrer Potenz: Wenn sie glauben, ihr Glied sei zu klein oder nicht richtig geformt, wenn sie etwa beim Onanieren im Vergleich mit Altersgenossen schlecht

Weiter auf Seite 54

In der Psychologie spricht man von einer »Schamkrise«, wenn Teenager sich als Fremde in ihrem Körper fühlen und erleben, dass sie weder auf die kindliche Wahrnehmung, die sie früher von sich hatten, zurückgreifen können, noch neue, stimmige Vorstellungen parat haben. Die Fähigkeit zu begreifen, was mit ihnen geschieht, hinkt hinter der biologischen Veränderung her. Ein Psychologe benutzt dafür folgendes Bild: Ein eifriger Gast erscheint zu einer Party, bevor sie begonnen hat. Da er viel zu früh gekommen ist, muss er sich so lange im Foyer aufhalten, bis das Fest anfängt.

Gerade jetzt haben Eltern oft das Gefühl, alles falsch zu machen

Eine Mutter erzählt: »Es heißt doch, ein Jugendlicher sei weder Fisch noch Fleisch. Bei meiner Tochter hielt dieser Zustand tatsächlich jahrelang an. Sie genierte sich zu tanzen, zeigte den Jungen die kalte Schulter und fand sie angeblich alle blöd, aber gleichzeitig beneidete sie die frühreifen Feundinnen, die sich ihrer Weiblichkeit bewusst waren und mit den Jungen herumschäkerten. Wenn wir sie ermunterten, doch auch mal aus sich herauszugehen und nicht so schüchtern zu sein, fauchte sie uns an. Überhaupt machten wir alles falsch; sie schämte sich ständig ihrer unmöglichen Eltern, alles war ihr peinlich. Doch im Grunde kam sie mit sich selbst nicht zurecht, war schrecklich verkrampft – und wir mussten eben als Blitzableiter herhalten. Als sie sich mit 16 in den Ferien glücklich verliebte, war endlich Schluss mit den ewigen Selbstzweifeln und Hemmungen.«

Was den Kindern wirklich hilft: ihr Selbstwertgefühl stärken

Meistens bleibt Eltern nichts anderes übrig als abzuwarten, bis ihre heranwachsenden Kinder von alleine zu sich selbst finden. Dabei können sie natürlich alles tun, um das labile Selbstwertgefühl ihres Kindes zu stabilisieren – das Gefühl, dass es wenigstens zu Hause so akzeptiert wird, wie es ist, tut ihm gut, selbst wenn es nicht darüber redet. Es hilft auch, wenn die Eltern die starken, positiven Seiten ihres Teenies herausstreichen und ihm versichern, dass bestimmt alle seine Freunde, auch die selbstbewussten, insgeheim an sich zweifeln und gegen Minderwertigkeitsgefühle ankämpfen müssen – sie tun nur so stark.

Weiter auf Seite 55

abschneiden und sie sich überhaupt kleiner und mickriger fühlen als ihre Freunde, dann kann ihr männliches Selbstbewusstsein ins Wanken geraten (siehe Seite 43).

Wie schwierig es ist, mit den neu erwachenden Gefühlen und Wünschen umzugehen

Besonders die jetzt erwachende Sexualität löst immer wieder Komplexe und Schamgefühle aus – bei beiden Geschlechtern. Die Wünsche und Fantasien, die mit dem Anstieg der Sexualhormone einhergehen, erfüllen vor allem die jüngeren Teenager mit Unsicherheit – schrecklich die Vorstellung, sich lächerlich zu machen. Viele befinden sich in einer emotionalen Zwickmühle: Einerseits weisen sie jegliches Interesse am anderen Geschlecht weit von sich und geben sich unnahbar und abweisend, aber andererseits meinen sie, es sei vielleicht doch Zeit, sexuelle Erfahrungen zu machen. Nur – Gefühle und Wünsche offen zu zeigen ist oft unendlich peinlich und riskant; wer weiß schon, wie man ankommt, ob man nicht abblitzt. Es ist daher kaum verwunderlich, wenn Jugendliche einiges unternehmen, um ihre Unsicherheit zu überspielen und ihre Scham- und Minderwertigkeitsgefühle zu kompensieren: Sie prahlen, flüchten in Allmachtsfantasien oder stürzen sich in Abenteuer, um zu beweisen, dass sie doch zu Großartigem fähig sind (siehe Seite 142, 144).

Mädchen gehen oft erst mal in Deckung

Mädchen allerdings ziehen sich oft in sich zurück. Indem sie sich in Tagträume flüchten, viel lesen oder für Idole schwärmen – sich jedenfalls mit völlig anderen Dingen beschäftigen als mit der Sexualität –, schützen sie sich: Mit allerlei Vermeidungsstrategien und der Behauptung, sie hätten für den ganzen Unsinn mit den Jungen überhaupt nichts übrig, kaschieren sie ihre Empfindungen und halten gleichzeitig ihre Schamgefühle in Schach. Sie sind froh, wenn niemand sie unter Druck setzt, bis sie sich auch gedanklich und gefühlsmäßig auf die Veränderungen ihres Körpers eingestellt haben. Die elterliche Ermutigung, sich doch mal einem Jungen zuzuwenden, brauchen sie erst, wenn sie von sich aus bereit sind, ihr Schneckenhaus zu verlassen. □

Hinter der Arroganz eines Pubertierenden verbirgt sich naturgemäß eine empfindsame Seele. In dieser Lebensphase sind fast alle Youngsters Mimosen und brauchen viel Verständnis für ihre Schamhaftigkeit, egal, wie sie sich äußert. Durch Kommentare wie »Komm, stell dich nicht so an, so genau schaut doch keiner hin« und oder auch »Nimm dich nicht ganz so wichtig« fühlt sich jeder Teenager unverstanden und mag sich noch weniger leiden.

Dabei ist es besonders wichtig, dass er sich akzeptiert und innerlich davon überzeugt ist: »Ich bin es wert, geliebt zu werden, mitsamt meinen Mankos.« Zu einem umfassenden Selbstbewusstsein gehört bekanntlich auch das Wissen und Annehmen der eigenen Schwächen. Das kommt auch jeder Liebesbeziehung zugute, denn wer zu sich steht, braucht den anderen nicht zur Selbstbestätigung und nimmt auch dessen Schattenseiten gelassener hin – und wer sich mag, wird vermutlich auch mit einer Trennung eher fertig. Für Kinder ist es also geradezu lebenswichtig, sich von ihren Eltern – trotz aller unvermeidlichen Kritik – angenommen und gestützt zu fühlen. □

Auch das Annehmen der eigenen Schattenseiten gehört zum Erwachsenwerden

Das Startzeichen gibt das Gehirn

Buchstäblich über Nacht geht es los mit dem Umbau des Kinderkörpers in den eines Erwachsenen. Zunächst nur im Schlaf entsendet ein »zentrales Stellwerk« im Zwischengehirn Gonadotropin-Releasing-Hormone an die Hirnanhangdrüse und regt sie dadurch an, die Sexualhormone FSH und LH auszuschütten. Diese leiten über den Blutkreislauf bei Jungen den Befehl an die Hoden weiter, Testosteron, das wichtigste männliche Sexualhormon, zu produzieren und damit das Wachstum von Hoden, Penis und Schamhaaren auszulösen und dem Körper männliche Konturen zu geben. Bei Mädchen wird der Befehl an die Eierstöcke weitergereicht. Sie starten daraufhin die Produktion des weiblichen Sexualhormons Östrogen. Als Folge runden sich der Busen und das Becken, und schließlich kommt es in Wechselwirkung mit Gestagen zu periodischen Blutungen.

Neue Spielräume für das Denken

Die Welt mit anderen Augen sehen

Zu Kindergartenzeiten besteht die Welt aus Bildern und magischen Symbolen, und Kinder versuchen, sich mit Hilfe von viel Fantasie in dieser Welt zurechtzufinden. Mit der Einschulung verwandeln sich Kinder in Realisten. Sie interessieren sich jetzt mehr für konkrete Ereignisse als für Fantasiegeschichten; sie zählen, messen, ordnen gerne. Und sie haben ihren Spaß an handfesten Beschäftigungen.

Mit der Pubertät eröffnen sich neue Dimensionen im Denken

Die Denkfähigkeit entwickelt sich mit beginnender Pubertät – der Zeitraum lässt sich nicht exakt festlegen – wieder eine Stufe weiter. Wurde bisher alles und jedes als feste, klare, eindeutige Sache, als Realität wahrgenommen, wird jetzt eine andere, komplexere Welt sichtbar, ein System unendlicher Möglichkeiten mit vielen Wenns und Abers, die sich in Gedanken durchspielen lassen, mit immer neuen Dimensionen, die es zu erkunden, zu analysieren gilt.

Das Denken wird zunehmend differenzierter. Heranwachsende lernen:

- aus Beobachtungen und Aussagen zu abstrahieren,
- sich ein Bild vom Ganzen zu machen und Zusammenhänge in der Natur, in der Gesellschaft zu verstehen,
- Wechselwirkungen und Ordnungssysteme wahrzunehmen,
- eigene Denksysteme zu erstellen und zu überprüfen,
- Schlussfolgerungen zu ziehen.

Nicht nur in ihrer körperlichen Entwicklung, sondern auch in ihrer geistigen Entwicklung sind viele Jugendliche heute früh dran

Das Gedächtnis speichert Informationen jetzt nicht mehr mechanisch, sondern geordnet ab. Viele Jugendliche sind fasziniert von diesem gut funktionierenden Denkapparat, der in ihnen steckt. Und natürlich nehmen sie sich selbst und ihren Kopf entsprechend wichtig, hinterfragen und interpretieren die Welt von oben bis unten, stellen immer neue Behauptungen und Theorien auf (siehe Seite 64). Nicht mehr die Frage »Was ist?« beschäftigt sie jetzt, sondern die Frage »Was kann sein?«. □

Die ersten Pickel, Barthärchen, Anfälle von schlechter Laune sind klar und deutlich zu sehen. Dass sich gleichzeitig das Denken ihres Sprösslings wesentlich verändert und was sich hinter seiner Stirn eigentlich tut, ist Müttern und Vätern dagegen nicht unbedingt klar. Diese Veränderung geschieht in den Anfangszeiten der Pubertät ganz unauffällig. Manchmal nehmen Eltern erste zarte Anzeichen wahr: »Beim Abendbrot fiel mir irgendwann auf, dass Michael meinem Mann und mir mit einem ganz neuen Ausdruck im Gesicht zuhörte. Konzentrierter, wacher, reifer wirkte er plötzlich«, berichtet die Mutter eines 13-Jährigen. »Zum ersten Mal konnte ich ihn mir als erwachsenen Mann vorstellen!«

Spannende Zeiten: Wer sich Zeit nimmt, sich auf sein Kind einlässt, lernt es jetzt von einer ganz neuen Seite kennen, beobachtet mit Freuden die neuen Perspektiven, die sich jetzt auftun

Mit der Zeit mehren sich die Hinweise darauf, dass das Kind auch in punkto Denken nicht mehr lange ein Kind sein wird. So geben zum Beispiel 14-jährige Fußballer zu Hause jetzt nicht mehr ausschließlich Erlebnisberichte à la »Der hat dieses gemacht und der jenes« zum Besten, sondern erklären der gesamten Familie stattdessen, wie Fußballtrainer eigentlich arbeiten müssten, um Erfolg zu haben. Sie kommen im Gespräch ganz locker vom kleinen Verein auf große Vereine, vom Sport im Speziellen auf Sport im Allgemeinen und stellen zum Schluss noch ein paar elegante Theorien auf. Natürlich selbst ausgedacht. Ihre Gedanken gleichen sich den Gedanken Erwachsener an. Der Horizont erweitert sich. Auch das Umgekehrte kommt vor: dass Kinder nichts oder nur noch das Nötigste mitteilen und schon gar nicht gedrängt werden möchten zum Reden nach dem Motto: »Nun erzähl doch mal!« Viele Jugendliche wenden sich in dieser Phase ganz nach innen, wollen die neuen, eigenen Gedanken und Gefühle allein entdecken. Das zu respektieren fällt schwer und erfordert von Eltern einiges an Selbstdisziplin, denn natürlich, verständlicherweise, würden sie gerade jetzt, in diesen aufregenden Umbruchzeiten, zu gerne teilhaben an den Gedanken, die sich ihr Kind macht (siehe Seite 240). □

Jedes Kind hat sein eigenes Entwicklungstempo – das gilt auch für seine geistige Entwicklung. Drängeln und Druck machen schadet nur. Besser: zuhören, zuschauen, viel miteinander reden

Jetzt möglich: über die eigenen Erfahrungen hinausdenken

Logisch und exakt, sinnvoll und analytisch denken zu können, heißt noch lange nicht, dass damit mehr Neugierde, mehr Freude am Lernen, an Wissen und an der Schule entsteht. Im Gegenteil. Viele 15- bis 18-Jährige haben gerade jetzt ganz andere (»wichtigere«) Dinge im Kopf, und diese Dinge sind selbstverständlich – aus ihrer Sicht – bei weitem spannender als die Schule und das Büffeln von Lehrstoff. Sie nutzen die neuen geistigen Kräfte auch – meist vor allem und oft ausschließlich –, um über sich selbst nachzudenken, versuchen mit Hilfe der neuen Denkkategorien, Ordnung in ihre Gefühle, in ihre Gedanken zu bringen. Ganz klar, dass das einiges an Energie und auch Zeit kostet. »Meine Gedanken drehen sich dauernd im Kreis«, erzählt Caroline, 14 Jahre alt. Nichts ist mehr so klar, so eindeutig wie vor Jahren. Manchmal ist die Welt, ist jetzt einfach alles schwer zu kapieren.

Faszinierend dieser neue Blickwinkel auf die Welt. Manchmal aber auch verwirrend: Nichts ist mehr so klar, wie es vorher war

Heranwachsende versuchen nicht nur, sich ein Bild von der eigenen Person zu machen, sondern auch von Freunden, Mitschülern, Geschwistern. Sie lernen, sich in andere hineinzuversetzen, sich zu vergleichen: »Reagiere ich ebenso oder ganz anders?« Sie sind laufend damit beschäftigt, ihre Vorstellungen zu korrigieren. Jetzt ist die Zeit der Tagebücher und Wunschträume. Hier werden Gedanken gehortet, weitergesponnen, immer neue Lebensentwürfe gestrickt (siehe Seite 118). Mit wachsendem Verständnis für sich selbst, für andere und für menschliches Verhalten nimmt auch die Einsicht in gesellschaftliche Zusammenhänge zu (siehe Seite 240). Das Ganze ist ein Entwicklungsprozess, der sich über Jahre hinzieht.

Nicht zuletzt dank der Medien kommen Kinder heute frühzeitig mit ganz unterschiedlichen Identifikationsmustern in Berührung. Sie sind weniger auf eigene Erfahrungen angewiesen, um sich ein Bild von sozialen Vorgängen zu machen

Diese komplexeren Formen des Denkens (siehe Seite 64) sind die Basis und Voraussetzung dafür, dass Jugendliche lernen, ihr Leben selbst in die Hand zu nehmen (siehe Seite 152). □

Sie träumen zum Fenster hinaus oder telefonieren. Jeder Klacks muss mit Freunden erörtert werden und zwar ausführlichst. Viele Eltern werden beim Zuhören ganz kribbelig: »Wann hat diese Phase ein Ende?« Die meisten haben feste Vorstellungen, wie sich ein Jugendlicher sinnvoll geistig beschäftigen könnte. Ganz selbstverständlich gehen sie aber davon aus, dass geistiges Training in den »klassischen« Fächern zu geschehen hat: in den Bereichen Mathematik und Naturwissenschaften vor allem. Dass Jugendliche auch und gerade bei ihren Lieblingsbeschäftigungen ihren Verstand schulen, wird nicht unbedingt wahrgenommen. Indem sie über sich selbst reflektieren, ihre Probleme und Problemchen drehen und wenden, die Lösungen mit anderen durchsprechen, probieren Jugendliche ihre neuen Denkfähigkeiten aus. Wie entspannend für das Familienklima, wenn es Müttern und Vätern gelingt, die Träumereien oder Dauergespräche positiv zu sehen, wie wohltuend, wenn sie erkennen, dass auch und gerade die Bewältigung von Alltagsproblemen – vom Knatsch mit der Freundin über Auseinandersetzungen in der Familie – einiges an Denkakrobatik verlangt. Hier gibt es keine einfachen Lösungen, kein Schwarz oder Weiß, Richtig oder Falsch, und das macht das Zurechtfinden schwierig.

Was Eltern oft als Quatschen und Quasseln abqualifizieren, ist für Jugendliche auch ein Stück »Denksport«

Oft werden Jugendliche gar nicht gefragt, womit sie sich beschäftigen. Vor allem wenn Eltern müde oder angespannt sind, neigen sie dazu, nicht nachzufragen – oder nicht richtig zuzuhören, wenn erzählt wird. »Immer sind sie mit ihren Gedanken sonst wo und tun nur so, als seien sie interessiert an dem, was ich denke!«, berichtet Miriam, 15 Jahre alt. »Meine Eltern hören nie richtig – ganz in Ruhe – zu.« Leider sagen Jugendliche nicht immer, was sie stört. Oft sind sie sich gar nicht klar darüber, dass etwas fehlt. Dennoch atmen die meisten auf, wenn Mutter oder Vater selbst darauf kommen, dass sie häufiger nachfragen könnten, wie's geht. Das wäre Balsam für Geist und Seele. □

Im Alltagsgetriebe nicht die Chance verpassen, mit den Kindern im Gespräch zu bleiben

Wenn die alten Werte und Regeln ins Wanken geraten

In der Regel übernehmen Jugendliche die grundlegenden Werte ihrer Eltern und suchen sich eine Gruppe Gleichaltriger, in der gleiche oder ähnliche Werte gelten

Sturm- und Dranggelüste halten sich in Grenzen. Kein Gedanke daran, die Welt aus den Angeln heben zu wollen

Dass sie immer mehr Dinge des Lebens »abchecken«, macht Jugendliche stolz. Sie haben jetzt den Durchblick, besonders in praktischen Dingen. Sie kommen mit der Gebrauchsanweisung für den Videorekorder klar, die sonst keiner durchschaut. Sie kapieren auf den ersten Blick das neue Parksystem in der Tiefgarage. Sie hantieren gekonnt mit dem Computer. Sie verblüffen ihre Eltern mit immer neuen, erstaunlichen Fertigkeiten.

Angetan von ihren geistigen Fähigkeiten, beginnen viele Heranwachsende in dieser Phase, über Gott und die Welt, über Religion, Politik, Ethik, Moral nachzudenken. Das heißt noch lange nicht, dass sie einverstanden sind mit all den Regeln, die zu Hause gelten. Im Gegenteil. Darüber wird gerne und häufig gestritten. Diese Auseinandersetzungen haben nicht nur mit Sehnsucht nach Freiheit (siehe Seite 154) zu tun, sondern auch mit Freude am Argumentieren. Das Ganze ist ein intellektuelles Spiel: »Mal sehen, ob es dank besserer Argumentation gelingt, dieses Regelsystem zu knacken.« □

Das Gehirn will trainiert werden

Obwohl das Gehirn schon bei einem zehnjährigen Kind 95% seiner späteren Größe erreicht hat, verändert es sich während der Pubertät noch wesentlich: Es verliert einerseits etwa 40% seiner Synapsen (die Verbindungen zwischen den einzelnen Nervenzellen), weil sie nicht genutzt werden. Andererseits verstärken sich die Schaltstränge, die häufig beansprucht werden – zum Beispiel beim Lesen und Schreiben, beim Rechnen und Argumentieren. Die synaptischen Verschaltungen entwickeln sich weiter. Die Folge: Die geistigen Fähigkeiten nehmen zu.

Beginnt ihr »Kind«, über Politik, Religion und ethische Werte nachzudenken, sehen das die meisten Eltern mit Vergnügen. Fängt es jedoch an, die Normen in Frage zu stellen, die zu Hause gelten, macht das vielleicht schon weniger Freude: Die Regeln hatten sich gerade so schön eingespielt in den ruhigen Entwicklungszeiten vor der Pubertät. Dass ihr Teenie das Regelwerk am liebsten über den Haufen werfen würde, nervt die Eltern – und erst recht dieses dauernde Hinterfragen: »Warum soll ich dieses, muss ich jenes tun?« Viele Jugendliche fragen ständig »warum«: »Warum soll ich um 10 Uhr zurück sein aus der Disko? Warum die Glotze abschalten? Warum beim Hausaufgabenmachen keine Musik hören?« Längst nicht alle Warums lassen sich klipp und klar beantworten. Viele der Regeln, auf deren Einhaltung sie pochen, sind nicht einleuchtend zu begründen, das wissen Mütter und Väter. Deshalb hören sie auch ungern von ihrem Sprössling, dass sie wahrlich keine Meister seien in punkto Logik und Argumentation. In leicht arrogantem Tonfall wird das oft vorgebracht, und diesen Tonfall können die »Alten« nur schwerlich ertragen. Dreimal tief durchatmen hilft. Leider gelingt es im Alltagstrubel den wenigsten Eltern, locker und mit Humor über die Belehrungen hinwegzugehen. Lassen sie sich jetzt auf Diskussionen ein – glücklicherweise sind heute viele Eltern dazu bereit –, sind zwar anstrengende, aber auch befriedigende Zeiten angesagt: Es geht meist heiß her, wenn altbewährte Regeln zur Diskussion gestellt und neue ausgehandelt werden. Solche Auseinandersetzungen sind Neuland für alle. Jugendliche können lernen, *richtig* zu streiten, Kompromisse zu schließen, eben nicht stur auf ihrer Meinung zu beharren. Eltern können lernen, auf Besserwisserei zu verzichten, sich im Zuhören zu üben und in ihrem »Kind« einen gleichberechtigten Gesprächspartner zu sehen. Damit werden alle gemeinsam um einiges reifer. □

Der Erziehungsstil wird in Frage gestellt. Das verletzt häufig besonders die Mütter und Väter, die ihre Kinder besonders liberal, liebe- und verständnisvoll erzogen haben. Darauf sind sie nicht vorbereitet

Humor und Gelassenheit – die besten Mittel, mit Schwierigkeiten fertig zu werden. Leider nicht immer verfügbar

Diskussionen um alles und jedes

Sind Teenies heute mitteilungsbedürftig und gerne bereit, sich auf Familiengespräche einzulassen, haben sie morgen keine Lust aufs Reden; das hängt von der jeweiligen Stimmung ab. Wird in der Familienrunde überhaupt miteinander geredet, dann – laut Wissenschaft – häufig über Themen wie Schule, Zukunft und auch Politik.

Glasklar erkennen die meisten Kinder jetzt, dass das Denken und Reden der Erwachsenen mit deren Handeln längst nicht immer übereinstimmt

Nie ist der Wunsch, verstanden zu werden, so ausgeprägt wie in dieser Entwicklungsphase und gleichzeitig das Gefühl vorhanden, total unverstanden zu sein. Wohl auch deshalb vermeiden so viele Jugendliche, mit ihren Eltern über das zu reden, was ihnen besonders am Herzen liegt: über ihre persönlichen Probleme (siehe Seite 166). Ein weiterer Grund für ihre innere Zerrissenheit: Jugendliche entwickeln eine Vorstellung davon, wie schön die Welt sein könnte, wenn … Dieses Wenn wird zum Knackpunkt: wenn die Erwachsenen nicht nur über Konsumverzicht palavern, über Rücksichtnahme auf andere reden, sondern sich entsprechend verhalten würden. »Meine Eltern sprechen ständig von Freiheit und Mitbestimmung, und zu Hause sind sie die reinsten Diktatoren!« So beschreibt Vicky, 15 Jahre alt, was sie als verlogen und schwierig empfindet. Wenn Erwachsene die Tugenden selbst nicht verwirklichen, die sie in der Theorie eisern hochhalten, verlieren sie in den Augen ihrer Kinder an Glaubwürdigkeit. Viele Jugendliche von heute scheinen das ziemlich ungerührt hinzunehmen; sie verzichten auf die großen Grundsatzdiskussionen, weisen ihre Eltern nicht auf diese Widersprüche hin. Sie arrangieren sich: »Wenn sie selbst ihren Ansprüchen nicht genügen, muss ich's auch nicht tun!« Andere gehen auf Distanz, suchen Freunde, die ihnen im Denken und Tun eher nahe kommen. Wie sie sich mit ihren Eltern auseinander setzen, das hat nicht nur mit geistigen Fähigkeiten zu tun, sondern auch mit dem Milieu, in dem sie groß geworden sind (siehe Seite 116). □

Rhetorik, Überzeugungskraft, kluge Argumente – in längst nicht allen Familien stehen Streitgespräche hoch im Kurs. Häufig wird kaum oder gar nicht miteinander geredet

Jahrelang musste man dem Sohn, der Tochter zeigen, wie ein U-Bahn-Plan entziffert, ein Geldautomat bedient, eine Paketkarte ausfüllt wird. Mit der Zeit verkehren sich die Rollen ins Gegenteil. Jetzt erklären die Kinder immer häufiger, was Sache, welcher Comic »in«, welcher Star »cool«, welcher Sound »ätzend« ist und geben ihren Eltern entscheidende Hinweise, damit sie wissen, was läuft. Eltern leben immer irgendwo hinterm Mond, aus Sicht ihrer Kinder. Sie peilen die Lage nie so ganz. Nicht auf der Höhe der Zeit zu sein, verkraften Eltern verhältnismäßig locker, wenn sie gut mit sich selbst klarkommen. Spüren sie jedoch, dass sie nicht mehr so fit im Denken sind wie vor Jahren, machen ihnen etwa Wortfindungsschwierigkeiten zu schaffen, lässt ihre Leistungsfähigkeit nach, dann beobachten sie Heranwachsende manchmal nicht ohne Neid: Die Jungen reden sich noch die Köpfe heiß, wenn die Altvorderen längst Richtung Bett trotten, um sich die sieben Stunden Schlaf zu holen, die sie brauchen. Früher haben sie sich ebenfalls den Mund fusselig geredet über Themen wie Politik oder Religion. Und heute? Gar nicht selten machen sich jetzt erste Gedanken ans Altwerden breit. Gedanken, die vielen ein Graus sind in unseren Zeiten, da Jugendlichkeit in den Himmel gehoben wird. Mit jedem Tag bekommen Eltern so ein Stückchen mehr vor Augen geführt, dass sie nicht länger die großen Macher, Erklärer, Richtungsweiser für ihr Kind sind. Die Gewichte verschieben sich nach und nach: Ihr Sprössling gewinnt, sie verlieren an Kraft, auch an geistiger Leistungsfähigkeit. Eine neue Generation macht sich langsam bereit, Verantwortung zu übernehmen: in der Familie, in der Gesellschaft. Diese Vorstellung ist manchen Erwachsenen unerträglich. Sie beginnen – meist ohne sich dessen bewusst zu sein –, mit den Jugendlichen zu rivalisieren. Diskussionen sind ein beliebter Schauplatz für Machtkämpfe. Hier kann man geistige Waffen einsetzen: »Mal sehen, wer mehr Power hat!« Dass es bei Machtkämpfen nur Verlierer geben kann, liegt auf der Hand. □

Wenn aus Kindern Jugendliche werden, werden aus jungen Eltern alte. Das wahrzunehmen, macht nicht nur Freude

Aus Diskussionen keine Machtkämpfe nach dem Motto machen: Mal sehen, wer der Klügere ist

Im Mittelpunkt des Interesses: die Sexualität

Sexualität: das neue Thema Nummer eins

Schon ganz kleine Kinder, die ihren Körper erkunden, entdecken dabei lustvolle Gefühle, eine Erfahrung, die die meisten bei den beliebten Doktorspielen vertiefen. In der Pubertät bekommen diese Erlebnisse plötzlich eine ganz neue Dimension: von der Ebene des Spielerischen rücken sie in den Bereich des Durchführbaren. Während die Sexualorgane reifen, übt das andere Geschlecht auf einmal einen geradezu magischen Sog aus. Gedanken und Träume füllen sich mit heißen sexuellen Fantasien, eine bislang unbekannte Sehnsucht macht die Jugendlichen unruhig und unausgeglichen, aber auch scheu und verschlossen. Obwohl sie sich anfangs scheinbar gegenseitig verachten und mit entsprechenden Titeln wie »saublöd« oder »dämlich« belegen, sind Jungen und Mädchen in Wahrheit hingerissen voneinander – und nur noch viel zu hilflos, diese Faszination anders als abwertend auszudrücken. Hilflos auch ihr Gehabe: kichernd, kokett, albern und launisch die Mädchen, großmäulig, protzig, cool und superstark die Jungen.

Abwertende Sprüche sind nur Tarnung – in Wirklichkeit fasziniert nichts mehr als das andere Geschlecht

Alles, was mit Sex zu tun hat, wird plötzlich hochinteressant: Liebesromane und vor Herzschmerz triefende Heftchen, Pornos und Witze (siehe Seite 76) und natürlich die Berichte der »Erfahrenen«. Es dauert eine Weile, bis erste wirkliche Kontakte entstehen, erste Zärtlichkeiten ausgetauscht werden. Deshalb müssen die Eltern jetzt oft noch einmal – wie schon in früher Kindheit – als Trainingsobjekte herhalten: Am gegengeschlechtlichen Elternteil lässt sich die eigene sexuelle Ausstrahlung hervorragend ausprobieren. Die allermeisten Jugendlichen masturbieren in dieser Zeit (siehe Seite 74). Es hilft ihnen, das Übermaß an sexueller Spannung abzubauen, aber auch, ihren veränderten Körper und seine Reaktionen kennen zu lernen. ☐

Training, bevor es »ernst« wird

Kaum zu übersehen, was mit den Kindern los ist

Vom Aufbruch ihrer Kinder zur sexuellen Entdeckungsreise bekommen Eltern gewöhnlich nur indirekt etwas mit. Es sind die immer gleichen verräterischen Details, die ihnen eines Tages die Augen öffnen: das Gekicher und scheinbar sinnlose Erröten der Töchter, die Versuche der Söhne, ihre »feuchten Träume« zu vertuschen, Pornohefte unter der Matratze, bislang nicht gesehene Jugendzeitschriften, die keine Intimität auslassen, endlose Telefonate über »den« oder »die« aus der Parallelklasse...

Vor allem in der ersten Zeit dieses verwirrenden Umschwungs sind die wenigsten Teenies bereit, darüber zu sprechen. Wie sollen sie auch in Worte fassen, was sie zutiefst berauscht und irritiert? Selbst Eltern, die mit ihren Kindern sonst über alles reden konnten, werden jetzt mit Gesprächsangeboten oft vor die Wand laufen. »Musst du dich denn in alles einmischen? Was willst du eigentlich nicht wissen?!« Das trifft und kann ganz schön verunsichern. Aber zum Glück ist es gar nicht immer nötig, große Gesprächsrunden anzusetzen. Viel mehr als Väter und Mütter gemeinhin ahnen, erreicht ihre Kinder auf der wortlosen Schiene. Gerade in Sachen Sex. Wichtiger als alle Worte sind die emotionellen Signale, die sie begleiten, wie Entsetzen oder Ekel, Verständnis oder Belustigung, Verlegenheit oder Lockerheit. Was auf dieser Ebene bei den Jugendlichen ankommt, ist meistens mit entscheidend für ihre dauerhafte Einstellung zur Sexualität. Tobi, 20: »Als ich 13 war, fand mein Vater ein Pornoheft hinter meinem Zettelkasten. Fürchterlich! Ich dachte, jetzt knallt's. Aber er hat nur kurz reingeschaut und gemeint: ›Na ja, das braucht man wohl.‹ Dann haben wir über Fußball und irgendwas geredet. Seitdem war Schluss mit meinem schlechten Gewissen, und ich wusste, er versteht, was mit mir los ist.« □

Auch ohne viel Worte können Eltern den Kindern weiterhelfen

Ein Drahtseilakt zwischen sexy und sauber: Wie Mädchen Sexualität erleben

Mädchen von heute sind kritischer und selbstbewusster als in früheren Generationen

Mädchen – das belegen große Jugendstudien – gehen heute mit der Sexualität entschieden selbstbewusster und überlegter um als ihre Mütter im entsprechenden Alter. Es ist ihnen wichtig, ihre Beziehung zu einem Jungen aktiv mitzugestalten und selbst bestimmen zu können, wann sie bereit sind, mit ihm zu schlafen. Ein Trend, dem auf männlicher Seite die zunehmende Bedeutung von Gefühl und Verständnis anstelle drängender Triebhaftigkeit entspricht (siehe Seite 88). Mädchen reagieren außerdem kritischer auf sexuelle Übergriffe und wehren sie energischer ab als früher.

Für Mädchen noch immer wichtig: die Spielregeln der gutbürgerlichen Anständigkeit

Aber trotz der von Fachleuten betonten wachsenden Angleichung der Geschlechter in Sachen Zärtlichkeit ist es für Mädchen eindeutig komplizierter, ihren eigenen sexuellen Weg zu finden. Die altüberlieferte Doppelmoral wirft nämlich immer noch ihre Schatten: Jungen, die eine Eroberung nach der anderen machen, sammeln Punkte, sind »tolle Hechte«. Mädchen, die das Gleiche tun, bekommen den Stempel »Schlampe« aufgedrückt. Während sie ihre Anziehungskraft auf das andere Geschlecht testen, müssen Mädchen also nach wie vor die Grenzen der bürgerlichen Anständigkeit im Auge haben und auf ihren Ruf achten. Sexy sein und »sauber«, attraktiv und im entscheidenden Moment ablehnend, selbstbewusst in ihrer Weiblichkeit und gleichzeitig die männliche Initiative abwartend. Denn die gehört noch immer zum Spiel. Zieren sie sich aber allzu sehr, werden sie als prüde, uninteressante, staubige Jungfern abqualifiziert. Keine leichte Aufgabe also. Vor allem, wenn sie sich schon so früh wie heute üblich stellt. Jungen Männern entgeht die Schwierigkeit der weiblichen Rolle durchaus nicht. Jan, 20: »Für den einen, der sie mag, soll sie leicht zu haben sein, aber ja nicht für die anderen. Ein Glück, dass ich kein Mädchen bin!« Das Verständnis wächst (siehe Seite 88) und damit auch der Wille, die unfairen Maßstäbe abzubauen. □

Viele Frauen begleitet er bis ins Alter, dieser Widerspruch, einerseits in ihrer Partnerschaft die leidenschaftliche, fantasievolle Liebhaberin sein zu sollen, sich aber im Übrigen von eigenem erotischen Interesse möglichst wenig anmerken zu lassen, um nicht in ein schräges Licht zu geraten. Manchmal hat das schmerzhafte Konsequenzen: »Nie hätte ich gewagt, einem jungen Mann zu zeigen, wie anziehend ich ihn fand, das schickte sich nicht,« erzählt Gisela. »Und so landete ich schließlich bei einem, der *mich* wollte. Von eigener Wahl konnte dabei aber nicht die Rede sein. Mit einer Menge Unglück habe ich für diese falsch verstandene Anständigkeit bezahlt.« Trotz persönlicher negativer Erfahrungen geben viele Mütter die alten Normen ungefiltert an ihre Töchter weiter. Oft ist es ihnen unmöglich, die Realität des eigenen Lebens einzugestehen und darüber mit der Tochter zu reden. Aber auch bei denen, die früher zu den Rebellen gehörten und sich größere Freiräume eroberten, spukt der konventionelle Verhaltenskodex häufig noch im Hinterkopf und meldet sich mit Mahnungen wie »Mach dich rar, sonst kommst du ins Gerede!« Es ist eben zweierlei, für sich selbst einzutreten oder einem anderen sorgend zuzusehen. Väter haben die traditionellen moralischen Muster meistens genauso verinnerlicht und tuten ins gleiche Horn – häufig noch angespornt durch erste Anflüge von Eifersucht. Natürlich kann die Alternative nicht sein, dass junge Mädchen ermuntert werden, sich mit jedem einzulassen. Den gangbaren Weg in eine weniger konfliktbeladene Zukunft haben viele schon eingeschlagen, indem sie ihre Beziehungen immer mehr nach ihren eigenen Vorstellungen ausbauen. Eltern können ihre Töchter dabei unterstützen, wenn sie auf Vertrauen und Selbstvertrauen setzen, statt vieler Ge- und Verbote die Leine locker lassen, damit das Selbstbewusstsein nicht von säuerlichen Warnungen beschnitten wird, sondern durch Erfahrung und Selbstkritik wachsen kann. □

Vielen Müttern fällt es schwer, statt der überlieferten Normen eigene Erfahrungen weiterzugeben

Nützlicher als tausend Ge- und Verbote: das Selbstbewusstsein der Mädchen fördern

Jonglieren zwischen Zärtlichkeit und Macho-Masche: Wie Jungen Sexualität erleben

Ganz so selbstsicher, wie sie scheinen, sind die wenigsten. Sie mögen noch so cool und überlegen auftreten und sich niemals eine Blöße geben vor den Mädchen – den meisten Jungen ist, als müssten sie dem weiblichen Geschlecht fortlaufend imponieren –, doch hinter der Fassade rumoren die ungeklärten Fragen:

Der Umgang mit dem anderen Geschlecht: ein Buch mit vielen Siegeln

Wieso sind Mädchen oft so seltsam? Warum die Annäherungsversuche so schwierig? »Heute zeigt sie, dass sie dich mag, morgen lässt sie dich abblitzen und nichts läuft«, beanstandet der knapp 15-jährige Jan. »Was geht in Mädchen überhaupt vor? Einmal unterstellen sie dir, du bist nicht sensibel genug, und wenn du zu viel Gefühl aufbringst, zeigen sie dir die kalte Schulter«, konstatiert sein Freund. Für zahlreiche Jungen sind das Verliebtsein und die Sexualität wie ein Glücksspiel voller Tücken, das sie erst »checken«, wenn sie erfahrener sind und auch den Mut haben, über sich und ihre Empfindungen zu reden. Dabei machen sich körperlich schneller entwickelnde Jungen viel häufiger positive Erfahrungen als Spätentwickler, denn die frühreifen Teenager bekommen ihre Attraktivität ständig attestiert, sind daher auch zufriedener mit ihrem Körper und haben es erheblich leichter, mit Mädchen in Kontakt zu kommen.

Groß ist die Angst, sich zu blamieren

Dennoch: Sämtliche Jungen kennen die ungemein peinlichen Seiten der erwachenden Sexualität, dieses Ausgeliefertsein, wenn sie scheinbar grundlos eine Erektion bekommen und meinen, jeder könnte es sehen. Oder diese Zweifel, ob der Penis nicht zu kurz oder zu krumm ist, und ob man nicht versagt, wenn man endlich mit der Freundin im Bett liegt. Für die meisten Teenies ist Sex ein beunruhigendes und verwirrendes Spiel, dessen Regeln gar nicht so leicht zu durchschauen sind. □

Wenn es um das Thema Sex geht, sind Eltern oft selber unsicher und verkrampft, insbesondere natürlich, wenn es ihr Kind betrifft, dessen Sexualleben gerade erwacht. Sie spüren, dass das überlegene Gehabe ihres Sohnes oft nur eine Pose ist, und sie fragen sich, ob sie mit ihm über seine körperlichen Veränderungen oder über das Auf und Ab in den Beziehungen zu Mädchen reden sollen. Ihnen ist klar, dass ihr Sohn durch und durch aufgeklärt ist, doch offensichtlich irritieren ihn viele Fragen.

Die Überlegenheit des Sohnes ist oft kaum mehr als eine Pose

Nur: Der Sohn will nicht, dass seine Eltern sich in seine Intimsphäre einmischen (siehe Seite 166). Gerade sexuelle Gefühle und Unsicherheiten sind zu privat und kaum mitteilbar. Außerdem kann kein Teenager die Eltern an seinem Sexualleben teilhaben lassen, schließlich ist er dabei, sich von ihnen zu lösen. Es bleibt Eltern aber doch eine Möglichkeit, mit ihren Kindern ins Gespräch zu kommen: nämlich von sich zu reden. Vor allem Väter, die als Jungen vielleicht ähnliche Schwierigkeiten erlebt haben, können erzählen, wie es ihnen und ihren Freunden damals ergangen ist, und dabei durchaus wichtige Informationen mitliefern: »Als ich meinem Sohn beschrieben habe, wie ich mich mit 15 im Schwimmbad ständig auf den Bauch rollen musste, weil sich mein Schwanz unter der Badehose rührte und ich mich schrecklich schämte, oder wie wichtig für mich die Entdeckung war, dass es überhaupt nicht von der Penisgröße abhängt, ob man ein guter Liebhaber ist, sind wir auf einmal ins Gespräch gekommen, von Mann zu Mann. Er hat mir Fragen gestellt, und ich habe ihn beruhigen können, schließlich ist mein Wissen doch größer als seines.«

Eine gute Methode, um mit Kindern ins Gespräch zu kommen: von eigenen Erfahrungen erzählen

Ein Vater, der offen und gelassen über die männliche Sexualität redet, und eine Familie, für die das Thema Sex kein Tabu ist, kann einem Sohn viel Sicherheit und den Mut geben, sich zu informieren – gegebenenfalls auch bei einem Arzt (siehe Seite 197) –, anstatt Fragen und Zweifel in sich hineinzufressen. □

Onanieren: den eigenen Körper erforschen

Wenn Jungen mit Freunden über das Onanieren reden – und sie tun es gern, allerdings meist feixend und im Blödelton –, dann benutzen sie Ausdrücke wie hobeln, wichsen, sich einen runterholen. Das klingt rau und überlegen (siehe Seite 77). Und beim um die Wette Wichsen mit einem Freund oder in der Clique siegt der, der am schnellsten und am weitesten spritzt – das Ganze ist ein geiles Spiel, das besagt: Wer zügig »kommt«, ist männlich. Der 15-jährige Oliver dazu: »Erst als ich zum ersten Mal verliebt war, aber noch gar nicht daran dachte, mit dem Mädchen zu schlafen, konnte ich mir beim Onanieren Zeit lassen und von ihr träumen, da merkte ich auch erst, dass da tolle, aufregende Fantasien auftauchen.« Im Verlauf der Pubertät erleben die meisten Jugendlichen, dass Onanieren mehr sein kann, als möglichst rasch zu ejakulieren: Sie entspannen sich, bereiten sich lustvolle Gefühle und erforschen gleichzeitig ihre Sexualität. Sie lernen dabei auch ihren Körper und seine Reaktionen besser kennen.

Für manche Jungen ist Onanieren ein Wettspiel unter Freunden

Anders als Jungen finden Mädchen die unterschiedlichsten Möglichkeiten, sich selbst zu befriedigen – sie entdecken, was sie erregt, welche körperlichen Bereiche am sensibelsten sind und welche Form der Selbstbefriedigung sie am meisten genießen. Schon in der frühen Pubertät, bevor die Menstruation eintritt, können Mädchen einen Orgasmus oder orgasmusähnliche Lustgefühle empfinden.

Allerdings sind sie häufig befangener als Jungen, vertrauen höchstens ihrer Freundin an, dass sie masturbieren, als ob sie sich deswegen schämen müssten (siehe Seite 52). Dabei sind Selbstbefriedigung und das Auskosten sexueller Fantasien für beide Geschlechter eine Erkundung des eigenen sexuellen Verhaltens – sie erleben, was ihnen Spaß macht, und können es (später) ihrem Partner leichter mitteilen (siehe Seite 84).

Mädchen möchten alleine sein, wenn sie ihren Körper erkunden

Häufiges Onanieren – nicht doch ein Grund zur Beunruhigung

Heute wissen Eltern natürlich, dass die Vorstellung, Onanieren verursache körperliche Schäden, nichts als ein reines (Horror-) Märchen aus prüden Zeiten ist. Dennoch: Ein wenig unwohl ist manchen doch, wenn sie merken, dass ihr Kind sich in sein Zimmer verkriecht und regelmäßig onaniert. Könnte es nicht sein, dass die intensive Konzentration auf den eigenen Körper eine Art Flucht vor dem anderen Geschlecht ist? Dass sich ihr Kind isoliert und beim »Verkehr mit sich selbst« von Liebesbeziehungen träumt, die völlig irreal sind? Und ist es nicht doch unnatürlich, allzu oft zu onanieren?

Was tun, wenn ein Kind sich dauernd isoliert?

Es ist längst erwiesen, dass es genauso normal ist, ein- oder zweimal täglich, wöchentlich, noch seltener oder auch gar nicht zu onanieren. Und wenn Eltern befürchten, dass sich ihr Kind zu sehr abkapselt, dann ist die Selbstbefriedigung bestimmt nicht das Motiv dafür: Ein kontaktfreudiger Teenager kann sich selbst befriedigen und trotzdem auf das andere Geschlecht zugehen. Ein sehr schüchterner Jugendlicher braucht länger, um sich auf eine sexuelle Beziehung einzulassen – das liegt aber an seiner Scheu oder einfach daran, dass er zu den Spätentwicklern gehört, nicht daran, dass er häufig onaniert. Diese Scheu verliert er nicht dadurch, dass Erwachsene drängeln: »Triff dich doch mal mit einem Mädchen (bzw. einem Jungen).«

Jugendliche möchten selbst entscheiden, wie sie mit ihrer Sexualität umgehen. Sie wollen auch ihre Intimsphäre gewahrt wissen und empfinden selbst behutsame Fragen oder frotzelnde Kommentare der Eltern immer als aufdringlich (siehe Seite 166). Eltern können höchstens versuchen, das Selbstwertgefühl ihres Teenagers aufzubauen und zu überlegen, ob ihr Kind wirklich einsam ist und sich zu sehr in seiner eigenen Welt verliert (siehe Seite 226), oder ob es nicht einfach noch Zeit braucht, bis es sich dem anderen Geschlecht zuwendet. □

Pornos, Zoten, rüde Sprüche

Dass Obszönitäten die Erwachsenen schockieren, macht sie so interessant

Je obszöner die Zoten, ordinärer die Schimpfworte und schweinischer die Witze, umso größer für jeden Teenager ihr Reiz – das war schon immer so. Dennoch verschlägt es Erwachsenen oft schier die Sprache. Aber darum geht es ja – zu provozieren und Tabus zu verletzen. Zudem ist alles, was das Thema Sex berührt, von Haus aus prickelnd und Anlass zu Schlüpfrigkeiten: Da ist Neugier mit im Spiel, ein wenig Unsicherheit, ein bisschen Scham und diffuse, meist unausgesprochene Lustgefühle. Nie wird unter den Youngsters so verschwörerisch gekichert oder ungewöhnlich laut gelacht wie nach deftigen Kalauern oder zotigen Sprüchen.

Auch der Reiz von Pornos liegt in der Aura des Verwerflichen und Sündigen, die das »Obszöne« seit jeher – und auch heute noch – umgibt. Meist sind es die männlichen Jugendlichen, die sich jene im Fernsehen laufenden Softpornos »reinziehen«, sobald die Eltern nicht da sind. Oder sie besorgen sich Videos. Die Jüngeren finden das Ganze zwar meist noch langweilig: »Da läuft überhaupt keine Geschichte, und die Frauen sehen alle blöd aus«, meint ein 13-Jähriger. Doch ein 15-Jähriger sieht das bereits anders: »Dass es da nur um Sex geht, das ist geil.« Allerdings sind die scharfen Szenen nicht nur stimulierend, die vor Männlichkeit strotzenden Machos haben für manche auch etwas Unheimliches: Welcher Jugendliche ist schon so maßlos potent wie die aufgeblasenen Pornodarsteller mit ihren unentwegten Orgasmen (siehe Seite 73)?

Pornos können Teenager verstören – vor allem Mädchen

Mädchen sind von Pornografie meist wenig begeistert: Das Kreischen und Gestöhne, der rüde Sex, bar jeder romantisch-sinnlichen Erotik, widert sie an. Und dass Frauen in Pornos oft reine Sexualobjekte rauer männlicher Lust sind und es scheinbar genießen, »hart rangenommen« oder sogar erniedrigt zu werden, kann vor allem unerfahrene Mädchen verstören. □

Woher rührt der Hang aller Teeanager zu Obszönitäten? Erstens geht es ihnen natürlich darum, Erwachsene zu schockieren – meist nicht, um sie persönlich zu beleidigen, sondern um von ihnen und ihren Vorstellungen Abstand zu gewinnen. Ruppig und ordinär zu sein beweist die eigene Selbstständigkeit und ist wie ein Befreiungsakt. (Dass sich Eltern Zoten dennoch verbitten, ist normal!) Zweitens gilt es bei Jungen oft als überaus männlich, sich schroff zu verhalten und zotige Sprüche zu klopfen – das hilft, die Unsicherheit und Scheu zu überspielen (siehe Seite 72). Und drittens ist die Sexualität noch Neuland, das erkundet werden muss. Haben Väter und Mütter nicht selbst früher die heißen Stellen in Büchern gesucht und die Zeitschriften nach »Sexbomben« durchstöbert?

Sie wollen die Eltern nicht verletzen, sie wollen sich von ihnen unterscheiden

Soll man seine heranwachsenden Kinder also einfach gewähren lassen? Fest steht, dass Predigten, Verbote und Strafen Obszönitäten nur noch spannender machen und die Teenies dann erst recht auf Heimlichkeit bedacht sind. Sinnvoller ist es, das Thema Sex und Pornografie offen und ohne Heuchelei und erhobenen Zeigefinger anzugehen – denn dürftig informierte Kinder sind geradezu angewiesen auf Pornos als Informationsquelle. Zwar sind auch aufgeklärte Jugendliche nicht immun dagegen, doch wenn ihnen klar ist, wie realitätsfern Pornos sind, dass die Potenz der nimmermüden Männer oft auf Täuschung durch filmtechnische Tricks beruht und der wahllose Sexkonsum mehr mit lusttötendem Leistungssport als mit Erotik und Leidenschaft zu tun hat, dann werden Pornos auf das reduziert, was sie sind: geschmacklose, schlecht gemachte Billigprodukte, die ein verzerrtes, einseitiges Bild der Sexualität geben.

Wichtig: dafür sorgen, dass Kinder gründlich informiert sind

Wo jede Form elterlicher Toleranz selbstverständlich ein Ende hat, ist dort, wo Sex mit Gewalt und Gemeinheiten einhergeht, wo Zoten frauenfeindlich sind und Schimpfworte Minderheiten verletzen. Zuletzt noch ein Trost: Eine gute emotionale Atmosphäre in der Familie hat mehr Gewicht als Pornos auf dem Bildschirm. □

Das erste Mal

Viel früher als in den vorhergehenden Generationen findet das »erste Mal« heute statt

Das berühmte »erste Mal« – mit Neugier, Spannung, Bangigkeit oder Ungeduld wird es von den Teenies erwartet. Wie immer schon. Aber es spielt sich heute viel früher ab als in den Generationen ihrer Mütter und Großmütter: Annähernd die Hälfte der 15-Jährigen hatte bereits Geschlechtsverkehr – ein entsetzliches Wort für den intimen Kontakt –, und von den 17-Jährigen können fast alle mitreden.

Die allermeisten träumen von Sex vereint mit Liebe

Die Gründe, warum sie »es« tun, sind sehr unterschiedlich. Manche glauben, erst dadurch richtig erwachsen zu werden, andere machen einfach mit, um in ihrer Clique das Gesicht zu wahren, wieder andere – vor allem Mädchen –, weil sie fürchten, sonst ihren Freund zu verlieren, einige auch schlicht um auszuprobieren, ob wirklich so fantastisch ist, wovon man so viel hört, sieht und liest. Die weitaus meisten allerdings – das ergaben einschlägige Studien – wollen es nur in einer festen Beziehung. Ganz offensichtlich sind die Jugendlichen also keineswegs in sexuelle Hemmungslosigkeit verfallen, wie man vor zwanzig Jahren zu Beginn der Liberalisierung fürchtete. Sie wünschen sich Sex verbunden mit Liebe, mit Nähe, Zärtlichkeit, Verständnis und dem Gefühl der Zusammengehörigkeit. Und deshalb lassen sie sich Zeit, oft viele Wochen oder Monate, um sich näher zu kommen und kennen zu lernen. Schmusen, Knutschen, Petting – klar, aber zum ersten Mal miteinander zu schlafen, ist für die Mehrzahl ein entschiedener Schritt weiter. Anders als ihre Eltern, müssen sie sich dazu nicht mehr klammheimlich auf Autorücksitze oder ins Parkgebüsch verziehen. Das Gros heutiger Erwachsener akzeptiert die Sexualität der Kinder, auch in den eigenen vier Wänden.

Die Voraussetzungen sind also insgesamt günstig. Und trotzdem klappt's beim ersten Mal längst nicht immer so fabelhaft wie erträumt. Es kann sein, dass der Junge vor lauter Aufregung keine Erektion bekommt oder einen Or-

Weiter auf Seite 80

Du wirst noch an mich denken, wenn du später selbst Kinder hast!« In dem Moment, wo ihre Teenies anfangen, den Sex zu entdecken, fällt vielen Vätern und Müttern dieser Unkenruf ihrer eigenen Eltern wieder ein. Wie freizügig und locker im Umgang mit Sex sie sonst auch sein mögen – sobald ihre »Kleinen« ernsthaft zur Sache gehen, wird den meisten doch erst einmal kühl ums Herz und flau im Magen. Sind sie nicht noch viel zu jung? Was ist das überhaupt für ein Typ, der jetzt dauernd hier herumhängt? Wildfremd und plötzlich so nah! Muss man denn unbedingt alles mitkriegen durch die dünnen Wände? Und bloß keine Schwangerschaft! – Die Versuchung, hin und wieder mal kurz die Nase ins Zimmer zu stecken, lässt sich kaum unterdrücken.

Eltern erscheint der Sex ihrer Kinder oft entschieden zu früh und zu nah

Weil sie sehen, dass die Jugendlichen nicht nur so herummachen, sondern es meistens wirklich ernst meinen mit ihrer Beziehung (siehe Seite 86), haben immer mehr Eltern nichts dagegen, dass das junge Glück mit unter ihr Dach rückt. Dass man sozusagen Wand an Wand schläft. Inzestuöse Tendenzen, wittern manche Skeptiker. Aber es gibt auch andere Erklärungen: »Wo sollen sie denn hin?«, fragt ein Vater. »Etwa zurück auf die Parkbänke? Das ist doch unwürdig! So tief ernst, wie sie ihre Verbindung nehmen, hat sie auch unseren Respekt verdient.« Nicht der Wunsch nach Kontrolle veranlasst die meisten Eltern zu dieser Einstellung, sondern freundschaftliches Verständnis für die Bedürfnisse der Teenies und Achtung vor ihren Gefühlen. Bei aller Vertrautheit: Eltern sollten nicht den Anspruch erheben, die besten Freunde ihrer Kinder zu sein.

Väter und Mütter sind sich jedoch oft keineswegs einig in ihrer Reaktion auf die neue Lage. Während der eine für Toleranz plädiert, will der andere eingreifen, bestimmen, steuern. Nicht selten entspinnt sich daraus ein handfester Ehekrach. Was immer auch dabei herauskommt, eins steht fest: Mit Verboten, kritischen Kommentaren und gezielten Störmanövern erreicht man meistens nur das Gegenteil des gewünschten Effekts. Erst recht

Weiter auf Seite 81

Mit Gegenmaßnahmen lässt sich meistens nichts ausrichten

Längst nicht immer erfüllt das »erste Mal« die hoch gesteckten Erwartungen

gasmus hat, bevor er ans Ziel gelangt. Manchmal ist das Mädchen zu angespannt – oft aus Angst, schwanger zu werden –, die Scheide bleibt trocken, und das Eindringen des Penis schmerzt. Häufig liegt es auch einfach an den zu hoch gesteckten Erwartungen, dass das erste Mal eher enttäuschend ausfällt. Sollte es nicht nach den angenehmen Empfindungen beim Küssen und Streicheln den Gipfel der Lust bringen? Stattdessen macht sich oft Hilflosigkeit breit. Nicht nur beim Umgang mit Kondomen, der in der Realität plötzlich viel schwieriger erscheint als im Biologie-Unterricht, sondern auch beim Umgang miteinander. Das Eindringen, die Penetration und Ejakulation bedeutet für Jungen natürlicherweise den Höhepunkt, von dem aber ihre Partnerin ohne zärtliche Stimulierung relativ wenig hat. Wenn sich heutige Teenies auch mit der wechselseitigen Anatomie wesentlich besser auskennen als frühere Generationen – herauszufinden, was dem anderen gut tut, braucht in jedem Fall Zeit und Vertrauen. Guter Sex, der beide Seiten zufrieden stellt, ist eben eines der Dinge, die gelernt werden müssen und die immer besser werden, je länger man übt.

Eltern fällt es meist nicht leicht, zu akzeptieren, dass ihre Kinder erwachsen werden. Auf einmal hat der Sohn oder die Tochter ein eigenes Sexualleben. Trotz aller Toleranz sind viele Mütter und Väter zuerst einmal voller Sorge. Sie haben Angst vor einer ungewollten Schwangerschaft und vor Aids, auch davor, sich ihrem Kind zu entfremden. Es fällt vielen schwer, anzunehmen, dass diese ersten Beziehungen mit wechselnden Freundinnen und Freunden wertvolle Erfahrungen für ihre Kinder sind, die verschiedene Partner kennen lernen müssen – auch beim Sex. Nur so können sie erkennen, wer später der »Richtige« ist. Eltern brauchen Zeit, sich an das veränderte Leben zu gewöhnen. □

versteifen sich die Kinder auf Partner, die ihren Eltern nicht passen, oder schlafen irgendwo anders miteinander, wenn es zu Hause nicht erlaubt ist.

Natürlich möchten Eltern ihre Kinder vor negativen Einflüssen, Schmerz und folgenschweren Fehlern bewahren, aber in diesem Fall sind ihre Mittel sehr begrenzt. Tatsache ist, dass sie den Teenies eigene Erfahrungen nicht ersparen können – und auch nicht sollen, denn damit würden sie ihnen einen wesentlichen Teil ihres Lebens »ersparen«. »Für uns war es das Wichtigste, das Vertrauensverhältnis nicht abbrechen zu lassen«, erzählt ein Vater von drei erwachsenen Kindern, »obwohl ihr Treiben uns manchmal entschieden gegen den Strich ging. Und wir haben zu erkennen gegeben, dass wir bereit waren, über Schwierigkeiten zu reden oder mit Rat zu helfen, wenn sie das wollten.« Elterliche Botschaften und hilfreiche Tipps lassen sich oft gut in Erfahrungsberichte von eigenen Unsicherheiten, Ängsten und Fehlschlägen verpacken. Oder der Alltag bietet plötzlich einen passenden Einstieg. Heidi berichtet: »Ich schaute mit meiner Tochter einen niederschmetternden Film an, in dem ein Mädchen ungewollt schwanger wurde. Ihr entsetztes Gesicht verriet mir, dass sie sich selbst in dieser Rolle sah. ›Ich fänd's wirklich gut, wenn wir dir die Pille besorgten, wenn es bei dir so weit ist.‹ Diese Bemerkung von mir, ganz nebenbei fallen gelassen, kam offenbar richtig bei ihr an. Schon am nächsten Tag wollte sie einen Arzttermin.«

Das Wichtigste: das Vertrauensverhältnis bewahren

Trotz aller notwendigen, unvermeidlichen Auseinandersetzungen und Abgrenzungen haben Eltern von heute wesentlich bessere Chancen als frühere Generationen, wenn sie ihren Kindern in Sex-Fragen beistehen wollen. Selbst geprägt durch die sexuelle Revolution der 70er-Jahre, müssen sie keine alten Tabus mehr kultivieren und bringen mehr Verständnis für die Wünsche der Teenies auf. Im Gegenzug betrachten erstaunlich viele Jugendliche – auch das ein Forschungsergebnis – die Eltern als ihre besten Freunde, mit denen sie über alles sprechen können und deren Vertrauen sie nicht missbrauchen wollen. □

Eltern haben heute viel Verständnis für die sexuellen Wünsche ihrer Kinder

Damit kein Baby kommt: Verhütung

Trotz Aids: Die Angst vor ungewollter Schwangerschaft ist immer noch die größte

Auch in den Zeiten von Aids ist es nach wie vor die Gefahr einer ungewollten Schwangerschaft, die die sexuellen Erfahrungen der Teenies am stärksten belastet. Selbst wenn medizinisch nicht viel dagegen einzuwenden wäre, wissen die meisten, wie schwer die psychischen Folgen einer zu frühen Elternschaft oder einer Abtreibung wiegen würden. Trotzdem verwendet rund ein Drittel von ihnen – vor allem beim ersten Mal – keine Verhütungsmittel.

Egal, was sie dazu bewegt, ob Leichtsinn oder Schüchternheit, Romantik oder Selbstüberschätzung – allen Jugendlichen muss klar sein, dass jedes sexuelle Zusammensein ohne zuverlässigen Schutz zur Schwangerschaft führen kann. An die 3000 Schwangerschaftsunterbrechungen jährlich bei unter 16-Jährigen in Deutschland sprechen für sich. Viele Jungen glauben, mit Aufpassen, dem altbekannten »Rückzieher«, genug zur Vorbeugung zu tun, häufig ein fataler Irrtum, denn so genau wie nötig lässt sich gar nicht feststellen, wann Samenflüssigkeit austritt. Natürliche Verhütungsmethoden wie etwa die Temperaturmessung sind bei jungen Mädchen mit oft noch unregelmäßigen Zyklen besonders unsicher. Aber auch die so genannten Barrieremethoden wie Diaphragma, Vaginalschwämmchen oder Scheidenzäpfchen gelten als wenig zuverlässig. Vor allem für Jugendliche, denen die komplizierte Technik und die Überwindung des Schamgefühls oft noch zusätzlich zu schaffen macht. Das trifft auch auf Kondome zu. Gegen Aids bieten sie zwar den besten Schutz, aber nicht gegen Schwangerschaft, weil gerade junge Männer ihre Anwendung oft nur theoretisch beherrschen. Als das sicherste und unkomplizierteste Verhütungsmittel empfehlen Fachleute heute eindeutig die Pille. Nur muss sie regelmäßig eingenommen werden. Die Pille gibt es inzwischen in spezieller Dosierung für junge Mädchen und ab 16 auch ohne Zustimmung der Eltern auf ärztliches Rezept. □

Das beste und sicherste Verhütungsmittel: die Pille

Mit Schaudern erinnern sich viele Eltern, wie bedenkenlos sie selbst bei ihren ersten sexuellen Kontakten waren. Schwanger werden? Das konnte eigentlich nur anderen passieren. Und dann kam das große Bangen! Jugendliche von heute sind nicht weniger risikofreudig, nur meistens viel jünger, wenn sie den Sex entdecken – und entsprechend noch weniger fähig zur Eigenverantwortung. Zwar wissen sie generell mehr über Sexualität und Verhütung als Vater und Mutter im gleichen Alter, was aber keineswegs immer heißt, dass sie dieses Wissen auf sich selbst beziehen.

Eltern sollten nicht allein auf den Aufklärungsunterricht vertrauen, sondern selbst ein offenes Gespräch suchen

Eltern tun gut daran, nicht blindlings der Wirksamkeit des – oft sehr realitätsfernen – Aufklärungsunterrichts zu vertrauen. Empfängnisverhütung ist ein Thema, bei dem sie sich tatsächlich einmischen müssen, und zwar rechtzeitig, bevor es ernst wird. Und möglichst nicht mit Panikmache und rigiden Maßnahmen, denn die Natur setzt sich durch, und kaum ein Mädchen verzichtet auf Sex, weil ihm die Eltern die Pille verweigern. Früh eingestanzte Ängste aber können die Freude am Sex ein Leben lang vergällen. Um die Weichen positiv zu stellen, sowohl für den Schutz als auch für ein entspanntes Liebesleben, ist ein offenes Gespräch der beste Weg. Eines, in dem die Vor- und Nachteile der verschiedenen Verhütungsmethoden im Klartext erwogen werden. Übrigens eine vorzügliche Gelegenheit, deutlich zu machen, dass Empfängnisverhütung nicht allein Frauensache ist.

Auch Bücher können helfen, wenn Eltern über das Thema nicht reden wollen

Liberale Eltern haben damit selten Schwierigkeiten, manche verbrämen ihre Informationen mit Berichten von eigenen Erfahrungen, andere nähern sich dem Thema auf dem Umweg über Aids und die Wichtigkeit von Kondomen, und sehr befangene Väter und Mütter haben immer noch die Chance, sich mit Büchern einzublenden, einen Arzttermin anzubieten oder verlässliche Kondome zu besorgen. Natürlich sind längst nicht alle Teenies begeistert von solchen elterlichen Ratschlägen für ihr Intimleben. Aber auch wenn sie sich zunächst cool oder abweisend geben – das Signal »Wir wollen nicht bremsen, sondern helfen« bleibt sicher nicht unverstanden. □

Über Sex reden

Trotz aller Liebe: Manchmal reicht die Gebärdensprache nicht aus, um sich zu verständigen

Weil Sex kein Tabu mehr ist, sind die meisten Eltern und Ärzte bereit, darüber zu reden

Sie verstanden sich auch ohne Worte« – ein klassischer Satz aus Liebesromanen. Und wirklich können Menschen, die sich mögen, unendlich viel durch Blicke, Zuwendung und zärtliche Berührungen ausdrücken. Nur gibt es im richtigen Leben manchmal Situationen, in denen diese Art der Verständigung hakt, in denen einer trotz großer Sensibilität nicht erspüren kann, was der andere im Innersten ersehnt oder ablehnt, und dann reicht die Körpersprache allein nicht aus. Die einzige Lösung ist, darüber zu reden. Möglichst in entspannter Atmosphäre.

Sehr viele Menschen haben Schwierigkeiten, über Sexuelles zu reden, weil es zum Intimsten gehört, was sie denken und fühlen können. Zum Glück ist Sex inzwischen kein Tabu mehr, und das macht es den Jugendlichen leichter, ihre berechtigte Neugier zu stillen, zu fragen und um Rat zu bitten. Ängste, Unsicherheiten, Startprobleme besprechen die meisten Jugendlichen noch immer am liebsten mit Gleichaltrigen. Daneben aber – das zeigen Umfragen – sind die Eltern, vor allem die Mütter, als Gesprächspartner fast ebenso wichtig. Viele Eltern freuen sich, wenn die Initiative von den Kindern ausgeht und sie helfen können, ohne sich aufzudrängen. Auch Ärzte sind heute daran gewöhnt, Teenies schon in sehr jungen Jahren bei Sex-Fragen zu beraten, und reagieren keineswegs geschockt oder abweisend. Besonders wichtig aber ist es in einer Partnerschaft, den Mut zum Reden aufzubringen. Es muss sein, um sich über eine zuverlässige Verhütung zu verständigen, aber auch um zu erreichen, dass der Sex für beide lustvoll und befriedigend ist. Mädchen möchten oft ganz woanders und viel hingebungsvoller gestreichelt werden, als Jungen meinen. Und die geben sich häufig extra stürmisch und gehen gleich aufs Ganze, weil sie glauben, das würde von ihnen erwartet. Sprachlosigkeit kann gerade hier zu großer Enttäuschung führen. □

Egal, ob es ihnen grundsätzlich leicht oder schwer fällt, über Sex zu reden, dieses Thema mit ihren Kindern anzuschneiden – wenn es nicht gerade um »technische« Fragen wie Verhütung geht –, ist für die meisten Eltern eine heikle Sache. Schließlich gehört zu einem sinnvollen Gespräch immer die Bereitschaft von beiden Seiten. Die Pubis aber scheinen sich in Wellen zu entwickeln, schwappen mal ganz nah heran, dann wieder ganz weit weg und wechseln dabei Standpunkte, Empfindungen und Bedürfnisse. Den falschen Moment zu erwischen, kann eine eiskalte, entmutigende Zurückweisung provozieren. Genauso wie das Austeilen ungebetener Ratschläge, womöglich noch von der Sorte »Sieh dich vor, die Männer wollen sowieso alle nur das Eine!«

Nicht immer ganz einfach, den richtigen Zeitpunkt zu erwischen

Wie aber findet man einen günstigen Zeitpunkt? Wie erkennt man, worüber sie reden möchten? Am besten durch aufmerksames Zuhören, meinen erfahrene Familientherapeuten, durch genaues Hinsehen, also durch engen und doch zurückhaltenden Kontakt. Eine schwierige Gratwanderung, die Eltern da auf sich nehmen müssen, zwischen Nähe und Distanz, Vertrauen und Skepsis, manchmal notwendiger Direktheit und Respekt vor der Intimsphäre der Kinder, die nicht weniger Achtung verdient als die der Erwachsenen. Gesprächsbereit sein, ohne sich einzumischen, Fragen aufgreifen, ohne Sexualität gleich belehrend zu zerreden, eigene Ansichten vertreten, ohne Druck auszuüben – natürlich kann dieser Ballanceakt nicht immer gelingen. »Neugier oder Sorge bringen einen schon hin und wieder zu einer Grenzüberschreitung«, gesteht Sabine, seit 20 Jahren Mutter, »aber entscheidender ist, sie merken zu lassen, dass man ihre Angelegenheiten ernst nimmt und nicht verbieten oder steuern will.«

Eine schwierige Gratwanderung zwischen Nähe, Direktheit und dem Respekt vor der Intimsphäre der Kinder

Das Gros der Jugendlichen hält sich für aufgeklärt. Wichtigster Gesprächspartner war dabei die Mutter. □

Die Liebe entdecken

Dass die Liebe etwas Aufregendes, Schönes, Faszinierendes ist, etwas, das die Welt der Erwachsenen in ganz besonderer, geheimnisvoller Weise bewegt, kriegt jedes Kind von klein auf mit. In Songs, Filmen, Zeitschriften und Gesprächen – überall geht es um die Liebe. Und dann wird man eines Tages selbst davon erwischt. Plötzlich ist da jemand, bei dessen Anblick einem das Herz bis zum Hals schlägt, der Magen kribbelt und die Knie zittern. Seine Blicke, sein Lächeln und erst recht seine Berührungen lösen eiskalte und glühend heiße Schauer aus. Es gibt kein anderes Thema mehr als diesen einen Menschen. Gedanken und Gefühle sind restlos von ihm erfüllt. Kein Augenblick zählt, in dem man nicht mit ihm zusammen sein kann – wenn schon nicht leibhaftig, dann doch wenigstens per Telefon. So heiß, so bedingungslos, so umwerfend erleben die meisten ihre erste Liebe, dass sie ihnen bis ins Alter unvergesslich bleibt.

Die erste Liebe: für die allermeisten ein unvergessliches Erlebnis

Liebe – allen gegenteiligen Vorhersagen zum Trotz ist es richtige Liebe, die sich die meisten Jugendlichen von heute wünschen. Mehr als unverbindliches Sammeln von sexuellen Erfahrungen. Nicht wenige verzichten lieber ganz auf Sex, ehe sie sich auf eine zufällige Begegnung einlassen. Was vor zwanzig Jahren noch als spießig und rückständig galt, rangiert jetzt wieder ganz weit oben.

Wie merkt man, ob es Liebe oder nur Verknalltsein ist?

Wie aber merkt man, ob es Liebe ist und nicht bloßes Verknalltsein? Bestimmt nicht am Besitzen- und Beherrschenwollen – Stichwort: Eifersucht! – und auch nicht allein an der sexuellen Anziehung. Mark, 17: »Natürlich muss sie sexy sein, aber Liebe heißt für mich viel mehr. Dass man sich geborgen fühlt, miteinander reden kann und sich gegenseitig hilft.« Vertrauen also gehört dazu, Verständnis für die Bedürfnisse des anderen und – das betonen sehr viele – Treue. Treuebrüche bedeuten für fast alle eine schwerwiegende Gefährdung ihrer Beziehung. Entsprechend »fest«

Weiter auf Seite 88

Wenn ihnen auch die ersten sexuellen Experimente ihrer Kinder vielleicht verborgen bleiben – die erste Liebe entgeht den Eltern sicher nicht. Dieser verträumte Gesichtsausdruck, dieses überschwappende Hochgefühl, diese Endlosgespräche an der Strippe... Wer Augen hat, entdeckt jede Menge eindeutige Anzeichen. Und viele Jugendliche erzählen den Eltern auch offen von ihren neuen Empfindungen und bringen Freund oder Freundin mit nach Hause.

Entscheidend für die elterliche Haltung sind die eigenen Erfahrungen mit der Liebe

Wie Eltern mit der Liebe ihrer Kinder umgehen, hängt nicht zuletzt von ihren persönlichen Erfahrungen ab. Brachte die Liebe ihnen selbst Glück und Erfüllung, schauen die meisten dem Verliebtsein der Kids mit einer Art zärtlicher Rührung zu: »Sieh sie dir an, die Kleinen, jetzt sind sie auch schon so weit!« Es fällt ihnen leicht, den Anfängern in Liebesdingen mit kleinen Tipps und Hinweisen auf die Sprünge zu helfen und ihnen überzeugend klarzumachen, wie viel schöner Sex im Verein mit Liebe ist. Oft mischt sich eine Prise Wehmut dazu bei der Erinnerung an die eigenen, lang zurückliegenden amourösen Gehversuche. Schwieriger ist es für die anderen, die durch die Liebe eher Schmerz und Enttäuschung erfuhren. Selbst wenn sie sich eigentlich wohlwollend und gelassen zeigen möchten, rutscht ihnen nur allzu leicht eine bittere Bemerkung heraus: »Dieses Geturtel! Glaub ja nicht, dass das so bleibt!« Oder sie spotten über den »Herzibubi« oder die »kleine Süße«, die nun dauernd auf der Bildfläche erscheinen, und machen sich lustig über die heißen Köpfe und flatternden Herzen der frisch Verliebten. Verletzungen, die nicht leicht zu vergessen sind.

Nicht gerade leicht, den Platz für einen wildfremden Menschen zu räumen

Plötzlich taucht da ein wildfremder Mensch auf und belegt Herz und Verstand des Kindes vollkommen mit Beschlag, ist der oder die Schönste, Beste, Klügste, weiß alles, kann alles, hat auch gesagt und findet sowieso... Gerade allein Erziehenden, an die enge Gemeinsamkeit mit ihren Kindern gewöhnt, fällt es häufig schwer, die Nähe eines anderen Menschen zuzulassen. Und Väter, meistens noch bis in die Pubertät die Nummer eins im

Weiter auf Seite 89

sind die Beziehungen, in denen die Youngsters Liebe und Sex erleben wollen. Unter »fest« verstehen sie aber nicht wie früher Liebe und Treue bis ans Ende ihrer Tage, sondern Verlässlichkeit, solange sie miteinander gehen – ob das nur ein paar Wochen, Monate oder Jahre dauert. Diese Ansichten und Verhaltensweisen sind Mädchen wie Jungen gleichermaßen wichtig. Ein erstaunlicher Abbau der traditionellen Geschlechtsunterschiede im Umgang miteinander macht sich darin bemerkbar: Jungen treten weniger machohaft fordernd oder nur sexorientiert auf, sie legen stattdessen zunehmend Wert auf Zärtlichkeit und Sensibilität, auf Sex mit Liebe eben und überlassen das emotionale Feld nicht mehr vorrangig den Mädchen.

Auch Jungen legen Wert auf Zärtlichkeit und Vertrauen

Wie kommt es, dass die Jugendlichen ihre Partnerschaften so ernst nehmen, dass der Liebe so unverhofft neuer Glanz zufiel? An der Aids-Gefahr liegt es offenbar nicht so sehr, wie man vermuten könnte (siehe Seite 82). Davor fühlen sich die meisten relativ geschützt, weil sie kaum flüchtige Sex-Abenteuer haben und ihre Partner häufig schon lange gut kennen. Entscheidender scheint die Sehnsucht nach Geborgenheit zu sein, der Wunsch, in der Sicherheit einer stabilen Liebesbeziehung ein Bollwerk zu finden gegen Zukunfts- und Umweltängste und die oft schmerzhaft miterlebte Auflösung der Familie. Umso mehr fürchten viele Kids allerdings, diesen Halt und sicheren Hafen zu verlieren, wenn ihre Beziehung zerbricht. Manchmal ist von einer »Entzauberung« der Sexualität die Rede, weil alles nicht mehr so heimlich und gefahrumwittert stattfindet wie in vorigen Generationen, weil es keine Tabus mehr zu brechen gibt und kaum jemand noch von Blüte zu Blüte schwirrt. Dafür aber ist heute mehr Romantik im Spiel, auch der Mut, über die Liebe zu sprechen, und bestimmt eine gehörige Portion mehr an Reife und Verantwortungsbewusstsein. □

Für viele ist die Liebesbeziehung ein Schutzwall gegen Verletzungen und Ängste

Leben ihrer Töchter, leiden oft besonders unter ihrer abrupten Entthronung. Tausend Argumente fallen ihnen ein, warum »dieses Früchtchen« nicht gut genug ist für ihren Schatz. Besorgnis, Befürchtungen, Vorbehalte – allesamt sind sie nichts als schiere Eifersucht auf den jungen Mann, der ihnen die Tochter wegzunehmen droht. Die Aussichten, dass sich die Tochter durch väterliche Tiraden von ihrer Liebe abbringen lässt, sind gleich null. Wahrscheinlicher wird sie die egoistischen Motive des Vaters durchschauen und auf kritische Distanz gehen, nicht mehr den verständnisvollen Freund in ihm sehen, sondern einen ernsthaften Gegner. Manchmal steckt auch unbewusster Neid hinter den missbilligenden Äußerungen der Eltern: so viel Frische und Intensität des Gefühls bei den jungen Leuten, während ihre eigene Liebe schon reichlich angestaubt oder längst begraben ist.

Die Kids durchschauen egoistische Motive der Eltern

Und was, wenn Partner oder Partnerin des Kindes den Eltern überhaupt nicht passt? Wenn sie Grund haben anzunehmen, dass er/sie schlechten Einfluss ausübt, zu wirren Ideen, Drogen, Schuleschwänzen oder nächtlichen Streifzügen anstiftet? Wie wenig mit Strenge und Strafmaßnahmen zu erreichen ist, merken die Eltern meistens sehr schnell. Gewöhnlich verschärft sich dadurch der Konflikt erst recht, die Kluft zwischen den Generationen wird nur noch größer. Und auch scheinbar unschuldige Vorschläge wie den »netten Sohn« der Nachbarin zum Essen einzuladen oder in ein besonders tolles Feriencamp zu fahren, werden – meistens mit verletzenden Kommentaren – als das entlarvt, was sie sind: Versuche, die nicht genehme Beziehung zu sprengen. So schwer es auch sein mag, nicht direkt eingreifen zu können, um die Kinder von ihren Irrwegen abzubringen – wenn sie den Kontakt nicht ganz verlieren wollen, bleibt den Eltern nur die Politik der kleinen Schritte. Zugeständnisse machen, wo es vertretbar ist, Anteilnahme zeigen, zum Reden bereit sein, ohne direkte Angriffe zu starten, Forderungen zu stellen und Vorwürfe zu erheben. Zugegeben – kein leichter Weg, aber wer kennt einen besseren? □

Vorsichtige Politik der kleinen Schritte, wenn Eltern die Beziehung nicht behagt

Liebeskummer

Die meisten Jugendlichen wünschen sich sehnlichst, die Liebe kennen zu lernen. Wenn sie das Gefühl dann endlich überkommt, berauschend und alles erfüllend, ist es aber fast immer auch mit Schmerzen verbunden. Manche verlieren ihr Herz an jemanden, der davon nichts ahnt, und durchleiden Höllenqualen, weil sie nicht wissen, ob und wie sie ihm ihre Empfindungen offenbaren sollen. Andere stoßen auf keine Gegenliebe, werden abgelehnt, zurückgewiesen, vielleicht sogar verspottet. Aber selbst diejenigen, die mehr Glück haben und genauso heiß wieder geliebt werden, verschont der Kummer nur selten. Trotz aller Treueschwüre verliebt sich einer von beiden irgendwann neu oder findet die Beziehung schal und abgestanden. Und wenn man auch plant, freundschaftlich auseinander zu gehen, bleibt fast immer einer zurück, der sich verlassen, gekränkt und abgehängt vorkommt.

Von Liebeskummer bleibt fast niemand verschont

Kummer um die Liebe kann genauso intensiv und Besitz ergreifend sein wie die Liebe selbst. Während sie die ganze Welt zum Leuchten bringt und dem Verliebten und Wiedergeliebten das Gefühl gibt, schön und interessant und begehrenswert zu sein, taucht er alles in trübes Grau. Nichts macht mehr Spaß, nichts hat mehr Sinn, und das Selbstbewusstsein wird zernagt von dem scheinbaren Beweis, dass man zu hässlich, zu langweilig, zu wenig attraktiv ist. Liebeskummer tut gewaltig weh. Ständig kreisen die Gedanken nur darum, wo der andere jetzt sein, was er tun, wem er sich zuwenden mag – Stoff für immer neue Leiden, die vermeintlich nie enden werden.

Weinen und Trauern – den Kummer ruhig herauslassen

Es tut gut, den Liebeskummer herauszulassen, zu weinen, zu trauern, sich den Schmerz bei geduldigen Zuhörern von der Seele zu reden. Und es hilft, neuen Begegnungen eine Chance zu geben. Sie müssen nicht unbedingt gleich zu einer frischen Liebe führen, können aber das geknickte Selbstbewusstsein wieder aufrichten. □

Väter und Mütter neigen oft dazu, den Liebeskummer ihrer Kinder – vor allem beim ersten Mal – auf die leichte Schulter zu nehmen. Amüsiert bis gerührt betrachten sie die hoffnungslosen Mienen, die hängenden Schultern. Zwar wissen sie meistens aus Erfahrung, wie weh ein gebrochenes Herz tun kann, aber echter Schmerz wird es ja wohl nicht sein in so jungen Jahren. Da glaubt man vielleicht ein paar Tage lang, vor lauter Unglück sterben zu müssen, aber dann ist alles vorbei und vergessen. Manchmal zeigen sich die Eltern auch erleichtert über das Ende einer Freundschaft. »Sei froh, dass es aus ist«, heißt es dann, »das war sowieso nicht das Richtige für dich.« Abwertende Äußerungen dieser Art bewirken gewöhnlich nur, dass die Kids ihre verlorene Liebe wild verteidigen – und dabei umso mehr leiden.

Viele Eltern nehmen den Liebeskummer ihrer Kinder nicht ernst

Weil viele Jugendliche heute ihre Beziehungen überaus ernst nehmen (siehe Seite 88), wirkliche Liebe und nicht bloß ein bisschen Geturtel oder Sex darin suchen, empfinden sie Trennung und Zurückweisung besonders schmerzlich. Oft gibt die Partnerschaft ihnen die Geborgenheit, die sie in einer zerbrochenen Familie nicht finden. Und wenn sie endet, macht die alterstypische Unsicherheit und Verletzlichkeit die Verlassenen extrem anfällig für das Gefühl, unwichtig und nicht liebenswert zu sein.

Liebeskummer lässt sich nicht wegargumentieren oder fröhlich-forsch überspielen. Verständnisvolle Eltern spötteln auch nicht über rote Nasen und verweinte Augen. Sie respektieren den Kummer ihrer Kinder, lassen ihnen die Freiheit, sich zurückzuziehen, und drängeln sie nicht, endlich »mit der Heulerei« aufzuhören. »Das Wichtigste ist, ihnen zu zeigen, dass man zu ihnen steht und sie mag«, meint eine erfahrene Mutter. »Ich habe versucht, einfach da zu sein, wenn meine Tochter mich brauchte, ohne groß zu fragen und zu raten. Diese Verbundenheit, die Gewissheit, wenigstens hier noch geliebt zu werden, hat ihr bestimmt geholfen, wieder aus dem Tief herauszufinden.« □

Wichtig für die Trauernden: zu ihnen stehen und Zuneigung zeigen

Feste Beziehungen oder immer wieder Eroberungen?

Jugendforscher kommen übereinstimmend zu dem Ergebnis, dass die Teenager von heute sich nach festen Beziehungen sehnen, dass ihnen Treue, Nähe und Vertrauen wichtiger sind als ständig neue Abenteuer. Insbesondere tendieren Mädchen zu festen Bindungen, denn für viele ist die Geborgenheit einer Beziehung und das innige, stundenlange Schmusen mit dem Freund, das Begehrt- und Bewundertwerden wie ein Ersatznest zum Einkuscheln, nun da sie von zu Hause ausfliegen. Gleichwohl sind längere Freundschaften eine Ausnahme, besonders in der Frühpubertät. Denn Teenager fühlen sich schnell eingeengt und fürchten um ihre Autonomie. Vor allem Jungen – so das Fazit zahlreicher Untersuchungen – bekommen schnell das bange Gefühl, sich zu weit vorgewagt und zu viel zugemutet zu haben.

Trotz aller Sehnsucht nach Zweisamkeit – die ersten Liebesbeziehungen sind meist kurzlebig

Allerdings sind Beziehungen nicht allein deswegen kurzlebig, weil der Freiheitsdrang der Teenies groß ist und sie begierig sind nach neuen Erlebnissen. Häufig wird jäh Schluss gemacht, sobald die erste Idealisierungsphase vorbei ist. Wenn sich erweist, dass die Freundin keineswegs nur wundervoll ist, sondern launisch und kompliziert, oder der Freund nicht supertoll, sondern einsilbig und unbeholfen, wird die Zweisamkeit abrupt und meist ohne jegliche Aussprache beendet – kaum ein Gedanke daran, sich mit der Person des anderen auseinander zu setzen, um die Phase der ersten Enttäuschungen vielleicht doch zu überwinden. »Jahrelang war ich höchstens einige Monate mit einem Mädchen zusammen. Es war ein ständiges Suchen und Ausprobieren, ich habe mich auf die Mädchen nie wirklich eingelassen. Es war nur wichtig, sagen zu können, dass ich eine Freundin habe. Dabei habe ich mich oft bescheuert gefühlt, weil mir an vielen Mädchen kaum etwas lag. Heute erst habe ich eine echte Beziehung zu meiner Freundin, ich bin eben reifer geworden«, sagt Tobias, 16 Jahre. □

Sich zusammenraufen will erst gelernt sein

Eltern sind nur mäßig begeistert, wenn ihr Teenie sich allzu früh oder beliebig in die unterschiedlichsten Liebesabenteuer stürzt. Zumal sie mitbekommen, wie aufgewühlt ihr Kind oft ist und wie naiv es in diese und jene Beziehung schlittert. Es scheint ihnen weder reif für eine festere Bindung noch für sexuelle Erfahrungen. Doch das ist nicht alles: Je glühender die Zuneigung zum anderen Geschlecht, desto geringer das aktuelle Interesse des Youngsters an den Eltern – es ist hart zu erleben, wie sich ihr Kind absetzt und eigene Wege geht, vor allem für allein Erziehende. Außerdem hat so manch ein Vater Angst um seine Tochter (siehe Seite 89), so manch eine Mutter ärgert sich über die Aufgeblasenheit des Sohnes, seitdem er wenig mehr als Mädchen und Ausgehen im Kopf hat.

Warum die stürmischen Gefühle der Kinder auch für Vater und Mutter zur Herausforderung werden

Und mehr noch: Die mit so viel Kraft und Ungestüm erwachende Sexualität ihrer Kinder konfrontiert Eltern – allein erziehende Mütter oder Väter natürlich nicht minder – mit ihrem eigenen Sexualleben. Nicht selten ist es nach all den Jahren freudlos geworden und zur Routine erstarrt. Jetzt aktiviert die zur Frau heranwachsende Tochter oder der immer männlicher werdende Sohn alte Konflikte, Enttäuschungen und Sehnsüchte. Bitter vielleicht, aber auch ein Impuls, den Stillstand zu überwinden, die eigene Beziehung neu zu überdenken und das Zusammenleben mit dem Partner ereignisreicher zu gestalten.

Fühlen sich Eltern wohl in ihrer eigenen Haut, ist es für sie auch leichter, ihrem Teenager den Halt zu geben, den er braucht, obwohl er so unabhängig tut. Eltern können ihn zwar nicht vor Fehlern schützen – ständige Warnungen treiben ihn bloß noch mehr in die Flucht –, aber sie können ihn beruhigen, dass all die widersprüchlichen Wünsche sowohl nach Nähe als auch nach Wechsel und Unabhängigkeit Entwicklungsstufen auf dem Weg zu größerer Selbstsicherheit sind. Erst wenn Jugendliche über die Pubertät hinaus den Don Juan spielen, müssten sie sich fragen, warum ihnen Nähe und Verbindlichkeit immer noch Angst macht. □

Eltern können ihren Kindern kaum etwas ersparen, aber sie können sie stärken

Homoerotische Phasen und die Angst davor

Kaum ein Junge, der nicht irgendwann sexuelle Gefühle für einen Freund empfindet, oder ein Mädchen, das sich von einer Freundin erotisch angezogen fühlt. Homosexuelle Fantasien und auch gleichgeschlechtliche Erfahrungen sind nichts Ungewöhnliches. Gerade in der frühen Pubertät, wenn Jugendliche wahre Gefühlsstürme erleben, sich aber meist noch geborgener und entspannter unter »ihresgleichen« fühlen, sind vorübergehende homoerotische Phasen häufig.

Wer als schwul beschimpft wird, rastet aus – dabei sind homoerotische Gefühle in der Pubertät gang und gäbe

Und doch: Die meisten Jugendlichen weisen homosexuelle Gefühle weit von sich, einfach aus Angst. Denn als »schwule Sau« beschimpft zu werden, gehört für sie zu den schlimmsten aller Beleidigungen. Auch als lesbisch zu gelten, ist peinlich. Das zeigt, dass die vermeintliche Toleranz in unserer Gesellschaft nur scheinbar ist. Erwachsene mögen sich über jede Form von Schwulenfeindlichkeit entrüsten, doch dass Youngster allergisch darauf reagieren, wenn sie als schwul verspottet werden, beweist, wie sehr Homosexualität für sie ein Problem ist – das Übliche ist für sie das Natürliche. Tief sitzt die Furcht, man könnte sie zu Außenseitern machen, weil sie »anders« sind.

Ihr starkes Unbehagen rührt aber auch daher, dass sie als Jugendliche noch gar nicht so genau wissen, welche Rolle sie außerhalb ihrer Familie spielen, und die Sexualität eine derart verwirrende Mischung aus Sehnsüchten, Bedürfnissen und Unwägbarkeiten ist, dass sie wenigstens hinsichtlich ihrer Geschlechtsidentität sicher sein wollen. Insbesondere die männlichen Teenager befürchten, »kein richtiger Junge« zu sein, wenn sie sich zu homoerotischen Gefühlen bekennen. □

Sie wollen vor allem »richtige Jungen« sein

Auch Eltern schreckt der Gedanke, ihr Kind könnte schwul sein

Wenn Eltern ehrlich sind, gestehen viele, dass auch sie die Vorstellung irritiert, ihr Sohn könnte schwul, ihre Tochter lesbisch sein: »Unser Kind hätte es dann so viel schwerer im Leben«, argumentieren die meisten. Manchen Eltern ist schon unbehaglich zumute, wenn der Sohn ständig mit dem gleichen Freund im Zimmer verschwindet oder die Tochter nur noch für eine einzige Freundin schwärmt. Dazu folgende Informationen:

Untersuchungen belegen: Homosexualität ist genetisch bedingt

Homoerotische Gefühle während der Pubertät sind keinerlei Beweis für tatsächliche Homosexualität. Die Ergebnisse aktueller vergleichender Untersuchungen über Homo- und Heterosexuelle zeigen, dass männliche Homosexualität nicht, wie oft behauptet wird, auf eine dominante Mutter und einen schwachen Vater zurückzuführen ist, und ein Mädchen nicht deswegen lesbisch wird, weil es sich gezielt die männliche Rolle zum Vorbild nimmt. Eltern haben nur sehr wenig Einfluss auf die schon frühzeitig entstehende sexuelle Orientierung ihrer Kinder – sie sind für die Veranlagung ihres Kindes nicht verantwortlich. Falsch ist auch die Annahme, Homosexualität sei »übertragbar«: Kein Teenager wird dadurch homosexuell, dass er mit einem Freund sexuelle Erfahrungen macht, selbst wenn einer von beiden schwul ist. Man geht heute davon aus, dass die manifeste Homosexualität angeboren ist, sowohl die weibliche als auch die männliche.

Und was ist, wenn für einen Teenanger feststeht, dass er oder sie homosexuell ist? Dann ist nichts wichtiger als die Unterstützung und das Verständnis der Eltern. Häufig haben Väter größere Schwierigkeiten mit dem »unmännlichen« Verhalten ihres Sohnes bzw. dem »unweiblichen« Gebaren der Tochter. Da hilft nur die Erkenntnis, dass Homosexualität weder gut noch schlecht und genauso selbstverständlich ist wie Heterosexualität. □

Alles dreht sich um das eigene Ich

Die eigene Identität: Wie findet man sie?

Erst mit Beginn der Pubertät stellt sich die Frage: Wer bin ich überhaupt?

Mit Einsatz der Pubertät beginnt die Suche nach der eigenen Identität, also nach einer eigenständigen, unverwechselbaren Persönlichkeit. Und zuvor? Da empfindet sich ein Kind meist selbstverständlich als Teil der Familie und identifiziert sich mit ihr. Aus dieser Zugehörigkeit bezieht es seine Sicherheit und sein Selbstvertrauen, und bloß das Bild, das die Eltern von ihm haben, ist prägend: Wird es als »brav«, »wild«, »begabt«, »sportlich« oder »unsportlich« charakterisiert, dann schätzt es sich weitgehend selbst so ein. Auch das Urteil der Lehrer über seine Leistungen und sein Sozialverhalten bestimmt sein Gefühl für sich selbst. Doch je älter ein Kind wird, desto wichtiger werden für sein Selbstbewusstsein die Beziehungen zu gleichaltrigen Freunden – sie sind es, die einen Großteil der Schützenhilfe bei der Suche nach einer eigenen Identität leisten.

Voraussetzung für eine feste Identität: sowohl Eigenständigkeit als auch Anpassungsbereitschaft

Aber was bedeutet Identität überhaupt? Eine eindeutige Definition ist kaum möglich, da der Begriff zu vielschichtig ist. Doch fraglos besitzt man dann eine gefestigte persönliche Identität, wenn man sich im Einklang erlebt, sowohl mit sich selbst als auch mit der Umwelt: Voraussetzung dafür ist einerseits das Erlangen von Individualität, also von Eigenständigkeit und persönlicher Willensfreiheit – deswegen ist die Verselbstständigung während der Pubertät so wichtig –, andererseits die Fähigkeit, als soziales Wesen zu handeln und sich in eine Gemeinschaft zu integrieren. Dieser Lernprozess setzt natürlich schon in der Kindheit ein, doch in der Pubertät wird er, durch die Ablösung von der Familie, zur Herausforderung. Da mit Beginn dieser Lebensphase Eltern und andere Erwachsene ernsthaft in Frage gestellt werden, gerät das kindliche Selbstverständnis ins Wanken – worauf soll der Teenager seine Identität jetzt gründen? Nun, da er beginnt, sich mit anderen Augen zu sehen als bisher, sein Körper und seine Ansichten sich schnell verändern, tauchen auf einmal existenzielle Fragen auf: Wer bin ich überhaupt? Wie sehe ich mich selbst, wie

Weiter auf Seite 100

Teenager probieren immer wieder neue Rollen aus, bevor sie zu sich selbst finden

Eltern verfolgen verblüfft – mal fasziniert, mal besorgt –, wie viele Verwandlungen ihr Teenager im Laufe der Pubertät durchmacht: Da wird die freche, selbstbewusste Tochter zu einem säuselnden, willenlosen Geschöpf, um dem angebeteten Freund zu gefallen, der selbstbewusste Sohn, der sich zu Hause von niemandem mehr etwas sagen lässt, tut alles, was die starken Burschen seiner Clique fordern. Oder aus dem gepflegten, modebewussten Youngster wird plötzlich ein ausgeflippter Typ im Punk-Look; kaum haben sich die Eltern damit abgefunden, verkriecht er sich in seine vier Wände und liest nur noch anspruchsvolle Literatur. Und aus dem übermütigen und unbeschwerten Töchterchen wird in der Pubertät ein ernstes, zurückgezogenes Mädchen, denn nun, da sie sich von einem Wildfang in eine junge Frau verwandeln soll, weiß sie überhaupt nicht mehr weiter. Verunsichert fragen sich die Eltern: »Was ist mit unserem Kind bloß los? Wann kommt es endlich wieder zur Vernunft?« Was anders ausgedrückt bedeutet: Wann findet es zu einer gefestigten Identität?
Schwierigkeiten bei der Identitätsfindung sind nicht außergewöhnlich und können die unterschiedlichsten Ursachen haben. Zu den häufigsten Auslösern gehören:

● die radikale Veränderung der vertrauten Umgebung. Ein Umzug oder ein Schulwechsel in einer Phase, in der sich der Jugendliche ohnehin unsicher und verloren fühlt, kann seine innere »Heimatlosigkeit« noch verstärken. Er braucht Zeit und den Halt der Erwachsenen, um die Ereignisse in seine Persönlichkeit und sein Leben zu integrieren, um also wieder »zu sich zu kommen«.

Identitätskrisen werden durch die unterschiedlichsten Umstände ausgelöst

● Spannungen in der Familie. Scheinbar unlösbare Konflikte, also eine »Identitätskrise« im Elternhaus bringt Teenager leicht aus dem Lot. Vor allem, wenn die Eltern sich absolut nicht mehr verstehen oder sogar dabei sind, sich zu trennen, und jeweils versuchen, das Kind auf ihre Seite zu ziehen, weiß es gar nicht mehr, wo es selbst steht. In einen Konflikt hineingezogen, der

Weiter auf Seite 101

stehe ich zu anderen und was denken sie von mir? Wo gehöre ich hin?
Um Antworten auf diese Fragen zu bekommen und eine stabile Identität zu finden, müssen Jugendliche Erfahrungen sammeln. Wesentlich ist, dass sie:

Nur im Umgang mit anderen lernt man sich selbst kennen

- vielfältige Beziehungen eingehen, denn andere übernehmen die Funktion eines Spiegels. In der Auseinandersetzung mit Erwachsenen, vor allem aber mit Gleichaltrigen erleben Jugendliche erst an den Reaktionen der anderen, wie sie eingeschätzt werden, von wem sie akzeptiert und warum sie kritisiert werden. Um herauszufinden, wer zu ihnen passt und wo sie letztendlich hingehören, sind möglichst unterschiedliche Beziehungen die wichtigste Voraussetzung.

- wechselnde Rollen ausprobieren. Durch Mutproben, auffällige Frisuren oder über das Anhimmeln von Idolen, vor allem aber im Umgang mit verschiedenen Arten von Freunden testen Heranwachsende unterschiedliche Rollen bzw. Identifikationsmodelle. Junge Leute, die ständig ihre Freunde, ihre Interessen und Hobbies wechseln, sind nicht grundsätzlich »unbeständig«; sie experimentieren, bis sich für sie herauskristallisiert, was sie wirkich wollen und wo ihr Platz in der Gesellschaft liegen könnte.

Was geschehen muss, damit das Identitätsbewusstsein reifen kann

- geistige und kritische Fähigkeiten entwickeln. Der Ausdruck Identitätsbewusstsein signalisiert, worum es geht: Indem der Jugendliche über sich selbst nachdenkt und das Bild registriert, das andere über ihn haben, unterschiedliche Ansichten kritisch überdenkt, sich Konflikten stellt und gegebenenfalls sein Verhalten entsprechend verändert, wird er sich seiner selbst, also seiner wahren Identität immer bewusster. Da er mit zunehmendem Alter auch lernt, die Realität immer besser einzuschätzen, und sich in Beziehung zu anderen sieht, erkennt er, dass er selbst nicht der Mittelpunkt der Welt ist, sondern einer von vielen. Er be-

Weiter auf Seite 102

nicht seiner ist, verliert es auf einmal seine eigenen Bedürfnisse und Ziele aus den Augen.

● eine extrem enge Bindung an die Eltern. Manche Eltern tun sich besonders schwer, ihren Teenager »loszulassen«: Sie haben das tiefe Bedürfnis, ihr Kind zu beschützen und zu kontrollieren, oder aber sie überhäufen es mit Erwartungen und hegen sehr genaue Vorstellungen, wie es zu sein hat. Dabei geht es diesen Eltern meist unbewusst darum, eigene Ängste und Schwächen durch ihr Kind auszugleichen, wobei ihnen meist gar nicht klar ist, dass sie es bei der Entwicklung seiner Individualität bremsen. Indem sie ihm zu wenig zutrauen oder es durch eine starre Erwartungshaltung als Person in Frage stellen, kann es nur schwer eine eigene Identität entwickeln.

Besonders furchtsame Eltern bremsen ihr Kind in der Entwicklung seiner Individualität

● Ängste, erwachsen zu werden. Den stürmischen Entwicklungen der Pubertät ist nicht jeder Teenie gewachsen. Konfrontiert mit drastischen biologischen Veränderungen, mit dem Druck, eigene Verantwortung zu übernehmen, mit der Erwartung, vom Mädchen zur Frau bzw. vom Jungen zum Mann zu werden, geraten manche in eine Identitätskrise: Alle bisherigen Sicherheiten, etwa das in der Kindheit aufgebaute Selbstbild und die Geborgenheit der Familie, geraten ins Wanken, ohne dass neue Gewissheiten die alten ersetzt hätten. Sie sind wie ein Blatt im Winde und haben noch keine Ahnung, wohin es sie treibt.

Manche Jugendliche versuchen sich zu behelfen, indem sie die Konflikte dieser Lebensphase einfach ausblenden und in einem so genannten Vermeidungsverhalten verharren: Sie werden zu Einzelgängern und weichen der Auseinandersetzung mit Gleichaltrigen aus, oder sie sind besonders angepasst, weil sie um den Schutz der Erwachsenen bangen. Vielleicht ziehen sie sich auch in eine Pose scheinbar überlegener Intellektualität zurück, um ihre Gefühlsstürme einzudämmen und sie durch ihre geistige Überlegenheit quasi wegzudiskutieren.

Nicht jeder schafft es, eine eigene, unabhängige Persönlichkeit zu werden

Ein anderer Fluchtweg ist das völlige Aufgehen im Freundes-

Weiter auf Seite 103

ginnt also, seine Allmachtsfantasien zu relativieren und Ziele anzustreben, die ihm entsprechen, also solche, mit denen er sich identisch fühlen kann.

Warum sich Teenager plötzlich für Babyfotos interessieren

● ein Gefühl von Kontinuität erlangen. Die meisten Teenager beginnen sich im Laufe der Pubertät mit ihrer Vergangenheit bewusst zu beschäftigen. Es verändert sich so viel in dieser Lebensphase, dass sie sich fragen: Bin ich der, der ich zu sein scheine? Deswegen verlangen sie oft nach Babyfotos und wollen mehr über ihre Familiengeschichte wissen. Es mag widersprüchlich klingen, aber gerade um sich von ihren Eltern abgrenzen zu können, benötigen sie Informationen über ihre Kinderzeit. Denn wenn sie sich mit ihren Wurzeln beschäftigen und eine Verbindung herstellen zwischen ihrer Vergangenheit und der Person, die sie jetzt sind und möglicherweise werden könnten, bekommen sie einerseits ein Gefühl für Kontinuität – wissen also, woher sie kommen, und spüren, wohin sie gehören. Sie können aber auch prüfen, welche Teile ihrer Geschichte sie annehmen und welche sie ablegen möchten. Beides hilft ihnen, zu sich selbst zu finden.

In schwierigen Lebenssituationen heißt es, die eigene Identität neu zu überdenken

Die Suche nach der Identität verläuft natürlich nicht immer bewusst und ist so komplex, dass sie nie völlig abgeschlossen ist: In jeder ungewohnten Lebenssituation heißt es, sich neu zu orientieren und einen Platz für sich zu finden im Spannungsfeld zwischen Abgrenzung und Anpassung, zwischen Selbstbehauptung und Gemeinschaftssinn. Immer wieder gibt es schwierige Phasen im Leben, in denen man das Gefühl hat, sich auf einmal fremd zu sein und sich selbst, also die eigene Identität, zu verlieren. Gerade junge Leute werden mit den enormen und oft widersprüchlichen Erwartungen, die an sie gestellt werden, nur schwer fertig und wissen streckenweise gar nicht mehr, wo sie stehen und was sie wollen. Erst wenn die Hürden überwunden sind und sie an den Schwierigkeiten gewachsen sind, stellen sie im Nachhinein erleichtert fest: »Endlich weiß ich wieder, wo's langgeht – endlich bin ich wieder ich selbst.« □

kreis: Die Identifikation mit der Clique ersetzt die Geborgenheit in der Familie und bewahrt sie davor, sich einsam und verloren zu fühlen. Dass die distanzlose Gruppenzugehörigkeit sie daran hindert, auf sich selbst zu hören und eigene Wege einzuschlagen – also zu einem selbstständigen Individuum zu werden –, weisen sie weit von sich (siehe Seite 173). Manche halten auch an einer negativen Identität fest – trinken unmäßig oder suchen sich fragwürdige Freunde: auch ein hilfloser Versuch, Identitätsprobleme zu umschiffen (siehe Seite 218).

Die Flucht in eine negative Identität hilft, Probleme einfach zu ignorieren

Was können Eltern tun? Zum einen sich bewusst machen, dass die Suche nach der eigenen Identität ein Zickzackkurs voller Stolpersteine und Hürden ist, dass Rückfälle, Krisen und Nöte auf dem Weg der »Ichfindung« unvermeidlich sind – sie sind gleichsam eine Vorbedingung für Entwicklung und Wachstum. Um ihre Kinder zu unterstützen, können Eltern vor allem versuchen, sich in ihren Teenager hineinzuversetzen und gegebenenfalls mit Hilfe eines Therapeuten herausfinden, in welcher Krise er steckt und ob es sich überhaupt um eine Krise handelt.

Eltern müssten sich auch anschauen, inwieweit die Familiensituation die Ichfindung des Sohnes oder der Tochter beeinflusst (siehe Seite 155). Wichtig ist es außerdem, Konflikte und Meinungsverschiedenheiten offen auszutragen, damit das Kind auf diesem Weg erfährt, was es will und wer es ist (siehe Seite 146). Dabei sollte jede negative Festschreibung möglichst vermieden werden, da es sonst kaum eine Chance hat, sich zu verändern. Denn dass es sich noch verändert, ist klar – die Eltern müssen nur an ihre eigene Pubertät zurückdenken, um festzustellen, welche Metamorphosen sie selbst hinter sich haben.

Noch sind Veränderungen möglich – die Entwicklung ist keineswegs abgeschlossen

Weil ihr Selbstbewusstsein noch labil ist, sind Heranwachsende schnell peinlich berührt, wenn sich andere nicht so verhalten, wie sie es gerne hätten. Vor allem die Eltern werden besonders kritisch bewertet. Geht ihnen die Kritik zu weit, sollten sie ruhig, aber unmissverständlich eine klare Grenze ziehen: »Was du sagst, das verletzt mich!« □

Auf dem Weg zur Weiblichkeit

Erst mit Beginn der Pubertät wird das eigene Geschlecht ein wichtiges Thema

Fast alle Kinder können heute toben oder kuscheln, weinen oder auftrumpfen, wie es ihren Bedürfnissen und ihrem Temperament entspricht, ohne durch den »kleinen Unterschied« gebremst zu werden. In den ersten Jahren ihres Lebens beschäftigt es die meisten kaum, zu welchem Geschlecht sie gehören. Das ändert sich erst mit dem Einsetzen der Pubertät. Die nicht zu übersehenden Geschlechtsmerkmale ihres Körpers drängen die Heranwachsenden aus dem neutralen Gelände der Kindheit und zwingen sie, sich mit ihrer zukünftigen Rolle als Mann oder Frau auseinander zu setzen. Vom Intellekt her sind sie jetzt imstande, kritisch zu beobachten, wie die Erwachsenen um sie herum diese Rollen leben (siehe Seite 60). Gerade für Mädchen offensichtlich nicht unproblematische Perspektiven.

Viele Mädchen verlieren plötzlich an Selbstbewusstsein und machen sich neben den Jungen kleiner

Mädchen, das ergaben verschiedene soziologische Studien, haben bis zum Alter von rund 10 Jahren ein genauso hohes Leistungsniveau und stabiles Selbstwertgefühl wie gleichaltrige Jungen. Nach Pubertätsbeginn aber sieht das Bild ganz anders aus: Mit dem erwachenden sexuellen Interesse wächst der Wunsch, den Jungen zu gefallen, und veranlasst Mädchen nicht selten, sich klein zu machen und das »Dummchen« zu spielen. Viele fangen plötzlich an, ihre Fähigkeiten und Leistungen geringer einzuschätzen als die von Jungen – und zwar sowohl auf geistigem als auch auf sportlichem und sogar künstlerischem Gebiet. Zugunsten des männlichen Vorrangs stellen sie ihr Licht unter den Scheffel und entwickeln verstärkt klassische weibliche Züge, werden weicher, einfühlsamer, nachgiebiger. Durch die Zurücknahme ihrer sachlichen Fähigkeiten sackt bei den meisten Mädchen das Selbstwertgefühl drastisch ab. Sie kommen sich »unwichtig« vor und sind generell viel weniger zufrieden mit sich als die Jungen.

Aufgeweckte Mädchen merken sehr schnell, dass zuallererst äußere Vorzüge ihre Attraktivität als Frau ausmachen. Ihr

Weiter auf Seite 106

Viele Eltern halten es inzwischen für selbstverständlich, ihre Töchter und Söhne ohne Geschlechtsunterschiede zu erziehen. Aber in der Praxis zeigt sich fast immer, dass dieses Vorhaben unmöglich ist. Nicht allein, weil Verwandte und Freunde, Kindergarten und Schule und ganz besonders Fernsehen und Zeitschriften mit der Vermittlung überlieferter Rollenklischees dazwischenfunken. Auch bei den meisten Eltern selbst schlagen unbewusst und ungewollt immer wieder traditionelle Verhaltensnormen durch. »Zieh den Bauch ein!« »Schrei nicht so herum!« Wie oft rutschen ihnen derartige Kommandos in Richtung Tochter heraus, mit denen im Klartext nichts anderes gemeint ist als: »Mach dich hübsch, halte dich zurück, damit die Männer dich begehrenswert finden.« Mädchen wird dadurch beigebracht, dass ihre Beurteilung von außen wichtiger ist als ihr Bedürfnis, sich nach eigenen Vorstellungen zu bewegen und zu äußern.

Auch wenn sie es nicht wollen, geben Eltern alte Rollenklischees in der Erziehung weiter

Aus verständlicher Angst vor Gefahren und Übergriffen schränken Eltern häufig den Bewegungsraum ihrer Töchter extrem ein. Sie impfen sie mit Ängstlichkeit, mit dem Gefühl, schwach und wehrlos zu sein, anstatt sie zu Mut, Selbstvertrauen und wacher Vorsicht zu ermuntern – Eigenschaften, die sie als erwachsene, selbstständige Frauen dringend bräuchten. Aber auch damit, dass sie genauso behandelt würden wie Jungen, wäre den Mädchen bei der Suche nach ihrer weiblichen Identität nicht geholfen. Viele ihrer speziellen Qualitäten würden dabei verschüttet. Außerdem: Der berühmte Unterschied hat – selbst wenn man ihn noch so klein macht – in ihrem Leben viel schwerwiegendere Folgen als beim anderen Geschlecht. Die Fähigkeit oder der Wunsch, Kinder zu bekommen, zwingt sie zur Wahl zwischen verschiedenen Lebensmodellen. Nur-Hausfrau, Kind und Job oder allein Karriere – kein Weg ist einfach.

Mädchen einfach so zu behandeln wie Jungen, ist keine Lösung

Wie Weiblichkeit gelebt werden kann, beobachten die meisten Mädchen zuerst und hautnah in der Familie. Und da ist es natürlich in erster Linie die Mutter, an der sie sich orientieren. Mit neu erwachter Scharfsichtigkeit registrieren die Teenies, wie sie ihr

Weiter auf Seite 107

Können oder Wissen ist dagegen weniger gefragt. Je begehrenswerter sie erscheinen, desto besser ihr weiblicher Status. Werbung und Jugendzeitschriften bestärken den Eindruck, dass attraktives Aussehen für ein erfülltes Frauenleben und eine erfolgreiche Partnersuche das Wichtigste ist. Und weil die große Liebe, Heirat und Kinderwunsch für die meisten einen sehr zentralen Punkt ihres Lebensplans darstellt – für viele entschieden dringlicher als berufliche Ziele –, fangen sie an, sich selbst durch die männliche Brille überkritisch zu begutachten, um festzustellen, ob sie den Ansprüchen genügen. Der Vergleich mit den gängigen Schönheitsidealen fällt häufig deprimierend aus. Weder Augen noch Haare, Po oder Waden sind perfekt genug – und schon rutscht das Selbstbewusstsein weiter ab. Viele Teenies arbeiten heftig an ihrem Erscheinungsbild und versuchen, den Idealfiguren näher zu kommen; manche versinken in Selbstzweifeln und Mutlosigkeit, andere treibt der dazugehörige Schlankheitskult in die Magersucht, und wieder andere landen dort, weil sie sich sträuben, diese Anforderungen an Weiblichkeit zu akzeptieren (siehe Seite 222).

Mädchen prüfen ihr Erscheinungsbild oft überkritisch durch die männliche Brille

In der Einschätzung von Weiblichkeit nach männlichen Wertmaßstäben setzt sich immer wieder neu das traditionelle Rollenschema durch. Intelligenz, Stärke, Unabhängigkeit oder Ehrgeiz ist in diesem Frauenbild nicht vorgesehen, um männliche Machtpositionen nicht zu gefährden. Trotz aller Emanzipationsbemühungen und wachsender Chancengleichheit, obwohl Mädchen mutiger und selbstsicherer werden und Jungen sich weniger machohaft geben, hält sich das überlieferte Muster hartnäckig und weist Mädchen und Frauen nach wie vor den zweiten Platz in der Rangskala zu.

Noch immer hält sich das überlieferte Rollenmuster; Frauen rangieren darin auf Platz zwei

Zahlreiche Mädchen fügen sich nahtlos in die alten Rollenklischees, in denen ihnen der private, familiäre Bereich

Weiter auf Seite 108

Leben organisiert und sich dem Mann gegenüber verhält. Ob sie einen selbstbewussten, gleichberechtigten Part neben ihm spielt oder sich in seiner Gegenwart klein und hilflos gibt. Ob sie auf ihre eigene Autorität vertraut oder sich vor den Kindern auf seine beruft. Vielen Mädchen geht in diesem Alter zum ersten Mal auf, wie untergeordnet und machtlos die bis dahin vergötterte Mutter, mit der sie sich so stark identifizieren, in Wirklichkeit ist. Verständlich, dass es Töchtern oft wenig verlockend erscheint, eine solche Rolle zu übernehmen. Mit Wut und scharfer Kritik reagieren sie auf diese Enttäuschung. Die Auseinandersetzungen werden oft noch dadurch angeheizt, dass die Töchter die Widersprüchlichkeit der mütterlichen Botschaften durchschauen: Einerseits werden sie angehalten, sich nach traditionellem Muster hübsch und unterwürfig zu zeigen, andererseits aber zu einem eigenen Beruf und Selbstständigkeit aufgefordert.

Warum Mädchen häufig so aggressiv auf ihre Mütter reagieren

Den meisten Müttern ist gar nicht bewusst, dass sie an ihre Töchter Regieanweisungen weitergeben, die sie selbst schon von ihren Müttern zu hören bekamen – und die keineswegs immer zu einem glücklichen, ausgefüllten Leben führten. Viele spornen ihre Töchter sogar dann noch dazu an, sich auf männliches Begehren auszurichten, wenn sie selbst das Scheitern einer Ehe erlebt haben und wissen müssten, dass die Realität mit den Träumen von der romantischen Liebe und heilen Familie meistens wenig zu tun hat.

Auch wenn sie selbst damit gescheitert sind, halten sich Mütter oft an das alte Rezept der Töchtererziehung

Frauen, die sich ehrlich prüfen, stellen fast ausnahmslos fest, dass ihr Selbstwertgefühl zum Großteil tatsächlich von ihrer Wirkung auf Männer abhängt – egal, wie erfolgreich sie in anderen Bereichen sein mögen. Eine Selbsteinschätzung, die noch aus den Zeiten stammt, als die Ehe die einzige Existenzsicherung für Frauen war. Wenn ihnen das Dilemma der weiblichen Rolle klar ist, können sie ihren Töchtern auf dem Weg in ein weniger fremd bestimmtes Leben entscheidend helfen. »Mit 14 fing Jutta an, mich sehr hart zu kritisieren«, berichtet eine Mutter. »Sie schlug mir um die Ohren, dass ich mal stark war und dann wie-

Weiter auf Seite 109

als Domäne zugestanden wird. Aber andere, die sich nach Rollenmustern jenseits dieser klassischen Definition von Weiblichkeit umsehen, geraten manchmal in ernsthafte Konflikte zwischen traditionellen Zwängen und Emanzipationswünschen. Wie lässt sich der Traum von Liebe und Familie und gleichzeitig der von beruflicher Selbstständigkeit verwirklichen, wenn zum Gelingen der Liebesbeziehung Kenntnisse und Fähigkeiten ausgeschaltet werden sollen, die für den Erfolg im Beruf unentbehrlich sind?

Das Rollendilemma führt bei vielen zu psychosomatischen Störungen

Viele Mädchen reagieren auf dieses Dilemma mit psychosomatischen Beschwerden. Auffallend häufiger als Jungen leiden sie unter Symptomen wie Kopfschmerzen, Nervosität, Schwindel, Traurigkeit. Sie schlucken ihre Frustrationen herunter und machen ihre Probleme mit sich selbst aus, anstatt sie – wie die Jungen – aggressiv herauszulassen. Auch das entspricht der klassischen weiblichen Rolle, zu der lautes Aufbegehren nicht passt.

Ein unabhängiges weibliches Selbstwertgefühl zu entwickeln, ist nicht gerade einfach

Die einzige Chance, die Zwänge der überlieferten Muster abzustreifen, liegt darin, ein eigenständiges weibliches Selbstwertgefühl zu gewinnen, das nicht auf männliche Bewunderung angewiesen ist und eigenes Können und Wissen nicht verleugnet. Kein leichter Weg, gerade für junge Mädchen, die in der Pubertät noch wenig festen Boden unter den Füßen haben. Wenn sie sich umschauen in der Welt der Erwachsenen, stellen sie fest, dass nahezu sämtliche entscheidenden Schaltstellen des gesellschaftlichen Lebens von Männern besetzt sind, dass Frauen auch bei gleichwertiger Ausbildung längst nicht immer gleichrangige Positionen erreichen, dass alle Symbole der Macht männliche Ausrichtung haben. Für starke, autonome Weiblichkeit gibt es kaum Vorbilder. Obwohl so viel von der Gleichheit der Geschlechter geredet wird, ist es bis dahin noch ein langer Weg, der vor allem Mädchen eine Menge Mut, Kraft und Energie abverlangt. □

der das ›Weibchen‹ spielte. Mir ging plötzlich auf, in welche Abhängigkeit ich im Laufe der Jahre gerutscht war und dass ich in ihrem Alter einen ganz anderen Entwurf von mir hatte. Jetzt stärke ich ihr den Rücken und ermuntere sie, zu sich selbst zu stehen. Auch wenn sie dafür nicht unbedingt heiße Blicke erntet.« Über die Erinnerung an ihre eigenen Pläne und Träume von früher können Mütter ein tiefes Verständnis für ihre Töchter entwickeln und dabei alle Klischees ausklammern. Sie können ihnen zuhören und sie ernst nehmen und dadurch zu eigenen Standpunkten ermutigen. Sie können mit ihnen gemeinsam nach Formen von Schönheit suchen, die persönliche Eigenarten zulassen und mehr Spiel und Experiment sind als Anpassung an von außen diktierte Ideale. Sie können über ihre eigenen Schwierigkeiten mit ihrer Frauenrolle reden und ihnen dabei die Augen öffnen für die vielen gesellschaftlichen Fallstricke.

Was den Töchtern helfen kann, stark und selbstbewusst zu werden

Obwohl die Haltung der Väter in diesem Punkt nicht ganz so entscheidend ist wie die der Mütter, haben sie doch auch die Möglichkeit, ihre Töchter beim Aufbau einer ungebrochenen weiblichen Identität zu unterstützen. Indem sie etwa die Meinungen und Wünsche der weiblichen Familienmitglieder – ob Groß oder Klein – genauso gelten lassen wie die der männlichen. Indem sie Wissen, Können, Unabhängigkeit und Selbstbewusstsein der Mädchen anerkennen und fördern – und indem sie ihre Aufmerksamkeit nicht allein auf die wachsende Attraktivität ihres »süßen Püppchens« konzentrieren.

Auch Väter haben Einfluss auf die Identität der Töchter

Allein erziehenden Müttern mag es leichter fallen, ihre Töchter zu einer von Männern unabhängigen Haltung anzuleiten, aber oft fließen eigene negative Erfahrungen in den Erziehungsstil mit ein, werden Verbitterung, Verachtung, generelle Skepsis gegenüber Männern an die Töchter weitergegeben. Mädchen wird dadurch der Umgang mit dem anderen Geschlecht erheblich erschwert. Für sie ist es fast ebenso wichtig wie für Jungen (s. Seite 115), vertrauensvollen Kontakt zu Männern in ihrem Umfeld zu haben, um sich ein Bild von männlichen Verhaltensweisen machen und die eigene weibliche Identität daneben entfalten zu können. □

Auf dem Weg zur Männlichkeit

Früher gab es keine Zweifel darüber, was es heißt, ein Mann zu sein

Ist es für Jungen heutzutage leichter als früher, zum Mann heranzuwachsen? Oder ist es schwieriger geworden, sich in die männliche Rolle hineinzufinden? Einerseits können junge Männer heute heilfroh sein: Die traditionellen Rollenerwartungen unserer Großeltern erlaubten wenig Spielraum für Abweichungen vom fest gefügten Männerbild: Weiche, sensible und unsichere Jungen hatten wenig zu lachen, nur die kräftigen, selbstbewussten schlüpften problemlos in die klar umrissene Männerrolle. Andererseits aber wussten junge Männer damals noch, was von ihnen verlangt wurde; es gab keine Zweifel darüber, wie sie sich als Mann innerhalb der Familie, gegenüber Frauen und ganz allgemein in der Gesellschaft zu verhalten hatten. Es war allen klar, was es heißt, ein Mann zu sein.

Für Jungen oft verwirrend: die Vielfalt männlicher Rollen

Das ist heute anders: Die für alle Männer verbindlich vorgeschriebene Rolle existiert nicht mehr, und die Palette männlicher Lebenskonzepte ist groß – ein Mann darf früh, spät oder gar nicht heiraten, er kann zu einem besessenen Karrieristen werden oder zu einem empfindsamen Softie, zu einem unabhängigen Individualisten auf dem Egotrip, dem es allein darum geht, seine Potenziale zu erproben, oder aber zum Familienvater in der traditionellen Rolle des Ernährers und Versorgers. Die Auswahl ist groß, vielleicht nicht immer konkret im Leben eines jeden, aber durchaus als vorstellbarer Entwurf.

Das macht es für viele so anstrengend, sich in ihre Männerrolle hineinzufinden – die Verschwommenheit und Vielfalt der Rollendefinitionen kann schlicht überfordern. Hin- und hergerissen zwischen dem herkömmlichen Ideal des kernig-furchtlosen Mannes, das ihnen unverändert in jedem zweiten Spielfilm präsentiert wird, und den differenzierteren männlichen Verhaltensmustern, versuchen die meisten Teenager ihre Identität herauszukristallisieren.

Weiter auf Seite 112

Oft sind Eltern die Ziele und Ideale ihres Sohnes ein ziemliches Rätsel

Immer dann, wenn ihr Kind sich in eine völlig andere Richtung entwickelt, als es ihren Vorstellungen entspricht, stellen sich Eltern die bange Frage: Was haben wir falsch gemacht? Ist ihr Sohn etwa weicher und sensibler, also »unmännlicher«, als sie es für ihn gut finden, fürchten sie, ihn doch zu sehr verzärtelt zu haben. Entwickelt sich der Sohn zu einem arroganten Chauvi oder einem blasierten Pascha, fragen sie sich, wie denn ein solcher Männertyp ausgerechnet bei ihnen heranwachsen konnte. Der Vater eines 15-Jährigen: »Wir wollten nie, dass unser Sohn so ein betont maskuliner Typ wird, bei uns interessiert sich auch keiner für schnelle Autos, teure Markenklamotten oder andere gängige Statussymbole. Unser Sohn hingegen scheint nichts anderes im Kopf zu haben. In unserer Familie fällt er absolut aus dem Rahmen.«

Der wissenschaftliche Streit darüber, wie unsere Geschlechterrollen zustande kommen, ist noch heute nicht ausgestanden. Die Verfechter der Umwelttheorie bestehen darauf, die Gesellschaft und somit natürlich die Familie sei für die Rolle von Männern und Frauen verantwortlich. Die Vertreter der Vererbungstheorie behaupten, unsere Verhaltensprogramme, also auch die geschlechtstypischen Eigenschaften, seien genetisch festgelegt und durch Hormone gesteuert.

Die Umwelt, die Vererbung und die eigene Initiative steuern die Entwicklung der Persönlichkeit

Eltern selber machen die Erfahrung, dass eigentlich beide Theorien zutreffen und sich keineswegs ausschließen. Denn sie erleben, dass sie ihr Kind formen und beeinflussen können, es aber gleichzeitig spezifische Persönlichkeitsmerkmale besitzt, die gegen Erziehungsbemühungen absolut resistent sind. Seine Entwicklung zu steuern, ist also nur in einem bestimmten Maße möglich. Aber nicht allein wegen seiner genetisch festgelegten Eigenschaften: Schließlich sind schon kleine Kinder selbst aktiv und wählen Vorbilder, kultivieren Interessen, Vorlieben und Eigenschaften, auf die Eltern wenig Einfluss haben. Aus den Medien und dem wechselnden Umgang mit Freunden, Lehrern oder Idolen suchen die Youngster sich gezielt die Merkmale

Weiter auf Seite 113

Trotz aller Veränderungen – das alte Männerideal gilt heute noch

Schwer tun sich vor allem diejenigen, die mit sich, ihrem Äußeren und ihrem gesamten Auftreten hadern: Selbst wenn sie sich noch so gerne auf die männliche Rolle einlassen würden – was ist, wenn sie klein und schmächtig sind, oder dick und ungelenk? Wenn die Freunde sie aufziehen und die Mädchen sich über sie lustig machen? Egal, wie rasant sich die Männerrolle gewandelt haben mag, bestimmte Norm- und Idealvorstellungen bleiben: Die großgewachsenen, sportlichen und selbstsicheren Jungen haben es auch heute noch am leichtesten. Bei den Mädchen finden sie den ersehnten Anklang, bei den Erwachsenen oft auch.

Selbst wenn Väter sich vom alten Männerbild gelöst haben, Mütter sich einfühlsame und nachdenkliche Söhne wünschen und keineswegs kleine Machos, die den Mädchen mit typisch maskulinem Gehabe kommen, so haben sich die Eltern deswegen noch lange nicht eindeutig von den klassischen geschlechtstypischen Erwartungen verabschiedet. Die unterschwellige Botschaft an Jungen lautet auch heute noch: Sei fleißig und streng dich an, damit du etwas wirst. Und: Setze dich durch, sonst unterliegst du im späteren Lebenskampf.

Nach wie vor lastet auf Söhnen stärkerer Leistungsdruck als auf Töchtern

Nach wie vor stellen Eltern höhere Leistungsanforderungen an ihre Söhne als an ihre Töchter und werden von Versagensangst geplagt, wenn die Jungen den erwarteten Leistungsansprüchen nicht gewachsen sind. Denn noch immer geht man davon aus, dass beruflicher Erfolg für einen Mann lebenswichtiger ist als für eine Frau (siehe Seite 246). Und viele Eltern haben bereits in der Frühpubertät das Leben ihres Sohnes als Erwachsener vor Augen und üben dementsprechend Druck auf ihren Sohn aus.

Folglich wird bei Jungen auch soziale Aggressivität eher toleriert als bei Mädchen. Schon als Kind waren Schlägereien

Weiter auf Seite 114

für sich heraus, die je nach Entwicklungsstufe und Neigung zu ihnen passen, die sie reizen und ihnen auch Halt geben.

Das ist die eine Seite: Die Teenies experimentieren aus eigenem Antrieb mit verschiedenen Rollen, setzen sich persönlich mit Klischees, Trends und verschiedenen Männerbildern auseinander. Heute sind sie noch cool und überlegen, reißen vielleicht Frauen verachtende Witze, und Monate später üben sie zum ersten Mal Selbstkritik, lösen sich von ihrem bisherigen Gehabe und definieren sich neu. Erzwingen können Eltern da gar nichts.

Die andere Seite ist: Selbstverständlich können Eltern ihr Kind unterstützen – wenn ihr Sohn sich schwer tut mit den Anforderungen, die an ihn als Junge gestellt werden, braucht er besonders viel Verständnis. Wesentlich dabei ist, dass Eltern seine altersgemäßen Bedürfnisse und Möglichkeiten im Blick haben, den Jungen also nicht bedrängen, endlich mehr so wie dieser oder jener seiner gleichaltrigen Freunde zu werden. Wenn sie im eigenen Kind den Menschen sehen, der er wirklich ist, und ihn so akzeptieren, bieten sie ihm die größte Chance, der Mensch zu werden, der er werden kann.

Schwierig für Eltern: erkennen, wo ihre Einflussmöglichkeiten liegen

Und natürlich können Eltern Einfluss ausüben: Prägend und für das spätere Rollenverständnis des Sohnes entscheidend ist, wie Vater und Mutter miteinander umgehen und wie die Aufgaben in der Familie verteilt sind. So ist es schwierig, von einem Sohn Verhaltensweisen zu erwarten, die zu Hause nicht vorkommen. Ein Sohn wird auch schwerlich dazu bewegt werden können, sich so zu entwickeln, wie es sich der Vater dringend wünscht, ohne dass er es dem Jungen selbst vorlebt.

Teenager lernen das, was sie zu Hause sehen, nicht das, was sie gesagt bekommen

Da aber kein Vater in der Lage ist, für seinen Sohn ein ideales, ungebrochenes Vorbild zu sein – denn auch die besten Väter sind schließlich fehlbar und zuweilen unsicher, welche männlichen Attribute gelten –, ist die ehrliche Auseinandersetzung

Weiter auf Seite 115

und aufgeschlagene Knie beim Buben mehr oder minder an der Tagesordnung. Wenn der Sohn heranwächst, soll er zwar nicht mehr raufen, aber er soll sich gleichwohl behaupten und durchkämpfen können – für die Identität eines Mannes sind Erfolg, Geld und Durchsetzungsfähigkeit nach wie vor ausschlaggebend.

Manche geraten auf dem Weg, »richtige« Männer zu werden, ins Schleudern

Jungen stehen also vor geradezu paradoxen Anforderungen: Sie sollen vieles anders machen als früher, sich frei machen von der überholten Männerrolle und einem »modernen« Männerbild genügen, aber dennoch überlegen und durchsetzungsfähig sein. Gewiss – manche schaffen es ohne weiteres. Sie machen sich wenig Gedanken und erfüllen unbewusst die an sie gerichteten Erwartungen, oder sie kosten alle möglichen Freiheiten aus, erproben die unterschiedlichsten Verhaltensmuster und finden am Ende zu einer für alle akzeptablen männlichen Identität. Andere aber geraten ins Schleudern und versuchen, die Schwierigkeiten, die sie mit ihrer Geschlechtsrolle haben, zu kompensieren: Vielleicht sind sie so unsicher, dass sie besonders rau und prahlerisch auftreten oder durch waghalsige Mutproben ihre angreifbare Männlichkeit unter Beweis zu stellen versuchen (siehe Seite 142). Möglicherweise haben sie auch Angst, erwachsen zu werden, und trauen sich nicht zu, in der Welt der Männer zu bestehen – sie bleiben lieber noch kindlich und eng an ihre Mutter gebunden. In aller Regel finden sie erst dann zu sich selbst, wenn sie den Schutz des Elternhauses verlassen und es wagen, ohne familiäres Geleit ein eigenes Leben aufzubauen (siehe Seite 242, 246). □

zwischen Vater und Sohn unabdingbar: In einer diskussionsfreudigen Beziehung zum Vater erfährt der Sohn, wie der Vater sein Mannsein erlebt, welche Rollenvorstellungen er besitzt und für welche Werte er sich einsetzt. Letztendlich haben nur Väter, die sich stellen, etwas zu bieten. Sie fördern das, was die Psychoanalyse für unverzichtbar hält: die Ablösung des Sohnes von der Mutter als wesentlichen Entwicklungsschritt zum Erwachsenwerden. Söhne, die auch noch als junge Erwachsene in einer so genannten ödipalen Beziehung zur Mutter verharren, bleiben in ihren emotionalen Bedürfnissen weiterhin kindlich (siehe Seite 154).

Mit Unterstützung des Vaters fällt den Söhnen die Ablösung von der Mutter leichter

Allein erziehende Mütter stehen deswegen vor einer oft schwierigen Aufgabe. Gerade Jungen brauchen die Vaterfigur als Spiegel ihrer männlichen Identität. Um daher die Nachteile einer zu engen Mutter-Sohn-Bindung auszugleichen, ist wichtig, dass sie möglichst viele Menschen in ihren Alltag einbezieht, dass sie Kontakte ihres Sohnes zu Freunden und männlichen Erwachsenen fördert und dass sie, vor allem wenn überhaupt kein männliches Vorbild existiert, Klarheit findet über sich selbst, ihr Verhältnis zum Vater und zu Männern im Allgemeinen. Denn die Einstellung, die sie ihrem Sohn vermittelt, nimmt er unwillkürlich auf. Selbst wenn der Vater abwesend ist, macht sich jedes Kind ein Bild von ihm, das Teil seiner männlichen Identität wird. Je offener und sachlicher die Mutter mit ihrem Sohn also über den Vater redet, desto leichter fällt es ihm, die Situation und sein Mannsein zu akzeptieren. □

Wie allein erziehende Mütter ihrem Sohn helfen können, seine männliche Identität zu finden

Das Ich und die Umwelt

Dass sich ein Knabe, der auf einem Bauernhof im letzten Winkel Niederbayerns aufwächst, anders entwickelt als ein Altersgenosse aus Berlin-Kreuzberg, kann man sich vorstellen – und auch, dass nicht nur Gene und Erziehung diese wesentlichen Unterschiede bewirken. Ob ein Kind mit oder ohne Geschwister, in wohlhabenden oder bescheidenen Verhältnissen, in einer an Bildung interessierten oder desinteressierten Familie groß wird – alle sozialen Erfahrungen, die es macht, wirken sich auf seine Persönlichkeitsentwicklung aus.

Erste soziale Erfahrungen: Die Eltern geben in den ersten Jahren den Rahmen vor

In den ersten 10 Lebensjahren wird ein Kind vor allem durch seine Eltern ins Leben eingeführt. Sie stellen den Kontakt zur Umwelt her. Für jedes Kind ist dieses Stückchen Umwelt, mit dem es in seinen ersten Lebensjahren in Berührung kommt, die einzig wahre Welt und nicht eine Welt unter vielen möglichen Welten. Seine Sichtweise ist entscheidend beeinflusst durch die Vorstellungen seiner Eltern. Sie stecken den Rahmen ab, begrenzen seine sozialen Erfahrungen. Selbst ein 10-Jähriger hat noch nicht die Möglichkeit, diesen Rahmen zu sprengen. Nicht erstaunlich also, dass jedem diese ersten sozialen Erfahrungen in Erinnerung bleiben und zwar fest gemauert.

Je exotischer, desto besser – viele Jugendliche sind jetzt darauf aus, sich das anzuschauen, was sie bisher nur vom Hörensagen kennen

Mit der Pubertät tun sich neue Welten auf. Dass die eigenen sozialen Erfahrungen und Verhaltensweisen nicht das Maß aller Dinge sind, wird Jugendlichen jetzt zunehmend bewusst. Neugierig schauen sie sich an, welche Werte, welche Regeln im Umfeld ihrer Freunde gelten. So sind sie darauf aus, ihren sozialen Horizont zu erweitern, Alternativen kennen zu lernen, sich an den Maßstäben anderer zu orientieren, eine eigene Sichtweise zu gewinnen (siehe Seite 62, 236). Was sie tun und lassen, wollen sie selbst bestimmen. Heranwachsende genießen es, dass sie selbst und nicht mehr die Eltern den Rahmen vorgeben, in dem sie ihre sozialen Erfahrungen machen. □

Solange ihr Kind brav zur Schule trottet und in den Turnverein marschiert, wissen Eltern, was läuft. Sie kennen die Schule, die Mitschüler, den Verein – das ganze Milieu, in dem sich ihr Sohn, ihre Tochter bewegt, und wissen um die Einstellungen, Werte, Gewohnheiten, die dort gelten.

Viele Jahre lang spielen Mütter und Väter den Agenten für ihren Abkömmling: Sie stellen Kontakte her, fördern Kontakte oder lassen sie einschlafen. Sie geben kulturelle Werte von einer Generation an die nächste weiter. Bewusst und unbewusst gestalten sie das soziale Gefüge, in dem sich die Familie bewegt, und kontrollieren – intensiv oder weniger intensiv, je nach Wesensart – das gesamte System. Wenn ihr Kind in neue soziale Gefilde abschwirrt, sind Eltern häufig beunruhigt. Sie können nur ahnen, was sich in der Sowieso-Disko oder im »In«-Café, in dem irren Superviertel oder beim Freund XY tut, welche Leute dort das Sagen haben, ob sich ihr Kind beeindrucken lässt von starken Typen und markigen Sprüchen oder nicht, ob ihm bei seinen Exkursionen neue Lichter aufgehen oder die alten weiterleuchten.

Werden die Kinder groß, verlieren die Eltern an Einfluss. Vor allem machtbewusstere Gemüter haben ihre Probleme damit

Mit der Pubertät werden die in der Kindheit erworbenen Muster auf Haltbarkeit überprüft: Ist das Wertesystem, das sie zu Hause mitbekommen haben, so fest im Bewusstsein verankert, dass es hält und stabil bleibt, trotz neuer sozialer Erfahrungen, oder verändern diese Erlebnisse das Denken und Handeln wesentlich? Die meisten Jugendlichen bleiben heute – erstaunlicherweise – den Werten treu, die sie seit frühester Kindheit kennen (siehe Seite 240, 242).

Eltern müssen verstehen lernen, dass sie das Terrain nicht mehr abstecken, auf dem sich ihr Kind bewegt, nicht länger die Spielregeln vorgeben, wie und wo ihr Kind seine sozialen Erfahrungen zu sammeln hat. Sie haben nicht länger die Kontrolle, den Einfluss, den sie mal hatten. Daran haben viele Mütter und Väter zu knapsen, egal, ob sie nun die Kinder gemeinsam oder alleine erziehen – ein Grund dafür, warum es gerade jetzt häufig Krach gibt zu Hause. □

Vertrauen in die Kinder haben: das beste Mittel gegen elterliche Ängste

Die verschwiegenen guten Freunde: Tagebücher und Pferde

Das Tagebuch hilft, das Innere zu ordnen und vor dem Vergessenwerden zu bewahren

Es sind vor allem Mädchen, die in den Jahren der Pubertät Tagebuch führen. Anders als Jungen neigen sie dazu, die Umstellung ihres Lebens eher innerlich mit sich selbst und weniger in Auseinandersetzungen mit der Umgebung abzumachen (siehe Seite 108). Dabei erfüllt das Tagebuch eine wichtige Funktion. Ihm vertrauen sie ihre intimsten Gedanken und Empfindungen an, Geheimnisse, die sie sonst nicht auszusprechen wagten. Es spielt die Rolle eines guten Freundes, bei dem man sein Herz ausschütten kann – ohne die Sorge, missverstanden oder verraten zu werden. Deshalb auch oft die direkte freundschaftliche Anrede mit »Du«, »Hallo« und »Tschüs«. Das Tagebuch hilft, ureigene Probleme, Gefühle und Beziehungen zu sortieren, es bewahrt sie aber auch vor dem Vergessenwerden, und das ist – neben dem Wunsch nach einem verschwiegenen Gegenüber – für die meisten Schreiberinnen der wichtigste Grund, zur Feder zu greifen.

Für eine Weile wird es mehr geliebt als alle anderen Wesen: das Pferd

Noch inniger als die Beziehung zu dem imaginären Gefährten im Tagebuch ist für viele Mädchen die zu ihrem Pferd. Auch ihm können sie in bedingungslosem Vertrauen alles erzählen, was sie bewegt – ohne Angst vor Enttäuschung. Aber sie finden hier weit mehr: ein warmes, starkes, lebendiges Wesen, das auf ihre Zuneigung reagiert, das sie nicht zurückweist oder kritisiert, dessen Nähe ihnen Geborgenheit und Trost gibt während einer Zeit, in der sie sich oft von aller Welt missverstanden fühlen. Hoch zu Ross erscheinen eigene Schwächen und Unsicherheiten nur noch halb so wild.

Auf der Skala der geliebtesten Wesen rangiert der Vierbeiner oft an allererster Stelle – vor Eltern, Geschwistern und engsten Freundinnen. Begeisterte Pferdemädchen würden zwar die Idee weit von sich weisen, aber tatsächlich kühlt die Leidenschaft mit 17, 18 Jahren meistens merklich ab. Dann sind Jungen eben doch spannender. □

Eltern – sie kommen übrigens in den Tagebuchaufzeichnungen äußerst selten vor – geraten sicher manchmal in Versuchung, die geheimen Notizen ihres Kindes zu lesen. Vielleicht sogar aus verständlichen Motiven: weil sie meinen, ihm besser helfen zu können, wenn sie nur wüssten, was es im Innersten beschäftigt. Trotzdem: Die unerlaubte Lektüre wäre ein schwerer, unverzeihlicher Vertrauensbruch. Gerade indem sie ihr Tagebuch nicht verschließen oder verstecken, beweisen die Jugendlichen, wie viel Vertrauen sie in die Eltern setzen. Psychologen fanden heraus, dass es häufig die Sensibelsten sind, die ein Tagebuch führen, um sich schreibend selbst zu suchen – dem eigenen Erleben und Empfinden auf der Spur. Umso mehr würde sie das Eindringen in ihre Intimsphäre verletzen. Lieber also das Gespräch suchen als ein so entscheidendes Tabu missachten.

Heimlich das Tagebuch zu lesen, wäre ein unverzeihlicher Vertrauensbruch

Die Schwärmerei für Pferde gilt inzwischen als geradezu klassisches Symptom pubertierender Mädchen. Von manchen Eltern als »alberner Spleen« bezeichnet, von anderen als »Drang zu großen, haarigen Wesen vor den Männern« bespöttelt, ist die Pferdeliebhaberei in Wahrheit mehr als ein austauschbares Hobby oder ein erster Anhauch von Erotik. Vielen Mädchen gibt sie entscheidende Hilfe beim Erwachsenwerden: Die Pferdepflege fordert Verantwortungsbewusstsein, Fürsorge und Zuverlässigkeit, gleichzeitig bietet sie Spielraum für noch ungezielte Zärtlichkeit. Geduldig und widerspruchslos hört das Pferd allen Geständnissen zu und lässt mit sich schmusen, stellt aber selbst keine Forderungen. Von ihm fühlen sich die Mädchen geliebt und anerkannt, während sie sonst oft in Selbstzweifeln versinken. Lauter Gründe für Eltern, diese »Jugendliebe« als sinnvoll und entwicklungsfördernd ernst zu nehmen und ihr Verbot von der Liste möglicher Strafmaßnahmen zu streichen. □

Die Verbundenheit mit dem Pferd – für viele Mädchen eine große Hilfe beim Erwachsenwerden

Lasst mich bloß in Ruhe! Der Hang zum Gammeln und Träumen

Verschnaufpausen müssen sein, um Kraft zu schöpfen für den nächsten Entwicklungsschritt

Wie Wanderer, die in schwierigem Gelände auf dem Weg zum Ziel immer wieder Pausen brauchen, um sich zu orientieren und Kraft zu tanken, legen auch Jugendliche auf der langen, mühsamen Strecke zwischen Kindheit und Erwachsensein Verschnaufpausen ein, in denen sie sich besinnen und Schwung holen für die nächste Etappe. Die ganz normale Entwicklung läuft keineswegs in gleich bleibend zügigem Tempo ab. Phasen der scheinbaren Stagnation und Passivität gehören dazu, genauso wie Umwege oder zeitweilige Rückfälle in schon überwundene Verhaltensweisen. Das alles durchaus nicht nur wegen der anstrengenden körperlichen Reifung (siehe Seite 32, 34), sondern auch, weil die Jugendlichen sich in ihren neuen geistigen, seelischen und sozialen Möglichkeiten erst zurechtfinden müssen.

Die Passivität ist eine Rettungsinsel vor einem Zuviel an Anforderungen

Viele entdecken jetzt den Reiz des Nichtstuns und klinken sich aus allen bisherigen Interessengebieten aus. Was sich nach außen als Gammelei, total abgeschlafftes Herumhängen dokumentiert, erfüllt nach innen einen sehr wichtigen Zweck: Für sich allein retten sich die Jugendlichen in die Passivität wie in eine Sicherheitszone, in der sie Schutz finden vor einem Zuviel an Anforderungen. Während sie stundenlang dösen, meistens bei dröhnender Musik, blocken sie alle Einflüsse von außen ab und gewinnen den notwendigen Spielraum, damit sich setzen und festigen kann, was ihr Dasein bisher schon umkrempelte.

Die Hängerei in der Clique hat eine ganz ähnliche Funktion, nur macht sie den Schutzwall durch die Gemeinsamkeit noch dichter und bietet außerdem die Möglichkeit, erste Annäherungsversuche zu wagen, für die die meisten im Alleingang noch nicht genug Mut und Initiative aufbringen könnten.

Weiter auf Seite 122

Eigentlich ist es eine Binsenweisheit, dass sich ein so komplexes inneres und äußeres Entwicklungsprogramm wie das der Pubertät nicht pausenlos und störungsfrei in rasantem Tempo abspulen kann. Nur wird das längst nicht allen Eltern bewusst, während sie den Werdegang ihrer Teenies miterleben. Sie selber sind den ganzen Tag auf Trab, um die Familie zu versorgen, und ihr Nachwuchs lümmelt derweil bis mittags im Bett herum, hängt bei strahlendem Wetter mit Comics auf dem Sofa, empfindet jeden Handgriff als ungeheure Zumutung und will überhaupt nichts, als in Ruhe gelassen zu werden.

Was Eltern helfen kann, die Herumhängerei ihrer Kinder besser zu ertragen

Gerade in einer so stark leistungsorientierten Gesellschaft wie der unsrigen fällt es schwer, diese geballte Passivität auszuhalten und sie nicht nur als bodenlose Faulheit oder madenartiges Schmarotzertum zu betrachten. Angenehmer wird die Hängerei zwar nicht, aber zumindest doch erträglicher, wenn die Eltern sich immer wieder vor Augen führen, dass dieser »Totstellreflex«, dieses totale Dichtmachen tatsächlich sinnvoll ist, weil sich die Kinder in den Phasen der Windstille innerlich stabilisieren und Energien speichern für den nächsten Entwicklungsschub.

Sind Eltern erzieherische Versager, wenn die Kinder an nichts mehr Interesse zeigen?

Viele Eltern meinen, als Erzieher völlig gescheitert zu sein, wenn sie zusehen müssen, wie ihre Kinder alle früheren Interessen über Bord werfen, keine Lust mehr haben, Klavier oder Handball zu spielen, kein vernünftiges Buch mehr anrühren, jede Familienunternehmung angeödet ablehnen und die schwachsinnigsten Fernsehbeiträge zu Kultsendungen erklären. Dann waren wohl alle Anstrengungen für die Katz!? Das Gefühl, pädagogische Nieten zu sein, lässt Mütter und Väter oft besonders gereizt reagieren oder zu Druckmitteln greifen, um ihre Ziele durchzusetzen – und schon tobt der schönste Machtkampf. Natürlich gibt es dafür keine Garantie, aber die Mehrzahl der Jugendlichen taucht doch nach einer Weile aus der Abschottung wieder auf – mit Interessen, mit Engagement, mit Kritikfähigkeit, wenn auch vielleicht in veränderter Form. Eltern haben deshalb durchaus Grund, Vertrauen in ihre erzieherische Vorarbeit zu setzen.

Weiter auf Seite 123

In ihren Tagträumen sind sie stark und selbstsicher – ganz anders als in der Wirklichkeit

Ob in der Schule, im Bus oder am Mittagstisch – Teenies hocken oft da und träumen mit offenen Augen, ohne zu registrieren, was um sie herum geschieht. Die Tagträume helfen vielen, die neuen, irritierenden Erfahrungen und Empfindungen zu verarbeiten, das Zurückliegende zu verabschieden und das Kommende ins Auge zu fassen. In diesen Träumen ist Platz für wehmütige Erinnerungen an die Kindheit und für Fantasien von noch nicht erfüllbaren Möglichkeiten. Während sie sich in der Wirklichkeit klein und hilflos fühlen, sind sie in ihren Träumen stark, attraktiv und unanfechtbar. »Probehandeln« nennen das die Psychologen. Andere blenden sich einfach aus dem Alltag aus, weil die Wirklichkeit ihnen zu große Probleme bereitet, weil sie mit den Veränderungen ihres Lebens nicht klarkommen oder keine verständnisvollen Gesprächspartner finden. Tagträume werden dann zu Fluchtwegen in eine weniger komplizierte, weniger schmerzhafte Realität. Häufig wirken diese Träumer dauernd zerstreut und geraten leicht in Schulschwierigkeiten.

Sich manchmal wieder klein und behütet fühlen – vielen tut das gut auf dem schwierigen Weg, erwachsen zu werden

Jeder Schritt in Richtung Erwachsenwerden ist ein Schritt weg vom vertrauten Gelände der Kindheit. Die Instabilität und Ungewissheit ihrer Situation löst bei manchen Kids die Sehnsucht aus, noch einmal einzutauchen in die vergangene Sicherheit und Geborgenheit. Einige nehmen vorübergehend längst abgelegte Kleinkindgewohnheiten wieder auf, nuckeln am Daumen, rubbeln am Ohrläppchen, wollen kuscheln oder verfallen in ihre alte »Babysprache«. Vor allem früh entwickelte oder besonders groß geratene Jugendliche, die von ihrer Umgebung schnell überfordert werden, verkriechen sich oft für eine Weile in solche Kindchenposen. Wie Balsam wirkt die Illusion, wieder klein und behütet zu sein. Andere suchen – unbewusst – Zuflucht in der Krankheit. Sie gibt ihnen die Chance, sich noch einmal bemuttern und umhegen zu lassen, einfach auszuruhen, bevor sie sich erneut auf den Weg machen. □

Auch Tagträumer strapazieren die Geduld ihrer Umgebung meistens gewaltig. Termine, Pflichten, Absprachen – alles rauscht an ihnen vorbei, weil sie sich gerade in ihren Fantasiewelten tummeln. Die Folge: Missverständnisse, Ärger, schlechte Noten, Kräche... Vielen Eltern hilft es, für die geistige Abwesenheit ihrer Kinder mehr Verständnis aufzubringen, wenn sie wissen, dass keine Böswilligkeit oder bewusste Abkehr dahintersteckt, dass die Jugendlichen vielmehr Träume brauchen, um sich mit dem permanenten Wandel ihres Lebens auseinander zu setzen, dass sie Gefühle von Glück und Lust erzeugen können, entspannen, Aggressionen und Enttäuschungen abbauen.

Der Rückfall ins Kleinkindverhalten – gewöhnlich kein Grund zur Beunruhigung

Väter und Mütter sind oft beunruhigt, wenn ein Teenie plötzlich wieder das Baby spielt. So ein langer Lulatsch und so kindisch! Ob das normal ist? Aus psychologischer Sicht hat der zeitweilige Rückschritt in den sicheren Hafen der Kindheit gewöhnlich nichts Besorgniserregendes, sondern die gleiche Funktion wie Herumhängen und Träumen, nämlich Mut und Energie zu sammeln, bevor es weitergeht. Eltern können also ruhig mitmachen beim Babyzwischenspiel und noch einmal kräftig Wärme und Zärtlichkeit zuschießen.

In einigen Fällen stecken allerdings ernst zu nehmende Störungen dahinter

Obwohl alle diese Verhaltensweisen für die Pubertät charakteristisch und im Prinzip nicht Besorgnis erregend sind, ist es wichtig, dass die Eltern sich nicht abwenden – genervt oder resigniert – und die Kinder einfach gewähren lassen. Denn manchmal schlägt die scheinbar alterstypische Pose in ein Signal seelischer Not um. Statt »nur« herumzuhängen, versinken die Kids in tagelangen Grübeleien, haben überhaupt keine Außenkontakte, leben ausschließlich in ihren Tagträumen oder klammern sich an die Kindchenrolle. Aufmerksamen, liebevollen Begleitern gelingt es leichter, eventuell dahintersteckende psychische Probleme (siehe Seite 226, 229) aufzudecken. □

Spieglein, Spieglein an der Wand

Der Schrank quillt über, aber nichts gefällt, kein einziges Kleidungsstück sitzt so, wie es soll. Jede Anprobe, jeder Gang zum Spiegel ein neuer Verzweiflungsanfall, immer größer die Klamottenberge, die sich auf dem Boden türmen. »Wieso, das sieht doch toll aus!«, wagt sich die Mutter vorsichtig vor. Doch vergeblich: »Du checkst überhaupt nichts – so mache ich kein Schritt vor die Tür.« Eltern wissen tatsächlich oft nicht, welchen Stellenwert das Äußere für viele pubertierende Kinder besitzt (siehe Seite 126).

Der richtige »Look«: Verkleidung, die das Selbstbewusstsein hebt

Denn: Vor dem Spiegel versuchen Teenager herauszubekommen, wie sie sein möchten, wie sie wirken, wie die anderen sie sehen. Das »richtige« Outfit lindert außerdem Minderwertigkeitsgefühle, stärkt das Selbstbewusstsein und hilft, dem latenten Frust über leidvolle Figurprobleme beizukommen. Sie mag zwar trügerisch sein, die Sicherheit, die unter viel Schminke, penibel gewählten Klamotten, allen möglichen Frisuren oder dem »coolen« Aufzug der Jungen zur Schau getragen wird, aber wenigstens schützt sie vor allzu großer Verletzlichkeit.

Ihr eigener Stil signalisiert Individualität und Zugehörigkeit zugleich

Außerdem signalisiert die äußere Erscheinung Zugehörigkeit entweder zur eigenen Clique oder einfach zu einem aktuellen Trend, dem es nachzueifern gilt und mit dem man sich unbedingt identifizieren möchte. Aufzutreten in dem »Look«, auf den man gemeinsam mit seinen Freunden steht, heißt auch, sich ein wenig von der Geborgenheit zurückzuholen, die durch den Prozess der Ablösung von zu Hause ins Wanken geraten ist. Man will sich ja absetzen von den Eltern, einen persönlichen Stil entwickeln, Individualität demonstrieren und vielleicht auch durch eine möglichst ausgeflippte Aufmachung schockieren, doch vorzugsweise gemeinsam mit Gleichgesinnten – das gibt den nötigen Halt. □

Hand aufs Herz – sind wir Erwachsenen nicht auch von der Putzsucht befallen, betreiben wir nicht Imagepflege, stapeln Kosmetika und versuchen, jung und schick auszusehen? Auch wir erleben, dass Kleidung Leute macht und Identitätsgefühle stiftet. Nur sind wir meist moderater als unsere Kinder. Denn ihr Selbst ist noch keineswegs stabil, sie müssen experimentieren und vor dem Spiegel herumprobieren, um sich an den Kern ihrer Wünsche heranzutasten.

Teenager glauben, alle Augen seien immerzu auf sie gerichtet

In ihrer alterstypischen Egozentrik glauben sie sowieso, alle Augen seien ständig auf sie gerichtet: Die wechselnden Posen und Selbstinszenierungen, ihre oft seltsame Befangenheit und die fieberhafte Beschäftigung mit dem eigenen Aussehen zeigen nur, wie sehr sie sich von einer »imaginary audience«, wie Psychologen es genannt haben, also von einem »eingebildeten Publikum« unter die Lupe genommen fühlen – ihnen ist, als würde die Außenwelt sie genauso aufmerksam beobachten, wie sie es selbst tun. Doch im Laufe der Pubertät werden sie souveräner. Denn sobald sie erleben, dass sie trotz krummer Nase oder dickem Po gemocht werden und man sie annimmt, wie sie sind, mit Fehlern und Makeln, gewinnen sie an Sicherheit.

Es kann eine Weile dauern, bis sie auf Erwachsene wieder offen zugehen

Wenn der äußere Schein an Gewicht verliert, finden Teenager auch wieder die Kraft, unbefangener auf andere zuzugehen, und werden nicht mehr ausschließlich von ihrem eigenen Ego absorbiert. Doch bis es so weit ist, sollten Eltern möglichst vermeiden, sich über ihren »eitlen Fratzen« lustig zu machen, denn dieser ist extrem empfindlich und (noch) keineswegs in der Lage, über sich selbst zu lachen. □

Mode und Marken: Welches Label »darf« es sein?

Das Image hängt von den »richtigen« Klamotten ab

Zumindest für Kinder war vor rund zehn Jahren noch eine Jeans nichts weiter als diese spezielle blaue, strapazierfähige Hose. Ganz anders heute. Die Unverwüstlichkeit spielt für die Youngsters keine Rolle mehr, auf das Label kommt es an: Levi's etwa oder Diesel, Armani oder Joop. Was als »in« gilt und was »out« ist, wird in Cliquen und Schulen ausgemacht. Die »richtigen« Edelklamotten zu tragen, ist entscheidend fürs Image. Vom Cap über Jacken und Sweat-Shirts bis zu den Kultstiefeln lässt der Markenfetischismus nichts aus. Die bemerkenswerten Preise scheinen kein Hindernis zu sein, im Gegenteil: je teurer, desto prestigeträchtiger. Um mithalten zu können, seinen Status in der Gruppe zu bewahren, werden oft die letzten Taschengeldreserven ein- und die Eltern unter Druck gesetzt.

Noch ist das Selbstbewusstsein nicht stark genug für einen eigenen Stil

Mode war schon immer das beste Mittel zur Selbstinszenierung. Das Outfit signalisiert, wie man sich selbst sieht und vor allem gesehen werden möchte. Besonders in der Zeit gravierender körperlicher und geistiger Umschwünge haben aber die wenigsten Jugendlichen eine genaue Vorstellung davon, wie sie sein und erscheinen wollen. Noch ist ihr Körpergefühl (siehe Seite 50) viel zu instabil, um einen eigenen Stil zu ermöglichen. Und das macht viele von ihnen so anfällig für die gezielten Werbekampagnen der Modeindustrie, die mit immer neuen Studien über Lebensgefühl und Konsumverhalten der Jugendlichen versucht, möglichst nahe am Ball zu bleiben. Die Baseballjacke einer bestimmten Marke, ein Designer-T-Shirt geben ihren Trägern das Gefühl, unanfechtbar zu sein, dazuzugehören und verschaffen ihnen nicht selten sogar besondere Attraktivität beim anderen Geschlecht. Für die meisten ist der Markenkult eine Art Schutzschild, aus dessen Schatten sie erst treten können, wenn sie mehr Selbstvertrauen haben. □

Der Konsumanspruch ihrer Kinder macht vielen Eltern schwer zu schaffen. Auch modisch interessierten unter ihnen leuchtet es nicht ein, warum schon 12- bis 15-Jährige plötzlich nur noch sündteure Markenkleidung akzeptieren, obwohl genau das Gleiche auch in preiswerterer Ausführung zu haben wäre. »Du hast eben keine Ahnung«, heißt es dann abfällig. Keine Ahnung? Vielleicht schlicht nicht den Willen, viel Geld in Stücke zu investieren, die übermorgen entweder zu klein oder »out« sind, vielleicht auch einfach nicht die finanziellen Mittel, die kostspieligen Wünsche der Jugendlichen zu erfüllen. Manche Eltern legen sich tatsächlich krumm für die Statussymbole ihrer Kinder, um ihnen abschätzige Bemerkungen und schiefe Blicke zu ersparen.

Vielen Eltern macht das Konsumdenken ihrer Kinder große Sorgen

Es gibt Eltern, die jeder Forderung der Jugendlichen nachgeben, um sich Konflikte vom Hals zu halten; andere glauben, sich damit von dem Wunsch der Kids nach mehr Zeit und Zuwendung freikaufen zu können. Aber vielen bereitet das Anspruchsdenken ernsthafte Sorgen: Soll etwa Konsum das oberste Lebensziel sein? Wer garantiert den Jungen, dass sie sich als Erwachsene alles leisten können? Wie sollen sie lernen, auch mit Engpässen klarzukommen? Nicht wenige Mütter und Väter fürchten außerdem, dass die Ausstaffierung ihrer Kinder andere, minder Privilegierte zu Übergriffen reizen könnte.

Grenzen ziehen mit Entschiedenheit und Konsequenz

Gerade während der Pubertät ist es wichtig, den Geschmack und die Vorlieben der Jugendlichen zu respektieren. Wie kann man sie dabei vor zu großem Einfluss raffinierter Marketingstrategen und übersteigerten Ansprüchen bewahren? Nach Meinung erfahrener Eltern allein durch Konsequenz: »Ich setze Limits für jedes Teil«, erzählt eine Mutter, »und darüber hinaus gibt es nicht eine Mark.« Ein Vater: »Wir sagen hin und wieder einfach und definitiv nein. Dann hagelt es vielleicht kurzfristig heftigen Protest, aber der Familienfrieden ist daran bislang keineswegs zerbrochen.« □

Und ewig läuft die Glotze

Viele Jugendliche halten den Fernseher für lebenswichtig

Obwohl sich jüngsten Untersuchungen zufolge ein neuer Trend, weg vom Fernseher, hin zu Büchern oder anderen Aktivitäten anzubahnen scheint, ist die Flimmerkiste für viele Teenies noch immer der zentrale Dreh- und Angelpunkt ihres Daseins. Stundenlang hocken sie davor. Manchen erscheint es lebenswichtig, bestimmte Sportreportagen, Krimis oder Serienfolgen auf keinen Fall zu verpassen. Andere konsumieren wahllos, was gerade kommt, zappen durch Werbung, Heile-Welt-Sendungen, Actionfilme – Hauptsache, der Kasten läuft.

Dauerglotzer – zwar gut informiert, aber isoliert vom wirklichen Leben

In der Phase des Umbruchs hat der Fernseher für viele die ideale Ablenkungsfunktion. Eigene Empfindungen der Leere und Unsicherheit treten in den Schatten, während die »Helden« auf dem Bildschirm jedes Problem mit flotten Sprüchen und kühnen Taten meistern. Wunderbar das Gefühl, sich mit so starken Typen identifizieren zu können. Toll, sich auszukennen unter den Größen aus Sport, Showbusiness und Politik. Super zu wissen, was gerade wo los ist. Wer fernsieht, wird unterhalten, kann mitreden, bekommt Erklärungen der Realität und Modelle für Problembewältigung. Lauter Pluspunkte – vorausgesetzt, das Gerät läuft nicht pausenlos. Während Dauerglotzer den Eindruck haben, via TV mitten im Geschehen zu stehen, geraten sie in Wirklichkeit in die Isolation. Anstatt eigene körperliche, emotionale und soziale Erfahrungen zu sammeln, führen sie ein Leben aus zweiter Hand. Durch die ständige Passivität als Zuschauer verkümmern Bereitschaft und Fähigkeit zur aktiven Auseinandersetzung mit der Welt. Langeweile stellt sich ein, wenn der Kasten mal schweigt, Unzufriedenheit, wenn nicht ständig etwas Neues passiert. Vom Vielsehen ist es nicht weit zur regelrechten Fernsehsucht – und die ist genauso schwer wieder loszuwerden wie alle anderen Süchte. □

In der Skala familiärer Konfliktstoffe rangiert der Fernsehkonsum der Jugendlichen ganz weit oben. Er scheint sich geradezu anzubieten als Auslöser für alltägliche, zähe Machtkämpfe zwischen den Generationen. Die Jungen bestehen auf ihrem »Selbstbestimmungsrecht«, während die Eltern darauf beharren, wie in früheren Jahren die Spielregeln vorzugeben. Es ist aber nicht allein der Autoritätsverlust, der den Eltern in diesem Zusammenhang zu schaffen macht. Sehr häufig mischt sich dazu die Sorge um die Folgen von kritiklosem Dauerfernsehen und massiver Brutalität und Aggressivität in vielen Sendungen. Einigermaßen tröstlich, was Wissenschaftler dazu meinen. Sie stellten fest, dass selbst banalste Serienfilmchen den Horizont der Kids erweitern und dass das Fernsehen Verhaltensweisen zwar beeinflussen kann, aber nicht zwangsläufig muss. Es führt nicht zu direkten Reaktionen, sondern die Auswirkungen auf das Verhalten der Kinder hängen ganz wesentlich von deren individuellen Bedingungen und sozialem Umfeld ab. Unbestritten bleibt aber, dass der Fernsehkonsum keinen Ersatz für den sinnlichen, aktiven Umgang mit der Wirklichkeit bietet. Was also können Eltern tun, um die Sache in Grenzen zu halten?

Eltern sorgen sich um die Folgen kritiklosen Fernsehens

- Die eigenen Fernsehgewohnheiten überprüfen. Nur als glaubwürdiges Vorbild können sie Kritik üben.
- Nicht blindlings Machtpositionen verteidigen; dadurch lässt sich der Konflikt auch nicht entschärfen.
- Statt rigoroser Ablehnung versuchen, über den Charakter der Sendungen ins Gespräch zu kommen.
- Fernsehverbot nicht als Strafmittel einsetzen. Es macht die Sache nur noch reizvoller.
- Die Jugendlichen zu eigener bewusster Auswahl anregen.
- Attraktive Alternativen anbieten, sich Zeit nehmen.

Wie man versuchen kann, das Fernsehverhalten zu steuern

Und noch ein Trost für die, bei denen das alles nicht greift: Die meisten 15- bis 16-Jährigen fangen von selbst an, kritischer zu werden und den Schwachsinn ihrer einstigen »Kultfilme« zu erkennen. Also lieber Geduld haben als permanenten Familienkrach riskieren. □

Mal jauchzend, mal betrübt: Achterbahn der Gefühle

Sie sind launisch und kompliziert – das ist Teil des Reifungsprozesses

Gerade haben sie noch gekichert und geblödelt, als unvermittelt und abrupt die Stimmung kippt. Verdrossen und düsteren Blickes wenden sie sich ab und verkriechen sich in ihr Zimmer. Wer nach Gründen fragt, bekommt eine Abfuhr: »Lass mich in Ruhe!« Vielleicht hat sie eine unbedachte Bemerkung der Eltern zutiefst getroffen, oder ein scheinbar so lapidares Erlebnis, dass sie sich nicht trauen, ein einziges Wort darüber zu verlieren. Womöglich belastet sie auch ein diffuser Weltschmerz über die Unzulänglichkeit der Welt gegenüber den eigenen gigantischen Ansprüchen und Idealen.

Solche Gefühlszustände sind nicht außergewöhnlich, denn Teenager sind schließlich noch in hohem Maße idealistisch, extrem kränkbar und verletzlich. Das ist auch gut so, denn dadurch, dass sie sich den Wechselbädern unterschiedlichster Gefühle hingeben, setzen sie sich unwillkürlich mit sich selbst, ihren persönlichen Empfindlichkeiten, ihren Reaktionsmustern und ihren Erwartungen auseinander. Erst mit der Zeit, durch die Vielzahl an Erfahrungen gereift, werden sie lässiger und entwickeln mehr Distanz zu sich selbst.

Schwer zu akzeptieren, dass im Leben so vieles nicht klappt

Doch bis es so weit ist, liegen Hochs und Tiefs dicht nebeneinander: Da hebt der Teenager ab vor Übermut, weil ihm die Welt offen steht, der (oder die) Richtige endlich angerufen hat oder die »geilste« aller Feten steigt. Und er sinkt in sich zusammen, weil ihm irgendeine Kleinigkeit in die Quere kommt. Denn da erlebt er, dass er doch nicht unbesiegbar ist, sondern unvollkommen und den Widrigkeiten des Lebens ausgesetzt. Wer kann das schon akzeptieren mit 14 oder 15? □

Wenn sich der ewig maulende Teenie bloß mal zusammenreißen könnte!

Die unglaubliche Reizbarkeit heranwachsender Kinder, ihre Launen und ihre Unberechenbarkeit, bringt so manches Elternpaar an den Rand ihrer nervlichen Belastbarkeit. Nicht verwunderlich, dass die jugendlichen Mimosen dann Sätze zu hören bekommen wie: »Was hast du denn jetzt schon wieder?« »Nimm dich doch bitte zusammen!« oder »So tragisch ist das doch nun auch wieder nicht!«

Am besten, Eltern reagieren gelassen und warten, bis das nächste Hoch kommt

Bevor Eltern sich aber von den Stimmungsschwankungen ihrer Kinder völlig aus der Fassung bringen lassen, hilft es, sich vor Augen zu führen, wie schwierig es ist, erwachsen zu werden: Da gilt es beispielsweise, sich mit den verwirrenden Veränderungen des Körpers auseinander zu setzen, wobei fast jeder Jugendliche mit seinem Aussehen hadert, selbst wenn das Äußere noch so gelungen ist. Da heißt es, mit der Unsicherheit fertig zu werden, angesichts ständig steigender Erwartungen von außen. Und vor allem steht das Ziel an, selbstständig und unabhängig zu werden. Doch welcher Teenager weiß schon von vorneherein, wie die Selbstständigkeit im Einzelnen aussieht und wohin sie führt? Nur eines spürt er ständig: Unabhängigkeit führt weg von den Eltern. Und sich ohne ihren gewohnten Schutz bewähren zu müssen, ist keine leichte Aufgabe – Zerrissenheit und Stimmungsschwankungen sind also nur natürlich. Es ist daher am besten, wenn Eltern das akzeptieren – Wut und Trauer lassen sich durch Vorhaltungen sowieso nicht aus der Welt schaffen. Gefragt ist jetzt das Verständnis der Großen. Dass sie nicht ermahnen, sondern mitfühlen. Akzeptieren, dass Heranwachsende manche Tage als besonders schlimm empfinden - einfach so, ohne besonderen Grund. Dann scheint die Welt unterzugehen. Dass die Traurigkeit wieder vorbeigeht, können sie sich kaum vorstellen. Damit sich der Kummer nicht in die Seele eingräbt, brauchen sie liebevolle Tröster, die Geduld mit ihnen haben. Die Gewissheit, dass sie sich notfalls bei den Eltern ausheulen dürfen, hilft den Kindern noch am meisten. Und nicht vergessen: Teenager »jauchzen« ja auch wieder, und zwar mit Inbrunst! □

Ängste gehören einfach dazu

Ängste machen Probleme, und Probleme sind nicht gefragt in unseren Zeiten, da jeder Courage zu haben, frisch und fröhlich zu funktionieren hat: in der Schule, in der Clique, im Beruf. Angst ist verpönt. »Reiß dich zusammen! Sei kein Frosch! Was bist du bloß für ein Angsthase? Hab doch nicht solch einen Bammel!« – unvergessene Sprüche aus Kinderzeiten. Dabei ist Angst ganz natürlich und hat ihren Sinn, denn sie schützt vor Ungemach, veranlasst uns, auf der Hut zu sein. Und Vorsicht ist – nicht immer, aber oft – von Nutzen. Ein normales Maß an Angst gehört also zum Leben. Fragt sich nur, was ein normales Maß an Angst ist. An diesem Punkt scheiden sich die Geister. Ängstliche Gemüter unter den Eltern packen ihren Sohn, ihre Tochter gerne in Watte und lassen das Kind kaum aus den Augen: »Sicherheitshalber, damit bloß nichts passiert!« Das hat meist zur Folge, dass es später als Teenager, als Erwachsener ebenfalls schnell in Angst und Schrecken geraten wird.

Ängstliche Eltern erziehen ängstliche Kinder

Geht eine Mutter zum Beispiel außergewöhnlich ängstlich mit dem Thema Krankheit um, fürchtet sie bei einer Erkältung, dass sich das Infektchen zu einer Lungenentzündung auswachsen könnte, dann reagiert sie auf jedes Hüsteln mit Anspannung. Ihr Kind spürt diese Angst, übernimmt sie, und das hat zur Folge, dass es wahrscheinlich ebenfalls jeden Schnupfen als bedrohlich empfinden wird. Wagemutigere Eltern, die das Wort Angst kaum kennen, geben ihrem Kind hingegen mehr Mumm und Wurschtigkeit mit auf den Weg. – Es gibt aber auch angeborene Unterschiede in punkto Angst. So reagieren manche Kinder von Anfang an hyperempfindsam, sehen beängstigende Situationen mit feinstem Gespür frühzeitig auf sich zukommen. Wenn sich Teenager mit Ängsten herumschlagen – und das ist während der Pubertät keine Seltenheit –, dann haben diese Empfindungen also wahrscheinlich eine lange Vorgeschichte (siehe Seite 134). □

Ängste haben oft eine lange Vorgeschichte

In letzter Zeit hatte Anne oft Angst – ein eigenartiges, unangenehmes Gefühl, ein Flattern in der Magengrube. Einmal war die Angst so quälend, dass sie zu weinen begann. Wieso sie Angst habe und warum, fragten ihre Eltern. Anne wusste nicht, wieso und warum – sie kannte die Ursache nicht. Kann das Erwachsenwerden Angst machen? Es kann. Auf Teenager kommt viel Neues, Schönes, aber auch Unheimliches zu, und diese vielen neuen Eindrücke, Gedanken und Gefühle sind schwer zu verkraften. Anne würde manchmal am liebsten wieder zu ihrer Mutter ins Bett schlüpfen – so wie früher. »Aber dazu bin ich jetzt zu groß!«

Groß, erwachsen werden – auch das kann Angst machen

So groß sie tun, so klein fühlen sich Teenager oft mit ihren 13, 14 Jahren. Das Erwachsenwerden strengt an und macht oft Angst. Liebe, Zärtlichkeit, Geborgenheit, Zeit zum Zuhören – was zu Kinderzeiten ein Trost war, hilft auch heute noch. Lang aufgeschossene Lulatsche und schlaksige Supermädchen lassen sich zwar oft nicht mehr gerne in den Arm nehmen, sind aber bereit, sich auf andere Art und Weise trösten zu lassen. »Wenn ich mich mies fühle, gehe ich am liebsten in die Badewanne und genieße es, wenn meine Mutter auf einem Stühlchen neben der Wanne hockt und wir in aller Ruhe ratschen – also nicht unbedingt über das sprechen, was mir Probleme macht, sondern über irgendetwas Alltägliches!«, erzählt Christine, 17. Was außerdem helfen kann: zusammen ins Café gehen, einen Spaziergang machen, Ruhe und Entspannung in den Alltag bringen, eine Atmosphäre herstellen, die zum Reden animiert. – Die Familie ist aber nicht nur das warme Nest zum Einkuscheln, sondern oft auch Quelle der Ängste. Auf Strenge, Strafen, auf viele der leider immer noch üblichen Erziehungsmaßnahmen reagieren Jugendliche nicht selten mit Überanpassung und Ängsten: »Bloß nicht auffallen, schön reibungslos funktionieren, dann gibt's keinen Ärger!« Viele Ängste geben sich, wenn der Druck nachlässt, wenn zu Hause weniger von Leistung gesprochen wird, mehr Spaß zusammen erlebt wird. □

Die Familie: oft Quelle von Ängsten

Mit Angst richtig umgehen: gar nicht einfach!

Besonders häufig bei Jugendlichen: Angst vor Kränkungen

Viele Jungen neigen während der Pubertät dazu, ruppig und grob mit Mädchen umzuspringen, und Mädchen picken nicht selten spitz und übel gelaunt zurück. Das Hickhack verursacht oft Kränkungen, die nicht so schnell vergessen werden. Wer nicht fest und gut geerdet auf dem Boden steht – während der Pubertät gerät mancher ins Wanken –, reagiert äußerst empfindsam auf solche Verletzungen. Da geht eine 15-Jährige quer über den Schulhof. Sie wird von einer Gruppe Mitschüler beobachtet und von einem Wichtigtuer angepöbelt: »Auch schon mal bessere Beine gesehen!« Die Bemerkung sitzt. Die Wahrscheinlichkeit, dass das Mädchen locker und selbstsicher über diese Unverschämtheit hinweggehen kann, ist sicher gering. Wahrscheinlicher ist, dass sie in Zukunft den Gang quer über den Hof vorbei an grienenden, feixenden Jungen fürchten wird. Was macht Heranwachsenden eigentlich vor allem Angst? In erster Linie wird Schulversagen genannt. Außerdem: Kritik an Aussehen und Kleidung. Krankheit. Verlust der Selbstbeherrschung. Zu hohe Erwartungen der Eltern. Mangel an Verständnis von Freunden. Konkurrenzdenken, Ausgrenzung, Niedermachen. Wie gehen Jugendliche mit Angst um? Jeder versucht irgendwie damit fertig zu werden, jeder auf seine Art. Häufige Abwehrmechanismen: die Situation verdrängen, die Angst macht; das Erlebnis in die Tiefen der Seele verbannen und schnell vergessen. Oder einfach nicht zur Kenntnis nehmen, drüber hinwegsehen. Oder sich zurückziehen. Dem aus dem Weg gehen, was ängstigt. Oder sich unbewusst wieder wie ein Kleinkind verhalten: so wie einst, als noch nicht vorhanden war, was heute Probleme macht. Oder versuchen, der Angst mit Vernunft und Zusammenreißen beizukommen. Viele dieser Hilfsstrategien funktionieren und sind nötig, um die Angst zu übertünchen. Ganz verscheuchen lässt sich Angst selten. Sie zu überwinden oder zu mindern ist alles andere als einfach. □

Auch verbreitet: Angst vor der Schule

Eigentlich immer, wenn er zu Hause auftaucht, erzählt Christof, 17 Jahre alt, von Angsterlebnisse in der Schule, in der S-Bahn. Er kann damit rechnen, dass seine Mutter Zeit, Geduld und Interesse hat, auf ihn und seine Bedürfnisse einzugehen. Sie fragt nach, konzentriert sich ganz auf ihn. Marie, 15, mag nach der Chorprobe nicht mit dem Fahrrad nach Hause fahren. Es sei ihr zu düster in den Vorortstraßen. Die Mutter holt sie ab, obwohl sie Maries Ängste nicht teilen kann, denn sie wohnen in einem belebten Viertel. Da gibt's eigentlich nichts zu fürchten abends um 6 Uhr. Angst ist ein Thema, das Eltern lieber knapp und sachlich statt lang und breit mit ihrem Kind besprechen sollten, sonst besteht Gefahr, dass sich die Angst ungewollt verstärkt. Oft fällt Müttern und Vätern in solchen Momenten ein, unter welchen Ängsten sie selbst gelitten haben, als sie 14, 15 Jahre alt waren, und sie sind schnell dabei – meist ohne es zu merken –, ihre Ängste auf den Sohn oder die Tochter zu übertragen.

Nicht zu intensiv auf jede Befürchtung eingehen, sonst verstärkt sich die Angst noch

Jugendliche brauchen jetzt keinen Schonraum, keine Sonderrechte, kein Mitleid, keine Ratschläge, auch keine Hinweise, wie sie ihrem Problem aus dem Weg gehen könnten, sondern Eltern, die Mut machen, Zutrauen zeigen und Optimismus ausstrahlen: »Du schaffst es, mit deiner Angst fertig zu werden!« Das muss überzeugend klingen, also ehrlich gemeint sein. Ziel sollte es sein, das Gefühl zu vermitteln, dass es möglich ist, mit den ganz normalen Alltagsängsten fertig zu werden. Übrigens wollen längst nicht alle Menschen, Heranwachsende schon gar nicht, der Angst immer aus dem Weg gehen. Viele empfinden es als lustvoll, gezielt Angst zu erleben: Sie genießen den (Adrenalin-)Kick und Kitzel, wenn sie auf dem Rummelplatz in Wahnsinnsgeräten durch die Lüfte schießen, im Kino schreckliche Horrorszenen anschauen, in einem Affenzahn mit dem Rennrad durch die Gegend fetzen: »Ein irres Feeling.« Nicht nur die Angst wird als »spannende Sache« erlebt, sondern auch der Moment, wenn die Angst nachlässt: Entspannung auf ganzer Linie. □

Erst die Luft anhalten, dann entspannen – manchmal kann Angst auch ihren besonderen Reiz haben

Strotzend vor Lebensfreude

Auf der Suche nach Gefühlen – je intensiver die Gefühle, desto besser

Sie tanzt selbstvergessen und trotzdem ganz konzentriert. Nur das Tanzen zählt in diesem Moment. Sie empfände dabei ein Gefühl, das mit nichts anderem zu vergleichen sei, sagt Katti. Sie fühle sich total entspannt, gleichzeitig voll Energie, hellwach, losgelöst vom Alltag. Alles Denken höre auf. Katti bezeichnet das, was sie empfindet, als »glücklich sein«. Sie tanzt nächtelang durch. Mal allein. Mal mit Freund.

Michael telefoniert, plaudert entspannt und fröhlich in den Apparat und strichelt derweil einen Baum mit Hut aufs Papier. Er kritzelt zügig und konzentriert und fühlt sich rundherum wohl in diesem Moment. Das angenehme Kribbeln und Sichglücklichfühlen hat unter anderem auch mit Chemie zu tun, mit körpereigenen Mitteln, die das Gehirn produziert. Diese Stoffe steuern und verstärken die Lust beim Trinken, Essen und beim Sex, beeinflussen die Freude an sinnlichen Wahrnehmungen wie etwa an Düften, Bildern, Klängen, steuern die Freude an Leistung und Erfolg. Wie ein Kind Glücksgefühle empfindet, ob intensiv oder nicht ganz so leidenschaftlich, welche Gefühle sich überhaupt in welcher Situation entwickeln, beruht nicht nur auf den Lebenserfahrungen, die es bisher gemacht hat. Das alles wird auch beeinflusst durch die genetischen Muster, die es von seinen Eltern mitbekommen hat.

Die Zurückhaltenderen wagen nicht, aus sich herauszugehen. Wer macht ihnen Mut?

Viele Jugendliche trauen sich nicht, so laut zu lachen, so wild zu tanzen, so schrill und schräg zu singen, wie sie möchten. Sie haben Angst vor Verletzungen. Fürchten, dass ihre Gefühle nicht respektiert werden, sie vielleicht ausgelacht oder links liegen gelassen werden, und sind deshalb zurückhaltender, als sie eigentlich sein möchten. Wie der Froschkönig warten sie darauf, dass jemand kommt, ihnen Mut macht und sie erlöst: »Macht mit!« □

Sie verschwinden nächtelang in der Disko, verausgaben sich völlig, fühlen sich dennoch nicht ausgepowert, sondern »echt stark« und »richtig high«. (Auch ohne Drogen sei das zu schaffen, versichern sie ihren immer besorgten Eltern.) Sie trommeln sich ihr Innenleben aus der Seele und hauen mit Schwung auf die Pauke in ihrer »Bäänd«. Sie joggen mit Rucksack auf dem Buckel vom Gipfelkreuz bis ins Tal und könnten noch Kilometer weitertraben. Sie bersten vor Lebensfreude und -kraft, sind absolut happy, einfach total glücklich in diesem Moment – trotz aller Probleme, die sie auch haben. Gar nicht so selten fühlen sich Teenies glücklich, haben Wissenschaftler erforscht. Die Pubertät ist also nicht vor allem Krach und Krise, wie oft beschrieben, sondern auch Spaß und Freude. Sie wird im Schnitt als gute Lebensphase erlebt: Die meisten Teenager sind im Reinen mit sich und der Welt, haben Untersuchungen ergeben. Wenn Eltern ihre wilden, wüsten, fröhlichen Kinder beobachten oder auch die zarteren, leisen miterleben (die, die auf Wolken schweben), wird ihnen vor allem klar: Urlange ist es her, als sie diese intensiven Zeiten erlebten, diese besonderen Glücksgefühle kurz vor dem Erwachsenwerden.

Die meisten Jugendlichen sind häufig fröhlich und guter Dinge

Es sind die schönen Momente im Elterndasein, wenn man sieht, dass die Kinder gut klarkommen mit sich und anderen, dass sie fähig sind, ihr Leben leidenschaftlich und intensiv zu genießen, sich einfach zu freuen und unheimlich guter Laune zu sein. (Die gute Laune muss ja nicht jeden Tag sein.) Und dann kann man sich auch noch anstecken lassen von ihrer Vitalität, kann sich ein Scheibchen abschneiden von ihrer Spontaneität, von ihrer Fröhlichkeit und Lässigkeit und auch von ihrer Leidenschaft, Unbeschwertheit, Großzügigkeit und Lockerheit. □

Wie lange das her ist – die meisten Erwachsenen erinnern sich nur noch vage an das, was sie empfunden haben, als sie im Alter ihrer Kinder waren

Sport: der Drang, über sich selbst hinauszuwachsen

Warum Sport gerade in diesem Alter so wichtig ist

Sport ist für Jugendliche die Möglichkeit schlechthin, ihren Körper zu spüren, zu entdecken und auch zu beherrschen: Sie loten die Grenzen ihrer Fertigkeiten aus, sie erproben ihre körperliche Geschicklichkeit, ihre Kraft, ihre Schnelligkeit und Ausdauer. Sport hilft zudem, mit dem drastischen biologischen Wandel während der Pubertät fertig zu werden – wer Freude am eigenen Körper hat und den Sport genießt, fühlt sich meist wohler und sicherer in seiner Haut.

Höher, härter und riskanter wollen es die Heranwachsenden. Fallschirmspringen, Bungee Jumping, Paragliding stehen ganz oben auf der Wunschliste. Körperliche Herausforderung steht an erster Stelle, aber auch Gemeinschaftserlebnisse sind beim Sport gefragt.

Bei vielen steht der Mannschaftssport ganz oben in der Beliebtheitsskala, vor allem bei Jungen. Beim Fußball etwa geht es um weit mehr als um sportliches Können: Voraussetzung für den Erfolg ist erstens das gute Zusammenspiel des Teams, in dem jeder eine bestimmte Aufgabe zu erfüllen hat. Zweitens ein klarer Kopf, denn es gilt die Technik des Spiels zu beherrschen. Drittens Disziplin und die Fähigkeit, Regeln einzuhalten – Spieler wissen beispielsweise, dass Fouls geahndet werden oder dass sie rechtzeitig den Ball abgeben müssen. Nicht zuletzt befriedigt jeder Mannschaftssport Bedürfnisse nach Zugehörigkeit und nach körperlicher Nähe – wann sonst fällt man sich so leidenschaftlich in die Arme wie nach einem Tor? Außerdem lernt das Team, Niederlagen gemeinsam einzustecken, oder aber es darf den Siegestaumel in vollen Zügen auskosten. Zusammen mit den tobenden Fans erleben die euphorischen Sportler so etwas wie einen kollektiven Rausch.

Die Mannschaft macht stark, fordert Disziplin und Teamgeist

Doch natürlich ist Mannschaftssport nicht jedermanns Sache: Die Jugendlichen müssen selbst ausprobieren, welche Sportart für sie richtig ist und wo ihre Begabung liegt. □

Eltern wissen, wie gut Sport ihren Kindern tut – die hochroten, glühenden und wachen Gesichter, die vor Schweiß dampfenden Körper und die wunderbare Schlaffheit nach sportlicher Verausgabung zeugen von einer Mattigkeit ganz anderer Qualität als die bleierne Erschöpfung nach einem langen Schultag. Beim Sport werden Spannungen und Aggressionen abgebaut – wer rennt und sich austobt, wird seine Wut los, wer etwa beim Judo oder auch beim Tennis seine Kampfbereitschaft Regeln unterwirft, kanalisiert seine Energien. Zudem sind sportliche Jugendliche meistens beliebt, insbesondere bei den Mädchen.

Beim Sport bauen Jugendliche jede Menge Frustration und sexuelle Spannungen ab

Dennoch: Es ist sinnlos, Sportlichkeit zu forcieren. Eltern können zwar anbieten, ihr Kind bei einer Sportart seiner Wahl zu unterstützen, aber Zwang hat wenig Aussicht auf Erfolg, denn erstens sind die Teenies bekanntlich im Oppositionsalter, und zweitens haben manche Jugendliche mit dem Sport ihre liebe Not; sie sind vielleicht körperlich ungeschickt, ängstlich und gehemmt, außerdem fürchten sie den Spott der Gleichaltrigen. Kleine oder dicke Jungen beispielsweise tun sich schwer, Muskeln zu zeigen, zu rennen und zu raufen. Plumpe oder ängstliche Mädchen leiden, wenn sie unbedingt zum Ballett oder zum Turnen müssen. Wichtiger, als auf Sportlichkeit zu bestehen, ist es, dem Kind dort den Rücken zu stärken, wo es sich positiv und selbstbewusst darstellen kann.

Wieso es sinnlos ist, Kinder zu irgendeiner Sportart zwingen zu wollen

Im Übrigen gelingt es längst nicht immer, Kinder für eine von den Eltern bevorzugte Sportart zu begeistern, denn jeder bringt unterschiedliche Fähigkeiten mit – der eine hat Ballgefühl, ein anderer ist schnell und ausdauernd, Mädchen sind meist motorisch besonders geschickt und harmonisch in ihren Bewegungen.

Und noch eines: Es ist auch normal, wenn Teenager jahrelange Pausen einlegen, denn ihre körperliche und psychische Entwicklungskurve verläuft niemals gradlinig. Innerhalb weniger Monate kann es zu einem erheblichen Leistungssprung oder auch -abfall kommen. Es ist also nicht ungewöhnlich, dass einer mit 10 begeistert Tennis spielt, dann aufhört und nach Jahren wieder anfängt. □

Körperkult: fit und perfekt sein

Das Aussehen muss nicht den Medienvorbildern entsprechen

Nicht nur die Seele wird gehegt und gepflegt, sondern auch und besonders der Körper. Und das kann einiges an Freude bringen. Manche betreiben den Fitnesskult jedoch reichlich verbissen, wollen unbedingt mithalten können im Wettbewerb der durchgestylten Körper. Dabei kann die Freude abhanden kommen. Körperliche Perfektion hat einen hohen Stellenwert, denn Fitness und Aussehen sind zum Maßstab für den eigenen sozialen Wert geworden. Der Körper hat Idealmaß zu haben und reibungslos zu funktionieren. Schlaffis und Dickis werden zum Joggen gescheucht oder ins Fitnessstudio geschickt. In Fitness und Diäten wird einiges an Geld investiert, denn Werbung und Medien nähren die Illusion, jeder könne sich perfekt designen und Träume vom idealen Körperfeeling und vollkommener Gesundheit wahr werden lassen – wenn er nur wolle. Wer durchtrainiert, straff und gut gebaut, kraftvoll und dynamisch daherfedert, kann in unserer Gesellschaft mit Vorteilen rechnen, haben Wissenschaftler erforscht. Mit Vorteilen in der Schule. Am Arbeitsplatz. Unter Gleichaltrigen. Diese Botschaft ist angekommen, besonders bei Jugendlichen. Sie feilen an ihren Körper-Image. Vor allem Heranwachsende, die sowieso schon wohlgestaltet und bei bester Gesundheit sind, strengen sich oft an, die Perfektion zu steigern. Der Körper lässt sich aber nicht unbedingt auf das Maß hinbiegen, das gerade »in« und gefragt ist. Es ist eben nicht alles machbar, denn die Gene bestimmen wesentlich mit, wie gesund wir sind und wie unser Körper aussieht. – Bei einem zu verbissenen Kampf um Vollkommenheit zahlen viele Junge, viele Mädchen drauf. Irgendwann geraten sie bei diesem Kampf aus der Puste, geben genervt auf und fühlen sich als Verlierer: »Ich schaff's nicht!« – Aus dieser Falle herauszukommen, ist nur mit gutem Selbstwertgefühl zu schaffen: »Ich bin, wie ich bin! Ich lasse mich nicht unter Druck setzen!« Diese innere Unabhängigkeit lässt sich leider nicht herbeizaubern (siehe Seite 98). □

Den Drang nach körperlicher Perfektion nicht zum Zwang ausarten lassen

Nicht nur Jugendliche, sondern auch immer mehr Erwachsene geben sich sportlich und gesundheitsbewusst. Sie tun wesentlich mehr für sich, als nur an die frische Luft zu gehen, sich gesund zu ernähren und in Bewegung zu bleiben. Sie kontrollieren ihr Gewicht. Probieren Diäten aus. Joggen, radeln, treiben Gymnastik. Schön und gut, solange es vor allem um die Freude an der Sache geht. Schon schwieriger, wenn aus dem Mehr an Körperbewusstsein ein Zuviel wird, wenn jedes überflüssige Pfund bekämpft, jedes bisschen Keuchen oder Hüsteln ein Thema wird und dieses ganze neue Bewusstsein in Leistungsdruck ausartet, der die gesamte Familie erfasst. Miriam ödet jede Art von Sport an. Wenn ihre Mutter mit diesem gewissen kritischen Blick hinter ihr herschaut, latscht sie extra über den großen Zeh, hält den Buckel krummer als sonst, bewegt sich nur im Schneckentempo und wartet auf die Bemerkung, die jetzt kommt. Kommt sie? Sie kommt immer, abfällig oder mahnend: »Wann setzt du dich endlich mal in Bewegung? Sei doch ein bisschen energischer und dynamischer!« Miriam schlafft daraufhin erst recht ab: liegt nur noch auf dem Bett, liest und futtert Kekse. Carolin nimmt sich dagegen Ermahnungen zu Herzen und marschiert mit, wenn ihre superschlanke, supersportliche Mutter ins Fitnessstudio abschwirrt. Eisern und diszipliniert absolviert Carolin ihr Programm. So intensiv sie auch trainiert, wunderbar rank, schlank und leichtfüßig will sie dennoch nicht werden. Ihr Körperbau ist einfach nicht danach. Das zu akzeptieren ist ihr kaum möglich.

Nicht dauernd Aussehen und Figur bewerten und an der Tochter, an dem Sohn herumkritisieren

Kein Wunder, dass viele Teenager verzweifelt bis störrisch reagieren, wenn Eltern, Freunde, Medien, Werbung, wenn allesamt Druck machen. Wie soll man sich wehren, wenn man einfach nicht in der Form ist, die andere erwarten? Jugendliche brauchen Unterstützung und Anerkennung, um ein stabiles Selbstwertgefühl und ein natürliches, gesundes Verhältnis zu ihrem Körper aufbauen zu können, und keinen Kurs in perfekter Körpergestaltung. □

Ganz wichtig: viel loben, die Selbstachtung der Kinder stärken

Mutproben: das lustvolle Spiel mit dem Feuer

Mutproben: der Traum jedes Teenagers, ein Held zu sein

Dass Teenager nach Abenteuern lechzen, den Nervenkitzel suchen, brenzlige Situationen genießen – das sind Grundthemen ihrer Lebensphase. Schließlich brauchen sie die Herausforderung, um auszuloten, was in ihnen steckt, um sich zu bewähren und um konkrete Proben ihres Mutes und ihrer Furchtlosigkeit vorzuweisen. Bestandene Mutproben steigern das Ansehen unter den Freunden; der Kühnste ist meistens der King und kann sich dem Hochgefühl hingeben, so etwas wie ein Held zu sein. Nicht zuletzt bahnen sich Jugendliche mit ihren Mutproben einen eigenen Weg in die Welt der Erwachsenen.

Abenteuerlust artet in Wahnwitz aus, wenn die Jugendlichen auf der Flucht sind – vor sich und der Realität

Solche Aktionen können allerdings auch in Wahnwitz ausarten. Bei Jugendlichen, denen keine Unternehmung halsbrecherisch genug ist und die manchmal so weit gehen, ihr Leben aufs Spiel zu setzen, handelt es sich nicht mehr um Abenteuerlust, sondern um selbstzerstörerischen Irrsinn. Mit solchen Aktionen wollen sie ihre Angst auf Teufel komm raus verjagen, versuchen der Leere des für sie offensichtlich öden, frustrierenden Alltags zu entfliehen – viele Jugendliche haben mehr Angst vor der Langeweile als vor dem Risiko, haben Freizeitforscher herausgefunden – und ihren ungestillten Erfahrungshunger zu befriedigen. Außerdem sucht jeder Draufgänger verzweifelt nach (Selbst-)Bestätigung, will anerkannt und bewundert, sprich geliebt werden. Also exponiert er sich, stellt seine Furchtlosigkeit zur Schau und hofft, groß herauszukommen. Da aber die Anerkennung der anderen sich abschleift und auch der Kick von Grenzerfahrungen kurzlebig ist, nehmen die Härtetests zu, und immer neue, riskantere Mutproben müssen her. Was vielleicht als Befreiungsakt begonnen hat, um Gefühlsstürme in den Griff zu bekommen, artet in gefährlichen Leistungsterror aus. □

Die Eltern risikobesessener Jugendlicher leben in ständiger Angst. Natürlich tun sie alles, um ihren Draufgänger zur Vernunft zu bringen, und hören nicht auf, ihm die schrecklichen Folgen seiner gefährlichen Unternehmungen zu schildern – doch meist vergeblich. Das hat natürlich viele Gründe.

Auch heute noch: Kraft und Verwegenheit sind schlagende Beweise echter Männlichkeit

So definiert sich das Männlichsein auch heute über Kraft- und Mutproben. Mädchen reizt es nur selten, sich durch riskante Aktionen zu beweisen. Verwegene Jungen genügen auch heutzutage noch einer männlichen Verhaltensmaxime, die besagt: Ein richtiger Mann muss seine Angst überwinden. Mutproben haben für viele die Funktion von Mannbarkeitsritualen eingenommen; sie machen aus Jungen Männer.

Unterschwellig facht unsere Gesellschaft dieses Männlichkeitsideal immer neu an: Actionfilme verherrlichen Rambos oder todesverachtende Superhelden, die alles und jeden bezwingen. Fernsehshows treiben ihre Kandidaten für horrende Geldsummen zu halsbrecherischen Höchstleistungen an, um dann ihren Sieg euphorisch zu feiern. Genau genommen reagieren Jugendliche also auf die anstachelnden Angebote einer Erwachsenenwelt, die Muster für wahres Heldentum vorgibt. Selbst S- oder U-Bahnsurfer können mit reißerischen Zeitungsmeldungen rechnen, die dem Leser einen gruselig-schönen Schauer über den Rücken laufen lassen.

Welche Nöte stecken hinter den halsbrecherischen Mutproben?

Kein Wunder, dass elterliche Ermahnungen in den Wind geschlagen werden: Es nützt wenig, das zu verteufeln, was die meisten berauscht. Eltern können trotzdem überlegen, welche unbefriedigten Sehnsüchte und unbewussten Ängste in ihrem tollkühnen Kind schlummern, warum es unbedingt die Gefahr braucht, um sich selbst zu erfahren und auf sich aufmerksam zu machen. Ein Trost für die Eltern besonders wagemutiger Knaben: Viele Experten sehen in Risikosportarten ein sinnvolles Ventil gegen Aggressivität und Gewalt. □

Allmachtsfantasien: Halbgötter und doch hilflos

Unglaublich, wie stark, wie übermächtig sich Jugendliche fühlen können – als ob sie Flügel hätten und niemand sie aufhalten könnte. Vor allem Jungen demonstrieren mit Bravour, dass sie die Größten sind, unschlagbar aufgrund ihrer Muskelkraft oder ihrer wachsenden Kompetenzen. Und je überzogener die Selbsteinschätzung, desto ausgeprägter oft die Geringschätzung vermeintlich Unterlegener.

Sie meinen, die Allergrößten zu sein – bis ein Missgeschick sie eines Besseren belehrt

Abgewertet werden vor allem die Eltern. Sie werden entthront, sie sind nicht mehr die Übermenschen, die (fast) alles können und wissen; sie sind nur noch Normalsterbliche mit Schwächen, Fehlern und beträchtlichen Wissenslücken. Triumphierend können die Jugendlichen ihre Überlegenheit ausspielen und ihre Hochgefühle genießen. Gemeinsam mit den Freunden klappt es am besten. Bis die Wirklichkeit ihnen ein Bein stellt: Ein Reinfall, eine Enttäuschung, eine Niederlage, und die Ernüchterung folgt auf dem Fuße. Plötzlich sind die Eltern wieder gefragt, ihr Rat und ihre Hilfe werden händeringend benötigt, schutzbedürftig kuscheln sie sich in Mamis oder Papis Arme.

Sie brauchen ihre Größenfantasien, um Ängste zu vertreiben

Warum bloß diese Extreme? Könnten Jugendliche nicht ein wenig realistischer, maßvoller, ausgeglichener sein? Das ist wohl erst möglich, wenn das Ich so gefestigt ist, dass auch das Bedürfnis nachlässt, durch Inszenierung von Stärke Gefühle der Angst und der Schwäche beiseite zu schieben. Zuweilen sind sie erst mit 16 oder 17 so weit. 15-Jährige, getrieben von Freiheitsdrang und Abenteuerlust, haben nur wenig Raum für Reflexion. Ihnen gehört die Welt. Anflüge von Hilf- oder Ratlosigkeit werden verbannt, so gut es geht. □

Eltern tun sich schwer mit der Angeberei und dem Omnipotenzgebaren ihrer Kinder. Sie spüren die Unsicherheit dahinter und sehen voraus, dass auf den Größenwahn die Ohnmacht folgt. Doch sobald sie versuchen, ihr Kind mit wohlgemeinten Argumenten auf den Boden der Tatsachen zurückzuholen, stehen sie als Spießer, Bremser und Schwarzseher da. Es fruchtet wenig, die Aufmerksamkeit des Übermütigen auf Machbares zu lenken: Nicht nur, dass Jugendliche selbst entdecken müssen, wo ihre Grenzen und ihre Entwicklungschancen liegen. Der Allmachtswahn läuft auch unbewusst ab – ist also schwer zu steuern – und hat außerdem eine wichtige Funktion:

Eltern, die ihre Kinder zur Vernunft ermahnen, stehen plötzlich als Spießer da

Zum einen hilft er ihnen, ihre eigene Unzulänglichkeit und ihre verhasste Hilfsbedürftigkeit zu leugnen – die Angeberei stützt ihr labiles Selbstwertgefühl. Zum anderen mildern Allmachtsgefühle den oft schmerzlichen Ablösungsprozess von den Eltern. Denn der Verlust familiärer Geborgenheit und die »Entmachtung« der Eltern fällt natürlich leichter, wenn man überzeugt ist von der eigenen Stärke und Großartigkeit. Wurden Vater und Mutter früher überschätzt, werden sie nunmehr unterschätzt, und die eigenen Schwächen werden auf sie oder andere, etwa Lehrer, übertragen: Diese sind es, die für die Fehler und Misserfolge der Jugendlichen verantwortlich sind.

Mit Vorliebe schieben sie die Schuld auf andere

Erleben die Giganten jedoch einen Einbruch, ist er meistens mit Selbsterkenntnis verbunden. Sie ist schmerzlich genug, sodass Eltern ihre jungen Wilden am besten ein wenig trösten und sich ein »ich hab es doch gewusst« oder »hättest du auf uns gehört« möglichst verkneifen. □

Provokation und Streit um jeden Preis

Sie sind verletztend und unverschämt, um zu testen: Was halten die Eltern aus?

Wehe, man fasst sie ein wenig zu hart an, übt die leiseste Kritik oder belächelt sie gar – prompt sind sie zutiefst gekränkt und unansprechbar. Selber aber teilen sie hemmungslos aus: »Von euch lasse ich mir überhaupt nichts mehr sagen!« Sie halten das »nervige Gelaber« der Eltern, »einfach nicht mehr aus«. Sie provozieren, trotzen und finden Manieren völlig überflüssig: Bei Tisch wird gerülpst (extra, versteht sich), im Wohnzimmer landen die Füße mit Vorliebe auf der Couch, Gäste der Eltern müssen sich meist mit einem muffigen »Hallo« begnügen.

Sicher – zwischendurch sind sie lieb und ansprechbar, sogar noch verständiger als früher. Doch darauf ist nicht der geringste Verlass. Aus heiterem Himmel (vielleicht hatten sie einen schlechten Tag?) geht es wieder los: »So hysterisch ist sie immer!«, blamiert die Tochter schonungslos die aufgebrachte Mutter. »Halte dich da raus, Alter, du hast doch sowieso keine Ahnung«, meint der gerade erst 13-jährige Sohn. Und immer wieder betonen sie knallhart: »Ich mache, was ich will!«

Wann hören die Eltern endlich auf, über alles zu bestimmen?

Die Aggressionen gegenüber den Eltern sind immens, schließlich hören die Erwachsenen nie auf zu kontrollieren – wie man sich benimmt, ob die Hausaufgaben erledigt sind, was und wie lange man fernsieht, mit wem man wo hingeht und wann man abends nach Hause kommt. Kein Wunder, dass da der Kleinkrieg ausbricht, denn Eltern – so die Sicht der Jugendlichen – maßen sich an, alles bestimmen zu dürfen und besser zu wissen, obwohl sie selbst keineswegs perfekt sind. Und nun, da die Kinder sich in ihrer wachsenden Unabhängigkeit sonnen, rebellieren sie, trotzen den elterlichen Machtansprüchen, kämpfen um immer mehr Freiheit – und wenn es sein muss auch mit unfairen Mitteln. Treffsicher werden die Eltern verletzt, gekränkt und beleidigt. Igendwo ist das auch die Rache für die Demütigungen, die sie im Laufe der Jahre erfahren haben.

Weiter auf Seite 148

Der Ton ihrer pubertierenden Kinder ist für Eltern wohl am schwersten zu ertragen. Niemals hätten sie es damals gewagt, »so!« mit ihrem Vater oder ihrer Mutter zu reden. Und trotz aller Liberalität stehen sie auf dem Standpunkt: So viel Unverschämtheit darf nicht sein. Sie pochen also vehement auf Höflichkeit, gutes Benehmen und Rücksichtnahme. Sie brüllen: »Das lasse ich mir nicht gefallen!« und bestehen darauf, dass ein bestimmtes Maß an Regeln befolgt wird. Häufig ziehen sie den Kürzeren: Da gibt es Jugendliche, die drehen ihre Musik noch lauter, um die elterlichen Vorhaltungen zu überdröhnen, andere schlendern aus dem Raum, ein Liedchen auf den Lippen, wieder andere brüllen zurück. Was können Eltern tun?

Niemals hätten sich die Eltern in ihrer Jugend solche Frechheiten erlaubt

Wichtig: Nicht vergessen, dass der Sinn der »Flegeljahre« seit jeher darin liegt, wider den Stachel zu löcken. Jugendliche powern, weil sie noch kein Gefühl für Nuancen entwickeln konnten. Sie sind unverschämt und ungehobelt, weil sie Abstand suchen zu den Eltern, sich darin aber erst üben müssen.

Also empfiehlt es sich, nicht zu heftig zu reagieren, so manche Ruppigkeiten einfach zu überhören. Dass Pubertierende ihre Eltern so vehement angreifen, zeigt, wie tief ihre Abhängigkeit noch sitzt. Sonst müssten sie ihre Autonomie nicht ständig durch neue Trotzattacken unter Beweis stellen – wobei der Groll auch weniger den Eltern als Personen gilt als vielmehr der eigenen widersprüchlichen und ungeklärten Lebenssituation.

Oft ist es am besten, die Attacken nicht persönlich zu nehmen

Um diese zu klären, suchen Teenager die Auseinandersetzung. Also müssen Eltern, sobald es um einen konkreten Konfliktstoff geht, Flagge zeigen, denn sie, ihr Standpunkt und ihre Autorität werden aufs Härteste getestet und herausgefordert. Klein beigeben gilt nicht. Damit aber die Fronten nicht verhärten, die Streitgespräche vielmehr zu Lösungen führen, kommt es darauf an, dass Eltern:

Weiter auf Seite 149

Zudem macht es Spaß, die Eltern zu provozieren – noch nie gelang es den Kindern so gut wie jetzt, da sie endlich schlauer, sicherer und schlagfertiger geworden sind. Und wie sollen sie sich überhaupt durchsetzen, wenn sie nicht ihre Grenzen ausloten und notfalls einen handfesten Krach mit der Familie riskieren?

In den meisten Familien toben ähnliche Konflikte

In vielen Familien werden die gleichen Grundkonflikte ausgetragen: »Ich streite mich am meisten mit meinem Vater, weil er ständig kontrolliert, mit wem ich ausgehe und wie lange ich wegbleibe – nur weil ich ein Mädchen bin«, klagt Lisa, gerade 16. Ihre Freundin liegt sich mit der Mutter in den Haaren: »Manchmal verstehen wir uns ganz toll, aber dann will sie sich wieder in alles einmischen, und ich drehe durch. Allerdings versöhnen wir uns immer wieder, ich halte es gar nicht aus, lange Krach mit ihr zu haben.« Patrick greift vor allem seinen Vater an und rivalisiert mit ihm: »Erst als ich 15 wurde, ging es los – dem Alten passte nichts mehr an mir, wir haben uns angebrüllt, und ich habe ihm alles gesagt, was ich von ihm dachte.« Seiner Mutter gegenüber ist Patrick verschlossen: »Ich konnte nicht mehr so innig mit ihr sein wie früher, das hätte mich erstickt.«

Am turbulentesten sind die Konflikte meist, wenn der Heranwachsende zum nächsten Entwicklungssprung ansetzt und neue Freiheiten einfordert. Erst wenn sich eine Einigung mit Eltern abzeichnet, ist wieder Ruhe – bis zum nächsten Sturm?

Bedenklich ist es, wenn Heranwachsende kaum streiten, so wie der 15-jährige Michail. In seiner Familie waren Konflikte immer tabu. Michail hielt sich an diese »Regel«, war brav und nett. Irgendwann ist Michail dann ausgebrochen und hat die Schule geschmissen. Wer sich in der Pubertät nicht langsam, nach und nach von zu Hause abnabelt, tut es plötzlich, umso massiver. □

● ihre Empfindungen aussprechen und dann präzisieren, warum bestimmte Verhaltensweisen für sie unannehmbar sind. Kinder sind viel eher bereit, ihr Verhalten zu ändern, wenn sie sich aus eigener Einsicht dazu entscheiden, und nicht, weil Eltern Gebrauch von ihrer Autorität machen oder gar mit Sanktionen drohen.

● flexibel bleiben und bereit sind, ihre Positionen je nach Alter und Reife des Kindes neu zu überdenken. Jugendliche brauchen keine starken, unfehlbaren Eltern mehr, sondern Erwachsene, die mit ihnen Verständigungsmöglichkeiten ausklügeln und versuchen, ihr Kind immer wieder mit neuen Augen zu sehen, um entsprechend undogmatisch mit ihm umzugehen.

Sie wollen nicht mehr wie Kleinkinder behandelt werden

● Auseinandersetzungen zulassen, da ihr Kind schließlich lernen muss, mit Konflikten umzugehen. Sind die Eltern bereit, zuzuhören und seine Argumente zu respektieren, ohne sie abzuwerten, erlebt es sich als vollwertigen Diskussionspartner. Entsprechend können die Eltern dann ihrem eigenen Standpunkt Geltung verschaffen.

● berechenbar bleiben, da ihre Kinder sonst überhaupt nicht wissen, woran sie sind. Natürlich ist das für Eltern oft schwierig, weil auch sie unbedacht und intuitiv handeln und auch sie gute und schlechte Tage haben. Doch das kann ja ebenfalls thematisiert werden, wenn die Wogen wieder geglättet sind.

● die Beziehung zu ihrem Kind nicht abbrechen lassen. Selbst bei scheinbar unüberwindlichen Kontroversen sollten Eltern sich nicht auf Dauer gekränkt zurückziehen nach dem Motto: »Soll es zusehen, wie es allein zurechtkommt!« Egal, wie alt es ist, ihr Kind braucht Eltern, mit denen es sich streiten und wieder versöhnen kann. □

Es empfiehlt sich, Machtkämpfe zu vermeiden und immer gesprächsbereit zu bleiben

Über das Loslassen

Abschied von den Kinderzeiten

Allen Ängsten und mulmigen Gefühlen zum Trotz: Die meisten Jugendlichen freuen sich auf das Großwerden

Viele nehmen ganz bewusst Abschied von der Kindheit – nicht selten auch mit einigen wehmütigen Gefühlen

Sonntagnachmittag. Heute passiert, was schon lange nicht mehr geschehen ist. Georg will einen Kran aus Legosteinen bauen. Sein kleiner Bruder freut sich, dass sich Georg zu ihm und seinem Spielzeug auf den Teppich herablässt. Das kommt nur noch selten vor, denn eigentlich ist Spielen weit unter der Würde eines 14-Jährigen. Die Freude währt auch nicht lange. Der Große verliert schnell die Lust am Spielen, die gute Laune ist dahin. Er verzieht sich muffelnd in sein Zimmer. Einerseits lehnen die 13-, 14-Jährigen ab, was ihnen bisher Spaß gemacht hat. Sich mit Spielzeug beschäftigen? Plötzlich unmöglich. Der reinste Kinderkram. (Nur der alte Plüschfuchs darf abends noch mit ins Bett, muss aber tief unter der Bettdecke verschwinden.) Mit den Eltern einen Spaziergang machen? Nein, bloß nicht, man könnte ja von Freund XY dabei erwischt werden. Die meisten Teenager freuen sich auf die neuen Zeiten, die jetzt, lang ersehnt, auf sie zukommen. Sie träumen von der ersten Freundin, vom ersten Freund, vom ersten Mofa und davon, zu Hause ein Wochenende sturmfreie Bude zu haben. Andererseits hängen die Teenies an dem, was ihr Leben bisher, was ihre Kindheit ausgemacht hat. An den Spielsachen etwa. An den Familienritualen. Manchmal ist ihnen bewusst, dass Großwerden auch Abschiednehmen heißt, und sie sprechen aus, was alle Mütter und Väter gerne hören: dass sie gerne an früher, an ihre Kindheit zurückdenken. Das Spielen habe unheimlich viel Spaß gemacht, sagen sie und schauen ihre Kinderfotos mit ganz anderem Interesse an. Bei aller Neugierde auf das Neue, Spannende haben sie auch beklommene Gefühle in der Magengrube und ahnen, dass ihnen mit der Kindheit ein Stück Geborgenheit abhanden kommt. Sie tun sich nicht immer leicht, mit diesem Zwiespalt fertig zu werden, sind manchmal ein wenig neidisch auf die jüngeren Geschwister, die es noch leichter, bequemer haben. □

Die Umwelt reagiert anders als bisher: Große Kinder sind uninteressanter als kleine

Solange ihr Sohn, ihre Tochter noch kindlich, neugierig aus Unschuldsaugen in die Welt blickt, können Eltern häufig Lob für den »niedlichen kleinen Spatz« einheimsen. (Selbst in unseren kinderfeindlichen Zeiten gar nicht so selten.) Da freuen sich die Leute an dem Winzling, der (einigermaßen) brav im Sand buddelt, oder schauen ihm nach, wenn er mit seinem Riesenschulranzen durch die Gegend schwankt, letztendlich das tut, was Mami und Papi von ihm erwarten. Mit Lob fürs Bravsein hat es jetzt endgültig ein Ende. Der Briefträger, die Blumenfrau, der Metzger – keiner von denen, die früher freundlich Anteil genommen haben, guckt heute noch wohlgefällig auf diesen lang aufgeschossenen Burschen von Sohn, der immer schläfrig wirkt, oder auf dieses leicht dauergereizte Wesen von Tochter, das seine Haarpracht alle paar Minuten mit Schwung nach hinten schleudert. Die Kinder sind nicht mehr »niedlich«, wollen auch nicht mehr niedlich sein und sich vor allem nicht per Schablone beurteilen lassen. Heute soll ihnen bloß keiner kommen mit »nett« und »freundlich«. Die »niedlichen kleinen Spatzen« mausern sich zu kantigen Persönlichkeiten. Eltern fällt es nicht leicht zu akzeptieren, dass die verspielten Kinderzeiten passé sind. Die Stofftiere, die Puppen werden eingemottet oder weitergereicht. Kein Bedarf mehr an Teddys und Puppen, an Spielzeug, das nicht nur den Kindern, sondern in der Regel auch den Eltern Freude gemacht hat. Wie oft haben sie Spielzeug gekauft, das sie selbst als Kinder nie besitzen durften. Auch beim Spielen mit dem eigenen Nachwuchs konnten sie ein Stück ihrer eigenen Kindheit wieder beleben oder nachholen. Konnten albern und übermütig auf dem Teppich herumkugeln und Versteckenspielen vorschlagen. Wenn die Kinder groß werden, geht damit auch ein Teil dieser Leichtigkeit und Verspieltheit verloren. Aus den Eltern müssen jetzt wieder vernünftige Leute werden. □

Auch Mütter und Väter müssen Abschied nehmen: Aus den gefälligen Kleinen werden kantigere Wesen

Selbstständig werden: ein Hindernislauf

Immens die Sehnsucht nach Freiheit, aber schwierig der Weg dorthin

Ablösung von den Eltern bedeutet für alle Heranwachsenden Gewinn und Verlust zugleich: Sie gewinnen neue Freiheiten und neue Lebensräume, ihre Unabhängigkeit wächst, und sie nehmen die Gestaltung von Alltag und Freizeit zunehmend selbst in die Hand. Genau danach haben sie seit Jahren gelechzt.

Doch je zahlreicher und auch verlockender die am Horizont auftauchenden Möglichkeiten, desto größer der innere Aufruhr: Sie wollen ihr eigenes Leben leben, wissen aber noch nicht, wie man das macht. Sie möchten sich von den Eltern nichts mehr vorschreiben lassen, sind aber erst dabei, sich ihre neue Rolle als selbstständige, eigenverantwortliche Menschen anzueignen. Sie erwarten, dass die Erwachsenen endlich aufhören, an ihnen herumzunörgeln und mit ihren erzieherischen Ansprüchen zu »nerven«, aber immer wieder überkommt sie eine große Wehmut: Es ist gar nicht so einfach, ohne den gewohnten Halt und die Autorität der Eltern auszukommen. »Manchmal träume ich davon, ich könnte mich wie früher am Sonntagmorgen zu meinen Eltern ins Bett kuscheln«, gibt Nina, 15 Jahre, zu.

Manche führen auch als Erwachsene noch kein eigenständiges Leben

Aus Angst, allein und schutzlos dazustehen, wagen manche Söhne oder Töchter den Schritt der Ablösung erst gar nicht. Sie bleiben vielleicht ihr Leben lang kindlich an ihre Eltern gebunden. Mag sein, dass sie in andere Städte ziehen, dort leben und arbeiten, doch die räumliche Trennung geht nicht mit einer inneren Loslösung einher, und die infantile Abhängigkeit bleibt quasi unverändert bestehen: Die elterliche Instanz, die erlernten Gebote und Ideale sind so dauerhaft verinnerlicht, dass diese erwachsenen Kinder nur scheinbar ein eigenes Leben führen – in Wirklichkeit haben noch immer die Eltern das Sagen.

Damit das nicht geschieht, müssen Teenager schrittweise von ihrer kindlichen Vergangenheit Abschied nehmen. Und so schmerzhaft das für alle Familienmitglieder sein mag, ohne Konflikte und Auseinandersetzungen ist eine solche Ablösung nicht denkbar.

Weiter auf Seite 156

Viele Mütter und Väter trauern der Nähe und Vertrautheit aus Kinderzeiten nach

Wenn die Kinder noch klein sind, träumen die Eltern davon, irgendwann in weiter Ferne wieder viel Zeit für sich zu haben. Nicht mehr Tag und Nacht gebunden und verfügbar zu sein – zu schön, um wahr zu sein! Und dann? Es ist so weit, dass ihre Youngster sich von ihnen absetzen, und nun sind sie es, die Eltern, die auf einmal kaum »loslassen« können. »Wenigstens ein Wochenende im Monat könnte doch für uns drin sein – aber nein, nur noch die Freunde zählen, wir sind abgeschrieben«, moniert eine Mutter. Verständlich, denn wer kann schon die jahrelange Nähe zu den Kindern ohne innere Widerstände Stück für Stück abgeben?

Außerdem – woher sollen Eltern so genau wissen, wie viel Freiheit sie ihren Kindern wann zugestehen können? Und warum muss dieser Loslösungsprozess so viele Verletzungen mit sich bringen? Häufig haben die Eltern das Gefühl, ihre Kinder seien überhaupt nicht mehr an einer Beziehung zu ihnen interessiert. Väter stoßen sich an dem respektlosen Verhalten der Kids, Mütter vermissen meist die vertraute Nähe zu ihnen, die Gemeinsamkeit der Kinderjahre. Bisweilen kommen sie sich fast überflüssig vor. Und mehr noch: Jahrelang haben sich beide Eltern in Langmut, Verständnis und Toleranz geübt, so gut sie konnten – und das Ergebnis? Rotzfreche, selbstsüchtige Teenies, die meinen, die Erde kreise um sie ganz allein.

Wie radikal muss die Trennung von den Kindern sein?

Offensichtlich bedarf das familiäre Zusammenleben in der Pubertät einer fundamentalen Neuorientierung. Sie stellt Eltern nach jedem neuen Entwicklungsschritt ihres Kindes vor die grundsätzliche Frage: Wie viel Eigenverantwortung soll man ihm zugestehen? Und vor allem: Müssen sich Eltern innerlich radikal von ihrem Kind trennen, damit es zu einer eigenen Identität finden kann?

Nach neuen Theorien über die kindliche Entwicklung schließen sich innere Verbundenheit zu den Eltern und persönliche Autonomie keineswegs aus.

Weiter auf Seite 157

Bereits einmal in der Trotzphase, mit zwei, drei Jahren, hat das Kind seinen Eigensinn und die Wucht seiner Wutausbrüche unter Beweis gestellt. Doch damals wollte es sich vor allem behaupten und lernte so mit aller Kraft, »nein« und »ich« zu sagen – aber ohne die Nabelschnur zu Mami und Papi innerlich zu kappen. In der Pubertät indessen geht es darum, auf eigenen Füßen zu stehen und allmählich auf das sichere Geleit der Eltern zu verzichten.

Die Eltern geben ihre Macht mehr und mehr ab

Das heißt: Die mächtigen Eltern aus Kinderzeiten, einstmals unangefochtene Vorbilder, gehören zunehmend der Vergangenheit an. Immer deutlicher erkennen die Heranwachsenden neben den elterlichen Vorzügen auch ihre Schwächen und Unzulänglichkeiten. Die Zeit ist vorbei, in der sie als Kinder unbefangen teilhaben konnten an der elterlichen Stärke. Deren Trost und Zuspruch werden zwar noch gebraucht, haben aber keinesfalls mehr die alles heilende Wirkung von damals. Kein Wunder, dass die meisten Kinder sich in der Pubertät ungeschützt fühlen: Selber Entscheidungen zu treffen und Schwierigkeiten zu meistern, will erst mühsam gelernt sein. Zum Glück sitzen die Freunde im gleichen Boot, denn mit ihrer Unterstützung lassen sich die neuen Herausforderungen noch am ehesten meistern (siehe Seite 176).

Im Kampf um Freiräume gerät das bewährte Familiensystem aus den Fugen

Zum Leidwesen der Heranwachsenden hören die Eltern einfach nicht auf, Verbote auszusprechen. Sie versuchen nach wie vor, das Leben ihrer großen Kinder zu kontrollieren und zu reglementieren. Das bringt die Söhne und Töchter regelmäßig auf die Palme. Also kämpfen sie um ihre Freiräume, verwickeln die Eltern in Diskussionen, decken ihre Schwächen auf, untergraben ihre Autorität und stellen die Stichhaltigkeit ihrer Argumente auf die Probe. Ob durch wilde Frisuren, motzige Sprüche, bissige Kritik oder die Vorliebe für extravagante Cliquen – jeder Protest ist für sie ein Experiment auf dem Weg, eine eigene Persönlichkeit zu werden und sich von den Eltern abzugrenzen.

Eine wichtige Rolle bei dem »Wie« des Ablösungsprozesses

Weiter auf Seite 158

Doch damit dieser scheinbar paradoxe, schwierige Balanceakt gelingen kann, ist es wichtig:

Konkrete Erwartungen der Eltern können Kinder innerlich gefangen halten

- dass Eltern ihre Kinder als Individuen akzeptieren. Es belastet Jugendliche und engt sie ein, wenn sie mit konkreten Erwartungen überfrachtet werden und die Eltern ihnen bestimmte Rollen zuweisen. Offene oder unbewusste Wünsche an den Sohn oder an die Tochter, verdeckte Aufträge, die sie den Eltern zuliebe erfüllen sollen, kann Kinder in ihrer Entwicklung zur Selbstständigkeit regelrecht hemmen (siehe Seite 154).

- dass Eltern die Gedankenwelt ihrer Kinder respektieren. Jugendliche brauchen Freiräume, um ihre persönlichen Ideen zu entwickeln, ureigene Bedürfnisse zu äußern und eigenständig Pläne zu schmieden. Wenn sie erleben, dass sie Gehör finden, selbst wenn ihre Eltern völlig anderer Meinung sind, festigt sich ihr Selbstvertrauen, und sie bekommen von allein ein Gespür für die Durchführbarkeit der eigenen Vorstellungen.

Jugendliche brauchen das elterliche Vertrauen – selbst wenn sie Fehler machen

- dass Eltern ihren heranwachsenden Kindern Vertrauen entgegenbringen. Jugendliche wollen sich freischwimmen, ohne dass besorgte Eltern sich ständig schützend und mit tausenderlei Ermahnungen in ihre Vorhaben einmischen. Sicher – Teenager sind oft immens unzuverlässig und keineswegs vertrauenswürdig. Doch das elterliche Misstrauen demotiviert, während Vertrauen das Gefühl vermittelt, ernst genommen zu werden und so am ehesten zu Verlässlichkeit führt (siehe Seite 181).

- dass Eltern Fehler erlauben. Kinder müssen auf die Nase fallen, um daraus klüger zu werden. Fehlschläge und Niederlagen sind ja meistens auch keine Katastrophen, sondern ein Entwicklungspotenzial. Teenager brauchen außerdem die Erfahrung, dass sie trotz ihrer Missgeschicke angenommen werden, sich gegebenenfalls bei ihren Eltern aussprechen und mit ihnen gemeinsam die Fehler analysieren dürfen – ohne dass die Erwachsenen »alles besser wissen«.

Weiter auf Seite 159

Mädchen wollen beides: Unabhängigkeit und Nähe zu den Eltern

spielt das Geschlecht: Mädchen zögern eher als Jungen, die vertraute Nähe zu den Eltern aufzugeben. In der Regel sind Töchter auch eher bereit, den Standpunkt der Mutter oder des Vaters zu verstehen, und bemühen sich trotz heftiger Auseinandersetzungen weiterhin um eine tragfähige Beziehung zu ihnen. Aber das bedeutet keineswegs, dass Mädchen dadurch unselbstständig bleiben. Wie aktuelle Untersuchungen über die weibliche Adoleszenz belegen, erreichen Mädchen Autonomie und Identität gerade über persönliche Kontakte und Bindungen zu anderen. Versucht ein junges Mädchen nach dem Motto zu handeln »Ich bin ich und brauche niemanden« oder droht ein radikaler Bruch zwischen ihr und ihrer Familie, verleugnet sie vermutlich einen Teil ihrer weiblichen Identität. Daher liegt Mädchen auch im Laufe des Älterwerdens daran, ein Gleichgewicht zu finden zwischen emotionaler Bindung und persönlicher Autonomie.

Jungen setzen sich meist vehementer von den Eltern ab

Für Jungen gilt das zwar auch, doch oft setzen sie sich deutlicher von den Eltern ab als Mädchen. Sie sind meist unerbittlicher im Erstreiten ihrer vermeintlichen Rechte und riskieren eher eine Konfrontation – so die Ergebnisse neuer Untersuchungen über Jungen in der Pubertät. Besonders heftig reagieren sie auf elterliche Bevormundung, auf Maßregelungen, die sie unter Druck setzen, erniedrigen und »kleiner« machen, als sie sich selbst sehen. Ein wesentlicher Grund für ihre angriffslustige Haltung liegt in den Anforderungen, die von klein auf an Jungen gestellt werden: Sie sollen an erster Stelle stark, durchsetzungsfähig und autark werden (siehe Seite 110).

Wie auch immer die verschiedenen Etappen der Pubertät verlaufen, keiner Familie bleiben die mit der Ablösung verbundenen Verlustgefühle erspart: Die Kinder müssen auf die Illusion ewiger Geborgenheit verzichten, die Väter und Mütter auf die Hoffnung bleibender Einflussmöglichkeiten. Doch am Ende eines Lebensabschnitts bahnt sich ein neuer Lebensabschnitt an, und je besser die Jugendlichen mit ihrer Unabhängigkeit zurechtkommen, desto freundschaftlicher wird ihre Beziehung zu den Eltern. □

Eltern sollten für ihre Kinder möglichst berechenbar sein

● dass Eltern Verbote begründen. Jugendliche als eigenständige Wesen zu akzeptieren bedeutet nicht, ihnen grenzenlose Freiheit zu gewähren und auf elterliche Autorität zu verzichten. Das könnte sogar als Desinteresse empfunden werden, denn auch Jugendliche sind auf Orientierungshilfen angewiesen. Wichtig ist ihnen, dass sie die Haltung der Eltern einschätzen und entsprechend voraussagen können.

● dass Eltern Auseinandersetzungen zulassen, denn sie sind nicht nur unvermeidlich, sondern fruchtbar. Jugendliche müssen schließlich lernen, zu argumentieren und sich mit ihren Eltern zu messen. Der tägliche Zwist mag anstrengend und die Aggressionen der wutschnaubenden Kinder zermürbend sein, aber wenn Eltern Ausbrüche weder allzu ernst noch persönlich nehmen und die Tiraden ihrer Teenies gelassen ertragen, beruhigen sich die Gemüter, und der Dialog kann beginnen (siehe Seite 146).

● dass Eltern offen bleiben für notwendige Veränderungen. Die Familie ist ihrem Wesen nach auf Entwicklung und Flexibilität angewiesen, ein starres System erstickt lebendige Beziehungen. Konkret bedeutet das im Verlauf der Entwicklung, je nach Altersstufe und Reife des Kindes, eine tragfähige Balance zwischen den Polen Freiheit und Verantwortungsbewusstsein zu finden und immer neue Verständigungsmöglichkeiten auszuklügeln.

● dass auch Eltern selber das Mehr an Freiheit nutzen. Wenn sie sich zunehmend auf ihr eigenes Leben und auf ihre Zweisamkeit konzentrieren, wenn sie es genießen, endlich Zeit für ihre persönlichen Interessen zu haben, fällt ihnen die Ablösung von ihren Kindern erheblich leichter. Vor allem allein Erziehende können – ohne Rücksicht auf einen Ehepartner – das verwirklichen, was sie immer schon tun wollten. Außerdem fühlen sich die Jugendlichen entlastet, denn sie spüren: Die Eltern können, trotz aller Zuneigung, auch ohne uns. Und im Notfall sind sie sowieso für uns da. □

Ob Elternpaar oder allein Erziehende – jetzt gilt es, an sich und an die persönlichen Interessen zu denken

Tauziehen: wenn Eltern in der Erziehung uneins sind

Bis in die 50er-Jahre war die Rollenverteilung in den meisten Familien noch so eindeutig festgelegt, dass Kinder Erziehungsdispute zwischen Vater und Mutter allenfalls erahnen konnten. Die Mutter, die den Haushalt verwaltete, erzog und umsorgte auch die Kinder; der Vater, für den Lebensunterhalt zuständig, hielt sich aus der Erziehung heraus. Es sei denn, es galt Missetaten der Kinder zu bestrafen – das erledigte der Vater, die unbestrittene Autoritätsperson. Höchstens wenn er allzu hart durchgriff, versuchte die Mutter mildernd einzuschreiten.

Kinder sind Meister darin, die Eltern gegeneinander auszuspielen

Das alte Familienmodell hat ausgedient – zum Glück. Aber: Nun müssen Eltern ihre Zuständigkeiten immer wieder neu klären, und es bleibt nicht aus, dass Erziehungsziele und Grundsätze aufeinander prallen. Was heißt das für die Kinder? Viele reiben sich die Hände, wenn Vater und Mutter ihretwegen streiten, und sehen zu, dass sie ein Elternteil auf ihre Seite ziehen. Sie verstehen es besonders gut, die Eltern zu manipulieren: Sie wissen genau, wie sie Vater austricksen und Mutter rumkriegen können, und behaupten stets im richtigen Augenblick: »Wieso regst du dich überhaupt auf, das hat mir die Mama schon längst erlaubt« – oder noch viel raffinierter: »Wenn du wüsstest, wie Papa herumgebrüllt hat, ich konnte mich auf keine Hausaufgabe konzentrieren, so fertig war ich.« Die Eltern werden gegeneinander ausgespielt, und Sohn oder Tochter waschen sich die Hände in Unschuld.

Schnell glauben Kinder, schuld am elterlichen Zwist zu sein

Fallen die elterlichen Kontroversen allerdings zu heftig aus, geraten die Youngster ins Schleudern. Es beschleicht sie das Gefühl, an all dem Durcheinander schuld zu sein: »Die streiten ja nur meinetwegen, wenn ich nicht wäre, gäbe es weniger Probleme.« Kein Kind durchschaut, dass die Konflikte der Eltern primär mit diesen selbst und deren eigenen enttäuschten Erwartungen zu tun haben. Die Streitpunkte werden von den Kindern lediglich ans Licht gebracht.

Weiter auf Seite 162

Eltern sehen sich bestimmt nicht ständig auf die Finger – was tut's, wenn das Kind dem Vater zwischendurch einen extra Geldschein entlockt oder bei der Mutter ein weiteres Stündchen Ausgehzeit erbettelt? Deswegen hängt der Haussegen nicht gleich schief. Doch sobald es um Grundsätzliches geht, um Regeln und Prinzipien, werden auch die elterlichen Auseinandersetzungen schnell ernst. Und sind erst Ängste mit im Spiel – Angst um die Tochter wegen ihrer erschreckenden Freunde, um den Sohn wegen seiner ständigen Trinkerei oder der miserablen schulischen Leistungen –, dann geraten sich die Eltern in die Haare: Ein Elternteil ruft meist die Katastrophe aus, will strafen, verbieten und durchgreifen, der andere nimmt alles leichter, möchte eher diskutieren und verhandeln. Es hagelt Schuldzuweisungen, jeder meint: »Wenn du dich anders verhalten würdest, hätten wir die Probleme des Kindes bald im Griff.«

Sobald unterschiedliche Erziehungsziele aufeinander prallen, ist der Streit vorprogrammiert

Nehmen Eltern die Unarten des Partners noch relativ gelassen hin, solange der Nachwuchs davon nicht betroffen ist, wird der Streit dagegen verbissen, sobald es um die Kinder geht. Denn bei ihnen kann man ja noch Weichen stellen, da gilt es, sich richtig zu verhalten. So stark ist die Identifikation mit ihnen, dass Differenzen zum Thema Erziehung eine geradezu existenzielle Dimension bekommen können. Da gibt es nur eins: versuchen, den Hintergrund der heikelsten Familienkräche ans Licht zu bringen.

Erstens: In sich hineinhorchen und überdenken, woher die eigenen Erziehungsvorstellungen kommen. Jedes Verhalten hat seine Wurzeln in der individuellen Vergangenheit, unbewusst erziehen in jeder Familie die Eltern der Eltern mit. Selbst wer sich als Erwachsener gewollt anders verhält als die eigenen Eltern, reagiert doch unwillkürlich auf sie, bekämpft die Eltern noch immer. Und nur wer sich mit den von zu Hause übernommenen Erziehungszielen auseinander setzt, kann bewusst entscheiden, welche akzeptabel sind und welche revidiert werden müssen.

Wichtig: sich fragen, welche Standpunkte überholt sein könnten

Weiter auf Seite 163

Vor allem die jüngeren Teenager leiden darunter, wenn der Unfriede in der Familie bedrohlich wird. Sie wissen nicht, woran sie sind und an wem sie sich orientieren sollen. Während ältere Jugendliche sich möglicherweise ernüchtert und enttäuscht von ihren Eltern zurückziehen, flüchten die Jüngeren meist Hilfe suchend in die Arme des einen oder anderen Elternteils: Da verhärten sich die Fronten zwischen den Erwachsenen natürlich umso mehr.

Meistens merken Eltern gar nicht, wenn sie ihr Kind als Verbündete missbrauchen

Dann passiert es schnell, dass in der Familie Koalitionen entstehen: Vater und Kind verbünden sich gegen die Mutter nach dem Motto: »Wir müssen zusammenhalten, sonst kommen wir gegen die Mama nicht an.« Oder aber die Mutter signalisiert ihrem Kind: »Ich bin auf dich angewiesen. Mit deinem Vater verstehe ich mich überhaupt nicht mehr.« Meistens ist den Eltern gar nicht bewusst, was sie damit anrichten: Sie missbrauchen ihr Kind als Bundesgenossen im ehelichen Kleinkrieg. Das kann zur Folge haben, dass es sich nicht traut, sich abzulösen und eigene Wege zu gehen – es wird ja von Mama oder Papa gebraucht!

Die Familie, ein Jahrzehnt lang ein weiches, gemütliches Nest, bekommt einen anderen Stellenwert: Das Zuhause ist jetzt ein Hafen, in den die Heranwachsenden ab und zu zurückkehren, um neue Kräfte zu tanken. Aber das Draußen ist jetzt viel wichtiger als die Familie. Je älter die Jugendlichen werden, desto weniger wichtig werden die Eltern für sie. Gleichaltrige sind jetzt viel interessanter. Wo sie sind, da spielt die Musik. Was sich zu Hause tut, interessiert jetzt weniger. Und das ist manchmal auch gut für die Entwicklung der Heranwachsenden. □

Zweitens: Überlegen, welche Funktion das »Fehlverhalten« der Kinder innerhalb der Familie erfüllt. Ist der Sohn vielleicht so aggressiv, weil er die unterdrückten Aggressionen seiner ewig milden, sanften Mutter ausleben muss? Ist die Tochter so keck und ausgeflippt, weil die prüden, ihr ständig ins Gewissen redenden Eltern insgeheim bedauern, ihr Leben nie genossen zu haben? Sehr häufig tragen Kinder die ungelösten Schwierigkeiten ihrer Eltern aus. Eine Veränderung ist also nur möglich, wenn Eltern dies erkennen und versuchen, ihre Schwierigkeiten mit sich und untereinander auszufechten, anstatt sie unbewusst an ihren Sohn oder ihre Tochter weiterzugeben.

Drittens: Nicht die Generationsunterschiede verwischen und die Kinder zu Ersatzpartnern machen: Das ist unfair, überfordert Kinder jeden Alters und erschwert es ihnen, eine eigene Identität aufzubauen. Eltern, die uneins sind, sollten sich zusammensetzen – am besten in einer neutralen Atmosphäre, fern den Kindern – und die eigenen Motive erläutern, ohne jegliche Vorwürfe. Kein Mensch möchte hören, was er alles falsch macht, und keiner will sich selbst bezichtigen.

Gegenseitige Beschuldigungen verletzen bloß und reizen zum Gegenangriff

Wenn Eltern erst einmal akzeptieren, dass jeder die Dinge auf seine Art und Weise interpretiert und ohne »schlechte Absichten« handelt, gelingt es eher, dem Partner einen unterschiedlichen Standpunkt zuzugestehen: Vater und Mutter können gar nicht immer einer Meinung sein, da aus jedem die eigene Lebensgeschichte spricht. Und Auseinandersetzungen gehören zur Problembewältigung – diese Realität kann auch jedem Kind vermittelt werden. Kennt und respektiert man die Beweggründe des anderen, sodass man ihn weder verletzen noch abwerten muss, bekommen Meinungsverschiedenheiten tatsächlich eine neue Qualität und geraten weniger außer Kontrolle. Es fällt leichter, die anstehenden Erziehungsprobleme einzeln anzuschauen und gemeinsam zu überlegen, wie man am besten vorgeht. Vielleicht können Eltern sich dann auch offen eingestehen: Patentrezepte gibt es nicht, und es ist zuweilen verdammt schwierig, mit Pubertierenden umzugehen! □

Eltern, die nicht hin und wieder völlig überfordert sind, gibt es nicht

Dauernd Krach mit den Geschwistern

Hinter den meisten Streitigkeiten steckt Neid auf die Unbeschwertheit der Kleinen

Auf die Freiheiten älterer Geschwister sind sie zwar richtig neidisch, die 13- bis 15-Jährigen, doch handfesten Krach gibt es meist mit den jüngeren. Denn da kommt einiges an Zündstoff zusammen: zunächst einmal der Groll auf den unbeschwerten kleinen Bruder, der noch nach Herzenslust spielt und herumtobt, oder auf die vergnügte kleine Schwester, die mit den Eltern und Lehrern in ungetrübter Eintracht lebt. Diese ahnungslosen Geschwister wissen noch nicht, was es heißt, sich von der Kindheit verabschieden zu müssen, und das grämt den Teenager, insbesondere, wenn sein Selbstbewusstsein gering und seine Unsicherheit groß ist. Was tut er also? Intuitiv rächt er sich dafür und verspottet die jüngeren Geschwister laut und gezielt – sie sind dumm, bescheuert, beschränkt und checken überhaupt nichts. Da fliegen die Fetzen, denn die Kleinen wissen sich zu wehren. Und wenn sich der (oder die) Größere auch noch als Erzieher und Alleswisser aufspielt – irgendeinen Vorteil muss er schließlich von der Last des Erwachsenwerdens haben –, dann flippen die kleineren Geschwister völlig aus.

Gewiss – zeitweilig lebt die Geschwisterliebe auf, etwa wenn der Große sich zu Kinderspielen aus früheren Jahren herablässt, angeblich dem Geschwisterchen zuliebe und doch selig, auch mal wieder »klein« sein zu dürfen. Oder wenn sein Rat, seine Kenntnisse und seine Erfahrungen von einem Jüngeren gebraucht werden.

Die meisten Teenager konkurrieren noch immer um die Liebe der Eltern

Doch die Pubertät ist nicht die Phase harmonischen Einvernehmens, und bald sind die Kleineren wieder lästig und kaum auszuhalten: Immer müssen sie den Großen kopieren, sind viel zu albern, aufdringlich und überhaupt – einfach nervige Kleinkinder. Außerdem sind die Geschwister noch immer Rivalen im Kampf um die Zuneigung der Eltern. □

Fast immer gilt: Sobald der Geschwisterstreit ausbricht, tief Luft holen und ja nicht eingreifen! Denn Geschwister sollten Konflikte selber austragen und ihre eigenen Erfahrungen machen, ohne dass Eltern sie daran hindern und einschreiten, um Ruhe zu schaffen. Nicht nur, dass es widersinnig ist, Zorn und Rivalitätsgefühle unterdrücken zu wollen. Kinder, die nicht streiten dürfen, entwickeln auch keinerlei Fähigkeiten zur Konfliktlösung. Zudem bringen sie ihre unbewältigten Konflikte womöglich in ihre späteren Beziehungen ein.

Eltern sind zu sehr in die Situation verwickelt, um objektiv zu sein

Es ist also wenig sinnvoll, wenn Eltern die Rolle des Schiedsrichters spielen, da sie unwillkürlich Gefühle und Standpunkte in die Konfliktsituation hineintragen, die sie zwar selbst haben, die aber nicht die der Kinder sind. Außerdem können Eltern die Situation meist nicht überblicken und sich in alle beteiligten Kinder gleichermaßen einfühlen – für sie ist meist eines der Schuldige, das andere das arme Opfer. Doch gerade dem großen Kind zuliebe ist es wichtig, keinerlei Partei zu ergreifen. Es fühlt sich während der Pubertät sowieso schon unverstanden und würde nur noch mehr von seiner Familie abrücken.

Vielleicht hilft es den Eltern, zu sehen, dass die älteren Kinder mit ihrer Besserwisserei zwar alle verrückt machen, aber trotzdem für ihre kleineren Geschwister effektivere Lehrmeister sein können als Eltern. Denn häufig sind große Geschwister für die Jüngeren ein Vorbild und altersmäßig noch nicht so weit entfernt.

Häufig sind ältere Geschwister Leitfiguren für die Kleinen

Auch das Imponiergehabe der Teenager und all ihre Verachtung für die Kleinen sind nicht viel mehr als der Drang, sich abzugrenzen, das Selbstwertgefühl und so die eigene Identität zu festigen. Gerade weil sie mitnichten selbstsicher und souverän sind, suchen sie Streit, um sich irgendwie zu erproben. Also tun Eltern gut daran, sich in den Geschwisterstreit gar nicht erst einzumischen, oder wenn es nicht anders geht, dann für jeden einzelnen ein offenes Ohr zu haben. Sollten sie glauben, dass ein Geschwister unter dem anderen leidet, können sie dem schwächeren Kind besonders viel Zeit widmen. □

Intimsphäre: sich selbst begegnen

Um sich zu regenerieren, verkriechen sie sich oft stundenlang

Es ist enorm, das Bedürfnis der Teenager, sich zurückzuziehen: Schließlich sind sie von morgens bis abends von Menschen umgeben, die Anforderungen an sie stellen – sie müssen sich anpassen, sie sollen sich bewähren und Leistungen vorweisen. Gleichzeitig werden sie mit all den Schwierigkeiten konfrontiert, die das Größerwerden mit sich bringt. Kein Wunder, dass sie manchmal nur das eine wollen – allein sein!

Sie verbarrikadieren sich in den eigenen vier Wänden, lassen sich auf ihr Bett fallen und drehen die Musik so laut, dass sich zuweilen sogar die Nachbarn die Ohren zuhalten müssen. Sie aber schalten ab und atmen durch. Möge bloß keiner an die Tür klopfen und Fragen stellen!

Es tut gut, an die Decke zu starren, den Tag oder die letzten Wochen innerlich an sich vorbeiziehen zu lassen, Abstand zu gewinnen von der Schule und der Familie. Es gibt Phasen, da ist das Bedürfnis, sich einzuigeln, so groß, dass selbst das Zusammentreffen mit Freunden zu viel wird – man hat genug mit sich selbst zu tun.

Telefonitis: die Krankheit, die jeden Teenager früher oder später befällt

Zu Gesprächen ist man höchstens am Telefon bereit. Vor allem Mädchen werden von der Telefonitis befallen. Eltern will das nicht in den Kopf – warum ein Telefonmarathon nach dem anderen, wenn man sich sowieso ständig trifft? Die Jugendlichen sehen es anders: Da können sie eben aus sicherer Distanz und unbeobachtet alles bequatschen, was sie bewegt. Gleichzeitig loten sie dabei die Gefühle des anderen aus und vergleichen sie mit den eigenen. So wird die Welt verständlicher und gewinnt an Struktur. Man ist sich zwar nah, kann sich aber trotzdem allein und nach Herzens Lust auf sein Bett lümmeln. □

Natürlich brauchen Kinder ihre Intimsphäre, das sehen alle Eltern ein. Aber manchmal ist der Hang zur Einsiedelei kaum zu ertragen: Kaum erscheint das Kind zu Hause, schon verschwindet es in seinem Zimmer. Ein knappes »Hallo« ist ihm gerade noch zu entlocken, sonst ist es einsilbig, verschlossen, geradezu abweisend.

Solche Phasen können Eltern oft mehr enervieren als die lauten, übermütigen, albernen. Sie wissen überhaupt nicht mehr, was in ihrem Kind vorgeht, ob sie es aus seiner Höhle herauslocken sollen oder nicht. Mit Bemerkungen wie: »Was ist denn mit dir, rede doch mal mit uns!« oder »Ist was passiert?« ernten sie nur ein mürrisches: »Wieso denn, ich möchte einfach allein sein!«

Das sollte man akzeptieren. Das Alleinsein hilft, neue Entwicklungsschritte zu verarbeiten und sich selbst zu finden. Wer sich zurückzieht, kommt mit verschütteten Gefühlen in Berührung und sammelt Kräfte für neue Taten.

Sollten Eltern ihr Kind nicht doch aus seinem Schneckenhaus herauslocken?

Eltern tun meist gut daran, sich gar nicht einzumischen, wenn ihr Kind sich abkapselt, es sei denn, es verlässt sein Schneckenhaus überhaupt nicht mehr und sie vermuten ernsthafte Probleme (siehe Seite 226). Normalerweise aber gilt: Egal, ob der Teenie am Telefon Geheimnisse austauscht, sich Ewigkeiten im Bad einschließt, unter der Bettdecke onaniert oder »schreckliche« Musik hört – jeder Heranwachsende hat ein Recht auf seine Intim- und Privatsphäre, selbst freundschaftlich gemeinte Witzeleien sind indiskret. Erlaubt sind natürlich elterliche Forderungen bezüglich der Lautstärke der Musik und der Häufigkeit und Länge der Telefongespräche. Eine zweite Telefonleitung bewährt sich übrigens immer. □

Eine einzige indiskrete Bemerkung, und der Jugendliche zieht sich noch mehr in sich zurück

Idole: mehr als die Flucht in eine Traumwelt

Früh bricht die Leidenschaft für Idole aus. Schon Zweit- und Drittklässler kleben direkt neben ihre Tierposter die Plakate von Fußballhelden und Popstars an die Wand des Kinderzimmers. Noch ist sie zwar nicht vorbei, die Zeit, in der die Kinder in ihren Spielen die Eltern nachahmen, mit ihren Puppen in die Rolle der Mutter schlüpfen oder mit Matchbox-Autos und lautem Gebrumm in die des Vaters. Doch bald werden die Rollen ganz anderer Menschen mindestens so interessant.

Teenies brauchen jetzt neue Vorbilder aus einer fernen Glitzerwelt

Die neuen Identifikationsfiguren sind ausgeflippte Stars, prügelnde Wrestler, Helden aus Abenteuerfilmen oder anbetungswürdige Schauspielerinnen. Vater und Mutter sind natürlich nicht »out«, aber es gilt jetzt, den Kreis der Vorbilder zu erweitern und die Eltern ab und zu auszublenden. Diesen Berühmtheiten kann man in der Fantasie ganz nah und ähnlich sein und fühlt sich dadurch mächtig aufgewertet. Indem man ihre Sprache imitiert, ihre Posen und Verhaltensweisen nachahmt, experimentiert man mit unterschiedlichen Rollen und Lebensweisen, fern vom familiären Alltag. Das Gute ist, dass diese Schwärmereien ohne Risiko sind. Denn teilzunehmen an der Glitzerwelt von Idolen, an ihrem Privatleben, ihren Liebesaffären oder ihren glanzvollen Taten und Erfolgen, verlangt keine persönlichen Entscheidungen. Zudem lenkt die Identifikation mit diesen wunderbaren Helden von eigenen Konflikten ab.

Sie himmeln ihre Idole an, um die innere Leere auszufüllen

Das ist mehr als nur Flucht. Besonders in den ersten Jahren der Pubertät, manchmal auch länger, ist das Schwärmen für wechselnde Idole keine sinnlose Träumerei – Höhenflüge in eine andere Welt helfen die innere Leere zu bekämpfen und schmieden Gleichaltrige zusammen. Durch den Rückzug aus dem Alltag sammeln sie sogar Kräfte, um die Realität des Alltags besser zu meistern (siehe Seite 120). □

Eltern sind von den Vorbildern ihrer Teenies nicht selten entsetzt

Natürlich erinnern sich Eltern an die Zeit, als sie selbst aufgezehrt wurden von der Leidenschaft für ein fernes Idol. Und sie wissen aus Erfahrung, dass die Phase vorübergeht. Dennoch lässt sie die Schwärmerei ihres Kindes ein wenig erschauern – muss es denn gar so früh damit losgehen? Wo bleibt die Kindlichkeit? Und dann sind diese Idole oft so schrecklich – die männlichen meist primitiv und nicht selten brutal, die weiblichen exaltierte Püppchen oder aufgemotzte Sexbomben. Insgeheim trauern die Eltern der schönen Zeit nach, als ihre Kleinen noch in die Rollen von Cowboys und Indianern bzw. Engelchen und bezaubernden Prinzessinen schlüpften.

Besser, als die Idole schlecht zu machen, ist es, die Kinder darüber zu befragen

Dennoch nützt es gar nichts, die neuen Idole schlecht zu machen, den Kindern »bessere« Vorbilder präsentieren zu wollen und den schädlichen Einfluss des allgegenwärtigen Fernsehens zu beklagen. Gewiss, Fernsehen und Videos erschaffen Idole, doch je älter die Kinder werden, desto weniger können Eltern dagegen ausrichten. Lohnender ist es, die Kinder von ihren Helden und Heldinnen erzählen zu lassen und herauszuhören, welche Funktion diese haben. Auf jeden Fall hebt die Projektion der Idealvorstellungen von sich selbst auf ein allseits verehrtes Idol das labile Selbstwertgefühl und befriedigt die alterstypischen Allmachtsfantasien (siehe Seite 144). Außerdem werden Muskelprotze oder dürftige Popstars schnell uninteressant, wenn eine neue, reifere Entwicklungsstufe erreicht ist. Idole kommen und gehen, Eltern hingegen sind handfeste Vorbilder, mit denen man sich tatsächlich auseinander setzen kann. □

Die Clique: dazugehören um alles in der Welt

In Horden fühlen sie sich stark. Laut, manchmal grölend, strotzend vor Übermut, aber auch betont lässig und arrogant ziehen Jungen gemeinsam durch die Gegend. Für sie ist die Gruppe meist wichtiger als für Mädchen, die sich lieber einer engen Freundin anvertrauen und die Intimität suchen. Zwar gibt es auch Mädchencliquen, nur sind diese meist gedämpfter: Man quatscht und albert miteinander, steckt die Köpfe zusammen und tuschelt hinter vorgehaltener Hand. Gemischte Cliquen sind weniger homogen, da zwischen den Geschlechtern zu viele Unwägbarkeiten mitschwingen, als dass man geschlossen auftrumpfen könnte.

Vielen gibt die Clique den Halt, für den früher die Familie zuständig war

Für viele ist die Clique eine Art Zusatz-, Übergangs- und Ersatzfamilie – sie gibt Geborgenheit, der Zusammenhalt verleiht Kraft und Zuversicht. Gemeinsame Erlebnisse schaffen intensive Gemeinschaftsgefühle. Mit der Clique hört man stundenlang Musik, diskutiert über Probleme und vertraut sich Geheimnisse an. Cliquen haben eine eigene Sprache, eine Art Geheimjargon, sie kultivieren einen persönlichen Stil und einen spezifischen Geschmack – alles die Zeichen ihrer Zugehörigkeit (siehe Seite 126).

In der Clique wird nicht erzogen und ermahnt

Außerdem wird es für Jugendliche langweilig, die Freizeit mit der Familie zu verbringen. In der Gruppe hingegen ist immer was los. Unter Freunden gibt es auch keinen, der ständig den Zeigefinger hebt, da kann man sich als Erwachsener fühlen, sich durch Mut und Kraft oder gute Ideen und Originalität Anerkennung verschaffen, egal, ob man zu dick oder zu schmächtig, klein oder groß gewachsen ist. Erst einmal in die Gruppe aufgenommen, befreit die Solidarität der Freunde von Unsicherheit und Selbstzweifeln, zumindest zeitweilig.

Mit den Kumpeln im Rücken wagt man es schon mal, den Standpunkt des Lehrers in Frage zu stellen oder die Anweisungen der Eltern in den Wind zu schlagen. Erwachsene

Weiter auf Seite 172

Eltern sind richtig froh, wenn ihr Kind zu einer »netten Clique« gehört. Gewiss – manchmal schmerzt es ein wenig, dieses Gefühl »abgemeldet« und höchstens dann interessant zu sein, wenn keiner der Freunde Zeit hat. Und Sätze wie »Alle meine Freunde dürfen das, ihr könnt es mir nicht verbieten!« oder »Jeder in unserer Clique hat das, nur ich nicht!« sind kaum noch auszuhalten.

Indes: Eltern sehen ja, wie wichtig der Freundeskreis für ihr Kind ist. Hier fühlt es sich frei und ungezwungen, lernt, sich zu behaupten und auseinander zu setzen, aber auch sich an andere anzupassen. In der Gruppe wird Solidarität eingeübt, Streit geschlichtet und vor allem viel gemeinsam unternommen. Die Familie freut sich, dass ihr Kind nicht abseits steht und einsam ist.

Doch die Freude nimmt ein jähes Ende, wenn die Teens ihre Clique mit nach Hause bringen und dort alles auf den Kopf stellen. Natürlich wollen Eltern die Horde nicht wegscheuchen, aber Unordnung, Lärm und ohrenbetäubende Musik – das halten die meisten nicht aus und gehen ihrerseits auf die Barrikaden. Denn die Wohnung gehört schließlich den Eltern, sie haben sie eingerichtet, bezahlen sie und sind dafür verantwortlich, also haben sie hier das Sagen. Da Kindern oft der Mut fehlt, ihren Freunden Grenzen zu setzen, muss die Familie gemeinsam überlegen, wie sie dieses Problem in den Griff bekommt.

Selbst wenn sich die Kinder in der Clique besondes wohl fühlen, sind die Eltern nicht immer begeistert

Wirklich heikel wird es, wenn die Clique den Eltern ein Dorn im Auge ist. Sobald sie erkennen, dass ihr Kind mit seiner Rolle in der Gruppe nicht zurechtkommt, möchten sie helfen. Wenn sie meinen, die Clique sei kein »guter Umgang« für ihr Kind, würden sie am liebsten mit Verboten reagieren. Weil ihnen das aber mit dem zunehmenden Alter ihres Kindes doch widerstrebt, pirschen sie sich vorsichtig vor: Sie fragen, kommentieren, erläutern ihren Eindruck. Meist ohne durchschlagenden Erfolg.

Oft würden Eltern am liebsten mit radikalen Verboten reagieren

Weiter auf Seite 173

herauszufordern, ihnen zu trotzen und sie zu provozieren – das gelingt nie so gut wie in der Clique.

Bedenklich wird es, wenn der Gruppendruck überhand nimmt, wenn die Spielregeln zu stramm werden, die Rollen innerhalb der Clique unverrückbar sind und es nur noch einen Anführer und Mitläufer gibt. Fast in jeder Gemeinschaft ist da einer, der mehr zu sagen hat als die anderen, aber er darf nicht zum Tyrannen werden. Es kann in Terror ausarten, wenn Kritik unterdrückt wird, Meinungsverschiedenheiten und unbequeme Argumente tabu sind. Und es ist absurd, der häuslichen Abhängigkeit zu entfliehen, um sofort in eine neue zu verfallen.

Vorsicht, wenn der Gruppendruck zu stark wird!

Irgendwann kommt der Punkt, an dem die Clique keinen Spaß mehr macht. Der Einzelne fühlt sich bevormundet und eingeengt, intensive Konflikte spielen sich in ihm ab: Wie viel Gruppendruck soll er sich gefallen lassen? Wie soll er sich dagegen wehren? Soll er sich darüber mit einem Freund besprechen? Vielleicht sogar mit den Eltern? Einerseits braucht er die Clique – ohne sie, glaubt er, läuft gar nichts, der Gedanke, ausgeschlossen zu werden, ist einfach schrecklich. Andererseits sehnt er sich danach, von niemandem abhängig zu sein und endlich selbst Entscheidungen zu treffen.

Nur wer Auseinandersetzungen riskiert, wird nicht abhängig

Letztendlich hilft nur eines: ein wacher und kritischer Verstand. Nur wer zu seinen Ansichten und seinen Bedenken steht, wird selbstständig und nützt auch der Gruppe. Es mag schwierig sein, Auseinandersetzungen in Gang zu bringen. Doch erfahrungsgemäß ist die Gruppe am ehesten diskussionsbereit, wenn einer demonstriert, dass er nicht auf Biegen und Brechen von ihr abhängig ist. Außerdem – wer will schon zum ewigen Jasager und Mitläufer werden?

Weiter auf Seite 174

»Warum müsst ihr euch in alles einmischen? Ihr wollt ja nur meine Freunde schlecht machen. Ihr kennt sie doch gar nicht!« Die Eltern stehen als indiskret und aufdringlich da, ihr Kind zieht sich nur noch mehr zurück. Es will sich weder die Wahl seiner Freunde vorschreiben lassen, noch wie es mit ihnen umzugehen hat. Je größer der elterliche Druck, umso entschiedener fühlt es sich aufgerufen, seine Clique zu verteidigen.

Sollen Eltern also tatenlos mit ansehen, wie ihr Kind unter den Einfluss einer negativen Gruppe gerät und in eine Richtung treibt, die den Eltern nicht passt? Was ist, wenn ihr Kind dazu verführt wird, sich zu besaufen oder gar Drogen zu nehmen (siehe Seite 218, 220)?

Kein Wunder, dass sich am Thema »falsche Freunde« oft heftige Diskussionen in der Familie entzünden (siehe Seite 177). Es braucht ein großes Maß an Fingerspitzengefühl, an Einfühlungsvermögen und Diskretion, um sich den Zugang zum Kind nicht zu versperren. Wichtig ist es, dass Eltern sich zunächst selbst ins Gebet nehmen: »Sind wir voreingenommen und legen vielleicht persönliche Maßstäbe an, die nur für unsere Generation gültig sind? Wie gerecht ist unser Urteil? Was wissen wir über diesen Freundeskreis überhaupt?«

Bevor Eltern die Clique in Bausch und Bogen verurteilen, wäre es gut, die eigenen Argumente zu überprüfen

Computer und Internet: Konkurrenz zur Clique

Der Computer, mit oder ohne Internet, ist gefragter denn je bei Jugendlichen und immer noch die Domäne der Jungen. Etwa zwei Drittel der Jugendlichen mit World-Wide-Web-Erfahrung sind männlich. Die jungen Surfer sind begeistert vom Internet. Etwa 80% sagen, dass es dort Spannendes zu finden gibt. Das Internet ist für Jugendliche zu einer Zauberbüchse geworden, die immer randvoll gefüllt ist, und der Computer ihr »Lieblingsspielzeug«. Stunden können sie davor hocken. Sie sind erpicht darauf, zu erkunden, was es dort zu finden gibt.

Diese Gier nimmt sie oft völlig in Anspruch – so sehr, dass viele Eltern manchmal die Zeiten herbeiwünschen, als ihre Sprösslinge noch mit ihrer Clique unterwegs waren. Das war wesentlich lebendiger.

Nach einigen Jahren ist die Clique überholt

Zum Glück ist für die meisten Jugendlichen die Bindung an die Clique trotz aller Zugehörigkeitsgefühle locker genug, um Spielraum für Unternehmungen mit anderen und in eigener Regie zu lassen. Und mit zunehmendem Alter verlieren Cliquen an Reiz – da wird der Kontakt zu einzelnen Freunden wichtiger, und das Interesse am anderen Geschlecht ist so intensiv, dass die Gruppe zweitrangig wird.

Mit der Zeit scheuen Jugendliche auch kollektive Normen und Standards, die ihrer individuellen Entwicklung im Wege sind. Sie wollen neue Rollen in ihrem Leben ausprobieren. In der bestehenden Gruppe ist ihr Part entschieden: Dort spielen sie den Witzbold oder den Provokateur, den Denker, den Anführer oder einfach den Mitläufer, der nirgends aneckt, sich nie profiliert. Jugendliche erkennen irgendwann selbst, dass damit genug sein muss, weil mehr in ihnen steckt. □

Per Handy die Verbindung halten?

Karo ist 14 Jahre alt und drängt auf mehr Freiheiten. Nachmittags ist sie in der Stadt unterwegs, geht mit Freunden Eis essen und mit der Clique ins Kino. Ihre Eltern lassen ihr gerne diese Freiheit, geben ihr aber immer häufiger ein Handy mit: »Für alle Fälle, damit du uns benachrichtigen kannst, wenn's sein muss!« Schon häufiger hat Karo das Handy benutzt, um Mutter oder Vater zu informieren, dass sie sich verspäten wird. Bald wird Karo auch abends mit ihrer Clique unterwegs sein – mit Handy, wenn es nach ihren Eltern geht. »Dann können wir Kontakt halten«, sagen sie. Das heißt nicht, dass ihre Tochter sie laufend per Handy darüber informieren soll, was sie tut oder lässt. Auch sie rufen nur an, wenn sie ihre Tochter unbedingt erreichen müssen. »Bloß keine Kontrollanrufe – fürchterlich, wenn Eltern dauernd wissen wollen, wo ihre Kinder gerade sind!«, sagt Karos Mutter. Von einer Dauerüberwachung hält sie gar nichts. Und noch eins: Die Telefonierererei soll begrenzt sein. Das heißt: Karo bekommt ein Handy mit Prepaid-Card. So lange ein Guthaben auf der Karte ist, kann sie überall anrufen. Ist das Guthaben verbraucht, kann sie nur noch angerufen werden.

Um mit ihrem Kind in Kontakt zu bleiben, haben Eltern keine andere Wahl, als immer wieder Gesprächsbereitschaft zu signalisieren, ohne Druck auszuüben. Sie können eigene Erfahrungen ansprechen, um auf diesem Umweg das Thema Freunde anzuschneiden, oder sich zu den positiven Seiten einer Gruppenzugehörigkeit äußern – manchmal stachelt das den Widerspruchsgeist des Kindes an.

Grundsätzlich fruchtet es am meisten, die Selbstständigkeit des Kindes zu unterstützen, sein kritisches Urteilsvermögen zu fördern und seine Ansichten innerhalb der Familie gelten zu lassen (siehe Seite 157). Ein Jugendlicher, der die Chance hat, sich zu Hause auseinander zu setzen, wird auch am ehesten bereit sein, seine Clique mit kritischen Augen zu betrachten und ihre Standards in Frage zu stellen.

Am wichtigsten: den kritischen Verstand des Kindes fördern

Im Übrigen lösen sich viele Cliquen auf, wenn die Jugendlichen älter werden und mehr Wert auf einzelne Beziehungen legen. Außerdem werden Eltern, entgegen ihren Befürchtungen, keineswegs von ihren heranwachsenden Kindern zugunsten der Freunde abgeschrieben: Wenn es darum geht, ernste Entscheidungen zu treffen, wie über einen Schulwechsel etwa, oder wenn über die Zukunft nachgedacht wird, ist der Rat der Eltern durchaus gefragt. Wie oft wissen Jugendliche nicht mehr weiter, wie oft fühlen sie sich aufgeschmissen, mut- und ratlos oder einfach überfordert – da kommen die Lebenserfahrungen der Eltern wie gerufen. Plötzlich wird allen Familienmitgliedern wieder so richtig bewusst, wie viel ihnen aneinander liegt. □

Eltern werden mehr gebraucht, als sie glauben

Freunde: Schutz vor dem rauen Wind der Freiheit

Eine Freundschaft ist wie ein Dach über dem Kopf, wenn es stürmt und regnet, wie ein Unterschlupf, wenn zu Hause die Fetzen fliegen. Sie bedarf allerdings der Pflege und schonenden Behandlung. Doch gerade das ist schwierig, bei all den Meinungsverschiedenheiten, Rivalitäten und Eifersüchteleien im Freundeskreis.

Freundschaften sind wie ein Übungsfeld, um die anderen und sich selbst zu erforschen

Man will sich ja unbedingt miteinander verstehen, aber da tuschelt auf einmal die Busenfreundin dauernd mit einer anderen, und man fühlt sich verraten; da geht einem das Imponiergehabe des besten Freundes zunehmend auf die Nerven, und man findet ihn blöd. Wie redet man darüber, ohne dass die Beziehung auseinander bricht? Ohne das eigene Gesicht zu verlieren oder aber den anderen schrecklich zu verletzen? In solch heiklen Situationen sind Kränkungen zwar unvermeidlich, aber sie sind auch nützlich, um die Fähigkeit zu erproben, Konflikte zu meistern und allmählich eine differenzierte Streitkultur zu erwerben – weit ab von der ungleichen Konstellation zu Hause.

Freunde bzw. Freundinnen bringen sich gegenseitig lebenswichtige Fertigkeiten bei. Gemeinsam wird ausgetestet, wie weit man sich schon von den Eltern abzugrenzen traut; vorsichtig tastet man sich an das andere Geschlecht und an die Sexualität heran, indem man sich über die ersten Erfahrungen austauscht, Peinlichkeiten und Ängste beichtet. Und wo sonst, wenn nicht unter Freunden – fernab von der Familie und dem anderen Geschlecht – begibt man sich auf die Suche nach seiner männlichen bzw. weiblichen Identität? Kernsätze wie »Das kenne ich, genauso geht es mir auch« sagen vor allem Mädchen und Frauen oder Jungen und Männer zueinander.

Wieso tun sich völlig unterschiedliche Charaktere bloß zusammen?

Allerdings ist manch eine Freundschaft in ihrer Grundkonstellation derartig ungleich, dass es verwundert, wieso sie überhaupt funktioniert: Warum sind sie so unzertrennlich,

Weiter auf Seite 178

Für den Start ins Leben brauchen die Kleinen nichts dringender als die Liebe der Eltern, ihren Halt und ihre Anerkennung. Doch je größer die Kinder, desto wichtiger werden die Beziehungen zu Gleichaltrigen. Freundschaften – so die einhellige Meinung der Psychologen – sind für die Entwicklung einer eigenen Identität geradezu unentbehrlich. Denn im Umgang mit Freunden wird Sozialverhalten in allen seinen Schattierungen eingeübt.

Teenager brauchen Freunde, um zu einer eigenen Identität zu finden

Da wird gelernt, dass nach einem Streit die Versöhnung möglich ist, dass neben den eigenen auch die Bedürfnisse des anderen zählen, dass es nicht nur gilt, Geheimnisse auszutauschen, sondern auch zu bewahren. Freunde kommen dahinter, dass es sich lohnt, Probleme gemeinsam anzugehen. Sie erfahren, dass weder sie selber noch der Freund bzw. die Freundin perfekt sind – und die Freundschaft trotzdem bestehen bleibt.

Im Umgang mit unterschiedlichen Freunden entfaltet auch jeder unterschiedliche Seiten seiner eigenen Persönlichkeit. Ohne die Reaktionen, die Kritik und die Anregungen von Freunden ist es unmöglich, zu einer eigenen Identität zu finden. Wie soll man erfahren, wer man ist, ohne sich mit anderen vergleichen und messen zu können? Ohne sich Gedanken über sie zu machen und von ihnen widergespiegelt zu werden?

Eltern ist das natürlich bewusst, gerne unterstützen sie die Freundschaften ihrer Kinder, freuen sich, wenn die Freunde in ihrem Haus ein- und ausgehen. Problematisch wird es für sie nur, wenn sie einen Freund bzw. eine Freundin nicht akzeptieren können. Oder wenn sie das Gefühl haben, im Leben ihrer Kinder überhaupt nicht mehr vorzukommen.

Es lohnt sich für Eltern, auch die »schlechten« Freunde kennen zu lernen

Ersteres ist meist gravierender. Am liebsten würden sie dem Kind die Freundschaft ausreden, doch damit erreichen sie in aller Regel nur das Gegenteil. Schließlich will jedes Kind seine Freunde selbst aussuchen und von sich aus herausfinden, wer

Weiter auf Seite 179

das unscheinbare, scheue Mädchen und das gut aussehende mit dem ungeheuren Erfolg bei den Jungen? Weshalb befreundet sich der Schmächtige mit dem durchtrainierten Supersportler, der ihn ständig in den Schatten stellt? Was haben diese ungleichen Paare überhaupt voneinander?

Nun, der eine mag zwar unter Minderwertigkeitsgefühlen leiden, aber solche Freunde ergänzen sich auch und ziehen sich an: Die weniger Hübsche ist vielleicht die bessere Schülerin und hilft ihrer Freundin, der schlechte Sportler ist vermutlich schlagfertig und wortgewandt, von seiner flinken Zunge profitiert die Sportskanone. So erhält der eine von dem anderen, was er selbst nicht besitzt.

Doch was Wunder, wenn da hin und wieder der Frust ausbricht. Innerhalb von Sekunden werden aus den engsten Freunden die ärgsten Feinde: »Mit dem Idioten/mit dieser blöden Kuh will ich nie wieder was zu tun haben!« Erwachsene versuchen in solchen Situationen meist begütigend auf ihre Kinder einzureden: »Ihr seid doch so gute Freunde, da werdet Ihr doch nicht ...« Doch ob Sohn oder Tochter, sie winken ab. Nur ungern lassen sie sich auf eine Diskussion mit der Familie ein. Umso verblüffter sind die Eltern, wenn über Nacht alles verziehen und vergessen ist. So plötzlich, wie die Feindschaft ausbricht, so schnell ist sie wieder begraben. Youngster sind meist abrupt und radikal in ihren Gefühlsausbrüchen, aber dafür auch wenig nachtragend. Eltern kommen da nur schwer mit. □

Genauso plötzlich, wie sie sich verkrachen, sind sie wieder ein Herz und eine Seele

auf Dauer zu ihm passt (siehe Seite 170). Sinnvoller ist es zu überlegen: Was findet das Kind an diesem Freund? Was ist so attraktiv, so unwiderstehlich an ihm oder auch an ihr? Die Wahl der Freunde hat viel mit unbewussten Bedürfnissen zu tun. Oft muss ein Pubertierender in einer Freundschaft unerledigte, noch nicht überwundene Schwierigkeiten aus früheren Kinderjahren ausleben: Intuitiv wird also der zum Freund, bei dem man kindliche Sehnsüchte, Ängste und frühes Leid noch einmal inszenieren und dadurch allmählich verarbeiten kann.

Bei der Wahl der Freunde sind oft unbewusste Bedürfnisse im Spiel

Daher empfiehlt es sich für Eltern, den Freund oder die Freundin besser kennen zu lernen – schon um dem Einwand »Ihr wisst doch gar nicht, wie er/sie wirklich ist!« vorzubeugen. Erst dann ist es möglich, sich eine Meinung zu bilden. Vielleicht ist ja der Freund doch in Ordnung? Wenn nicht, kommt es darauf an, die elterliche Abneigung, die Befürchtungen und Zweifel zu begründen und taktvoll zu erläutern, freilich ohne die Beziehung zu verbieten. Besser ist es, das eigene Vertrauen in die Urteilskraft des Kindes zu betonen und ihm zu versichern: »Du bist ein kritischer Mensch, du kommst selbst dahinter, was für dich am besten ist.« Im Übrigen wird der Teenager in den folgenden Jahren noch häufig seine Freunde wechseln, er entwickelt sich ja weiter, ändert seinen Geschmack und seine Interessen.

Ist es so, dass Eltern sich vernachlässigt fühlen, weil ihr Kind nur noch die Freunde im Sinn hat, dann nicht sauer reagieren oder beleidigt sein – Kinder sind lieber aus eigenen Stücken mit den Eltern zusammen als dazu genötigt zu werden. Außerdem ist ein einengender, vorwurfsvoller Familienverband, der ständig schlechtes Gewissen produziert, sehr viel weniger attraktiv als ein toleranter, fröhlicher und unternehmungslustiger Clan, wo Freunde der Kinder willkommen sind. □

In eine fröhliche Familie bringen die Kinder ihre Freunde gerne mit

Jeden Abend auf Achse

Jeden Abend durch die Kneipen ziehen: manchmal nicht nur Erlebnishunger, sondern auch ein Weglaufen vor Schul- und anderen Problemen

Ihre Freiheit möchten sie genießen. Mit Freunden zusammen sein. Etwas erleben. Weder in der Schule noch zu Hause ist das möglich, denn dort ist alles vorgegeben und festgeklopft. Die Freiheit ist da, wo keine Erwachsenen mitmischen: auf der Fete. In der Disko. Kein Wunder, dass viele Mädchen, viele Jungen abends von zu Hause wegstreben, um auszuprobieren, wie das ist, das Leben genießen. Vor allem Jugendliche, die mit ihrem Alltag nicht gut zurande kommen, die Schwierigkeiten in der Schule (im Beruf) und mit den Eltern haben, steigen gerne aus dem tristen Alltag aus. Wenigstens abends und am Wochenende die Probleme vergessen und sich hier Erfolgserlebnisse verschaffen: Wer mit der Clique unterwegs ist, vergisst die Langeweile und all die lästigen Pflichten, die zu Hause warten, fühlt sich stark und erwachsen auf der Suche nach seinem neuen Ich. Manche ziehen bereits mit 13, 14 los und vergessen, dass der Gesetzgeber Jugendlichen erst mit 16 Jahren zubilligt, allein ein Lokal zu betreten und Wein oder Bier zu bestellen und das nur bis Mitternacht. Rauchen in der Öffentlichkeit ist auch erst ab 16 erlaubt. Schnaps trinken ab 18.

Die Befürchtungen der Eltern nicht einfach wegschieben, sondern sich damit auseinander setzen

Die wenigsten Eltern nehmen es hin, wenn ihr Kind Abend für Abend unterwegs ist. Kräche, Explosionen sind unausweichlich. Die Auseinandersetzungen dürfen nicht in Machtkämpfe ausarten. Mit jedem Machtkampf wird es schwieriger, einen Kompromiss zu finden und Kompromisse müssen hier sein. Denn noch tragen die Eltern die Verantwortung für ihren Sohn, für ihre Tochter. Und diese Verantwortung nehmen die meisten Mütter und Väter sehr ernst. Auch wenn es schwer fällt, müssen Heranwachsende das respektieren. Erst mit ihrem achtzehnten Geburtstag, mit der Volljährigkeit ist die Bahn frei. Auch wenn Jugendliche ihren Eltern an den Kopf werfen, wie hoffnungslos altmodisch und eng sie doch seien, wissen die meisten ganz genau, dass die Erwachsenen aus Angst um sie Grenzen ziehen und Regeln erlassen, selbst um den Preis, von ihnen beschimpft zu werden. Und das rechnen sie ihnen im Grunde hoch an – auch wenn sie's nicht zugeben. □

Eine Szene, die sich am Samstagabend in vielen Familien abspielt: Die 16-jährige Tochter will auf eine Fete. »Ich mach mich auf den Weg«, verabschiedet sie sich. »Augenblickchen, so geht das nicht«, stoppt sie die Mutter. »Wann bist du zurück?« »Weiß nicht«, ist pampig die Antwort. »Kommt nicht in Frage! Spätestens um zwölf bist du wieder da«, bestimmt die Mutter. Die Folge: Ein deftig-.heftiger Streit, der mit Tränen und Türenknallen endet. Zurück bleiben ratlose Eltern, unsicher, wie sie sich verhalten sollen. Wenn ihr Kind, nicht nur am Samstagabend, sondern jeden Abend mit Wer-weiß-nicht-Wem ewig lange unterwegs ist, so ist das kein nichtiges Problemchen für die meisten Eltern, sondern eine Angelegenheit, die ihnen ernste Sorgen bereitet. Das sollten sie ihrem Kind auch sagen, möglichst in aller Ruhe und nicht vor anderen. Sie sollten hier nicht nur den eigenen Standpunkt verdeutlichen – »Wir haben Angst, dass dir etwas zustößt, wenn du nachts unterwegs bist. Du bist noch nicht alt genug, um die Verantwortung zu übernehmen, du brauchst noch Schutz! Und dazu deinen Schlaf. Du musst morgens einigermaßen ausgeschlafen sein für die Schule (für den Beruf)« –, sondern außerdem versuchen, die Situation auch aus der Sicht ihres Kindes zu betrachten. Auf dieser Basis kommt am ehesten ein Kompromiss zustande: »Du kannst ausgehen, aber nicht jeden Abend und wir bestimmen, wann du wieder zu Hause bist. Wir sind dabei nicht zu kleinlich und geben uns Mühe, nicht überängstlich zu sein!« Auf einen vernünftigen Kompromiss – Freiheit genießen, aber noch in Grenzen – lassen sich die meisten Jugendlichen einigermaßen wohlwollend ein, wenn sich der Konflikt nicht schon vorher hochgeschaukelt hat.

Später wollen Jugendliche ihre Freiheit dann ohne Grenzen genießen und die Verantwortung für sich selbst übernehmen. Diese Phase ist für viele Mütter, für viele Väter noch einmal eine harte Bewährungsprobe, die oft etliche schlaflose Nächte kostet, denn nun müssen sie lernen loszulassen, darauf zu vertrauen, dass ihr Kind mit seiner Freiheit vernünftig umgehen kann. □

Die eigenen Gefühle und Gedanken mitteilen, mit den Heranwachsenden diskutieren und das Ausgehen nicht gleich regeln oder sogar verbieten, sondern erst einmal miteinander reden

Offen für Experimente sein. Ausprobieren, bei welchem Reglement alle zustimmen können. Kompromisse aushandeln

Nicht gleich ausziehen: Ein neuer Trend?

Keine Lust auf Freiheit, wenn damit Unbequemlichkeiten verbunden sind

Nichts wie weg, hieß früher die Devise. Wer zu Hause hocken blieb, galt als Langweiler. Da hat sich einiges geändert, denn heute haben die meisten Jugendlichen nichts gegen Familienleben. Sie verbringen den größten Teil ihrer Freizeit zu Hause, und das nicht ungern. Die meisten lassen sich Zeit mit dem Ausziehen – und zwar nicht nur aus finanziellen Gründen. Warum auch frühzeitig ausziehen? Mütter und Väter haben in den letzten Jahrzehnten dazugelernt. Mit den meisten Eltern lässt sich einigermaßen gut leben, sie lassen mit sich reden, sind kooperativ, rücken häufig sogar bereitwillig zur Seite, wenn am Wochenende der Freund oder die Freundin zuzieht. Sie bringen Verständnis für fast alles auf und verzichten aufs Bevormunden. Fazit: Oft ist es urgemütlich zu Hause, schön kuschelig und warm. Dazu ist das Ganze wunderbar preisgünstig, und die Rundumversorgung klappt auch. Das alles scheint vielen Jugendlichen mehr zu bedeuten als die große Freiheit und Selbstbestimmung. Die Teenager von heute denken in der Mehrzahl praktisch, gelten nicht gerade als risikofreudig und abenteuerlustig. Die Welt da draußen lockt sie nur in Maßen. Schon in der Schule bekommen sie zu spüren, dass ein kühles Lüftchen weht in unserer Gesellschaft und dass es nicht unbedingt einfach ist und schon gar nicht bequem, in dieser Gesellschaft seinen Platz zu finden (siehe Seite 244). Besonders die zarteren Gemüter unter den Teenagern haben es deshalb oft nicht eilig, sich in diese Kampfarena zu begeben. Sie erleben zu Hause, bei Freunden, überall mit, dass viele Erwachsene unter den Belastungen leiden. Deshalb fühlen sie sich nicht unwohl unter den Fittichen der Eltern, genießen die heimelige Geborgenheit – trotz aller Konflikte, die sich im Alltag in der Familie ergeben. Sie sehen einfach keinen Grund, sich frühzeitig selbstständig zu machen (siehe Seite 184). Ein Mamasöhnchen/-töchterchen ist man deshalb noch lange nicht. □

Trotz aller Schwierigkeiten mit den Erwachsenen: Die Geborgenheit zu Hause hat einen hohen Stellenwert

Nicht nur viele Jugendliche, sondern auch viele Eltern wünschen sich, dass ihre Sprösslinge möglichst lange zu Hause bleiben, und zwar aus ganz unterschiedlichen Motiven:

Eltern, die perfekt und liebevoll für die Familie sorgen, fürchten häufig, mit dem Großwerden der Kinder ihre wichtigste Lebensaufgabe zu verlieren, haben Angst vor einem »leeren« Haus (»Lieber Krach, Geschrei und die alltäglichen Reibereien als immer nur Stille!«). Eltern, die sich schwer trennen (siehe Seite 155), möchten, dass ihre Kinder bleiben. Eltern, die stolz auf Haus und Hof, auf ihren Lebensstandard sind, haben oft das Bedürfnis, die Kinder möglichst lange daran teilhaben zu lassen nach dem Motto: »So schön und bequem wie zu Hause hast du es nie wieder!« Eltern, die sich als große Freunde ihrer Söhne, ihrer Töchter verstehen und ihnen viel Freiraum zugestehen, haben häufig ihren Spaß daran, das Familienleben neu zu organisieren und mit den fast erwachsenen Kindern à la Wohngemeinschaft zusammenzuleben. Eltern, die viel Wert auf Jugendlichkeit legen, sehen in ihren Nachkömmlingen wichtige Vorbilder und Berater: »Die kennen immer die neusten Trends!« Eltern, die auf die Mark achten müssen, beherbergen ihre Kinder gerne noch ein Weilchen, weil sie dabei, so ihre Kosten-Nutzen-Rechnung, finanziell besser über die Runden kommen. Dann müssen sie sich nicht so krumm legen für Ausbildung und Unterhalt. Eltern, die Schwierigkeiten miteinander haben, überreden ihre Kinder eher zum Bleiben als zum Gehen. Außer der Sorge um den Nachwuchs ist da manchmal nicht mehr viel Gemeinsames, und es besteht die Gefahr, dass diese letzte Gemeinsamkeit zerbröselt, wenn die Kinder eigene Wege gehen. Oft spielen Kinder dieses Spiel mit: Obwohl sie wegstreben, harren sie zu Hause aus, damit alles bleibt, wie es immer war (siehe Seite 160).

Aus ganz unterschiedlichen Motiven werden Kinder zum Bleiben animiert

Von der Angst, dass die Ehe auseinander geht, wenn die Kinder aus dem Haus sind

Warum wollen Jugendliche zu Hause bleiben?

Jugendliche haben oft keine Lust, das Elternhaus zu verlassen, und das hat unterschiedliche Gründe:

● Manche planen ihre Zukunft ganz genau, wollen erst intensiv ranklotzen für einen Superstart in die Zukunft, und dieses Programm lässt sich von zu Hause aus am besten durchführen; da gibt's selten Störungen.

Zur Angst vorm Alleinsein kommen unterschiedliche Motive, die Kinder daran hindern auszuziehen

● Viele ziehen erst einmal los und kommen fix wieder heim, weil das Leben draußen nicht nur verflixt kostspielig, sondern auch rauer ist als bei Muttern. Zudem kann man in der Familie noch am ehesten mit Verständnis rechnen für die eigenen Ecken und Kanten. Die Familie ist schließlich daran gewöhnt und geht gewöhnlich gnädig mit den Launen ihrer Familienmitglieder um. – Oft sind die »Heimkehrer« auch einfach noch nicht reif für längere Ausflüge in die weite Welt.

● Wieder andere sind einfach noch kindlich und anhänglich. Sie lassen sich zu Hause verwöhnen, sind gerne mit den Eltern zusammen. Sie akzeptieren die Mutter als Freundin, den Vater als Ratgeber. Es gibt selten Zoff.

Das eigene Zimmer: nicht nur Rückzugsmöglichkeit, sondern auch Startrampe für abenteuerliche Aktionen

● Und dann sind da noch die Teenager, die laut auf sich aufmerksam machen, die andere verschrecken und provozieren müssen. Und weil man Mütter und Väter in der Regel besonders schnell auf die Palme bringen kann, bleiben viele der aufmüpfigen Jugendlichen zu Hause und nutzen das eigene Zimmer als Basisstation für ihre bunten, schrillen Aktionen: das Zimmer wird zum Superchaos, das Familienleben zur Kampfstätte.

● Auch den Kindern, die nicht mit sich und ihrem Dasein klarkommen, die wirkliche Probleme haben, fällt es schwer, sich von zu Hause zu lösen.

Wenn sich Jugendliche nur in gewohnten Bahnen bewegen, lernen sie nicht, ihr Leben selbst zu organisieren. Es dauert länger, bis sie erwachsen und fähig werden, auf eigenen Füßen zu stehen (siehe Seite 154). □

Längst nicht alle Eltern freuen sich, wenn ihre Söhne und Töchter zu Hause hängen bleiben: »Die Kinder schauen kurz rein. Hat man Glück, bekommt man einen flüchtigen Kuss auf die Wange. Sie fragen, wie's geht, haben aber keine Zeit, die Antwort abzuwarten. Sie lassen die dreckige Wäsche da, meckern übers Essen und schwirren davon, ohne zu sagen, wann man in etwa wieder mit ihnen rechnen kann.«

Ein leidiges Lied, das viele Mütter und Väter singen: »Unsere Wohnung ist kein Hotel!«

Väter, vor allem jedoch Mütter fühlen sich von ihren Sprösslingen manchmal ausgebeutet: »Wir sollen immer parat sein.« Sie haben keine Lust mehr, den Dienstleistungsbetrieb zu Hause aufrechtzuerhalten, möchten endlich ihr eigenes Programm machen, möchten nicht länger Rücksicht nehmen müssen auf Kind und Kegel. Oft bleibt es bei dem Wunsch, denn steht fest, dass die Kinder bei Mama bleiben wollen, verzichten die meisten Mütter darauf, die eigenen Zukunftspläne in Angriff zu nehmen – selbst wenn ihnen das Machen und Tun für die Familie »unheimlich auf den Wecker geht«.

Der Abstand zwischen den Generationen hat sich verringert

Der Familienbetrieb wird also aufrechterhalten, alles geht im alten Trott weiter. Die meisten Eltern können sich damit arrangieren. Ein Grund: Der Abstand zwischen Jung und Alt hat sich verringert. Mütter und Töchter sehen heute nicht selten wie Schwestern aus, Väter und Söhne wie Freunde. Man hat Spaß an den gleichen Klamotten, an den gleichen Sportvereinen und Ferienzielen. Der tiefe Graben zwischen den Generationen existiert nicht unbedingt. Im Gegenteil: Oft fühlt sich einer durch den anderen bereichert. Die Eltern profitieren von der Fröhlichkeit, von der Unbeschwertheit ihrer Söhne und Töchter, die Kinder von den Erfahrungen der Erwachsenen. Vielen scheint es zu gelingen, dieses Ideal einigermaßen zu verwirklichen. Warum sich also abnabeln? »Ist doch gar nicht nötig, wenn man sich mit seinen Eltern versteht«, sagt Petra. Sie will noch nicht lernen, auf eigenen Füßen zu stehen. Hat das nicht Zeit bis später (siehe Seite 246)? □

Jugendkultur: bloß nicht so sein wie die anderen

Eine einheitliche Jugendkultur existiert nur in der Vorstellung der Erwachsenen

Ausgesprochen allergisch reagieren viele Youngsters auf die ständigen Versuche, »die Jugend« und »die Jugendkultur« ins Visier zu nehmen. »So ein Schwachsinn«, empört sich Tim, 18, »das bringen nur Erwachsene, die keine Ahnung davon haben, was in der Szene los ist.« Da öffnet sich nämlich zwischen knallfarbenen Musikfreaks und aggressionsgeladenen Extremisten ein breit gefächertes Spektrum an Möglichkeiten, sich zu stilisieren, sich voneinander und besonders von den Erwachsenen abzusetzen. Rapper etwa und Hip-Hopper kommen in Riesenjeans und -turnschuhen daher, alles bunt und viel zu groß, gekrönt von einer merkwürdigen Kopfbedeckung. Ihre Leitbilder finden sie unter den Stars der Musikszene. Genauso die Techno-Freaks mit ihren ausgeflippten, »spacigen« Klamotten oder die Heavy-Metal-Fans. Neben der Musik hat das Outfit bei diesen Gruppen Signalfunktion, aber nicht als Uniform. Jeder sucht Neues in seiner Stilrichtung, um die anderen zu beeindrucken. Vorzugsweise aus der Street-Wear-Kiste von Stüssy etwa oder Jive. Ökos oder Alternative dagegen nehmen sich äußerlich ganz zurück, propagieren Bescheidenheit, eine einfache, natürliche Lebensart und suchen nach alternativen gesellschaftlichen oder ökologischen Konzepten. Viele aus der Computer- oder Hacker-Szene stehen ihnen nahe. Eine wieder andere Richtung vertreten etwa die New-Age-Anhänger mit ihrer spirituellen Sinnsuche und esoterischen Ambitionen. An den extremen Rändern der wild gemischten Szene bewegen sich Gruppen mit mehr politischer Ausrichtung: Punker, die ihre No-future-Haltung durch schrille Musik und Aufmachung ausdrücken, Autonome, Hooligans oder Skins. Hochgerollte Jeans, Bomberjacken und Springerstiefel sind bei den Skinheads eindeutig Uniform, ihre weißen Schnürsenkel unmissverständliches Zeichen für Ausländerhass, zu dem ihre Bands auch offen aufrufen.

Von Musik und Outfit bis zur politischen Einstellung – es gibt viele Möglichkeiten, sich von anderen abzugrenzen

Die Zugehörigkeit zu einer wie immer gearteten Gruppe stärkt den Jugendlichen gewaltig den Rücken, aber sie gibt

Weiter auf Seite 188

Nie zuvor bemühte man sich so intensiv wie heute, Lebensgefühl und Lebensstil der Jugendlichen zu analysieren. Kaum zeichnet sich ein neuer Trend ab, wird nicht geruht, bis er mit einem Etikett versehen ist: No-future-Generation, Softies, Slacker, Generation X oder Y… Unter den Erwachsenen scheint eine Art Rumpelstilzchen-Syndrom zu grassieren: Wenn sie erst einmal einen Namen wissen, glauben sie, die Jungen im Griff zu haben.

Warum so intensiv nach Etiketten für »die« Jugendkultur gesucht wird

Warum eigentlich legen sie so immensen Wert darauf, »die Jugend« mit Typologien und Klassifizierungen einordnen zu können? Zum Teil natürlich aus wirtschaftlichen Gründen. Schließlich verfügen die Kids über eine enorme Kaufkraft, und Marketingexperten setzen alles daran, dem Geschmack und Feeling dieser höchst attraktiven Zielgruppe möglichst dicht auf den Fersen zu bleiben. Zum Teil aber wohl auch, um herauszufinden, was nach jeweils neuestem Stand als besonderes Zeichen von Jungsein, ungebrochener Vitalität und Spontaneität gilt. Die Wertschätzung der Jugend als Lebensspanne steigerte sich in den letzten Jahrzehnten zum regelrechten Jugendkult, der die Jugend zur wichtigsten Phase des Lebens erklärt und Jugendlichbleiben zum absoluten Muss für jeden, der auf sich hält. Gnadenlos eignen die »Alten« sich alles an, was die Jungen erfinden – Moden, Frisuren, Accessoires, Tanzstile, Sprachgewohnheiten (siehe Seite 190) – und werden doch immer wieder abgehängt. Kaum haben sie Ausdrücke wie »geil« oder »ätzend« in ihren Wortschatz eingebaut, sind sie auch schon wieder »mega-out«. Der Mythos von der ewigen Jugend hindert viele daran, die Rolle des Erwachsenen zu akzeptieren – wozu sie nicht einmal aus ihren Jeans steigen müssten. Je hemmungsloser die jugendlichen Lebensstile kommerzialisiert und kopiert werden, desto schneller und extremer sind die Kids mit neuen Kreationen da. Diese unverwüstliche Dynamik erfüllt Erwachsene oft mit Neid oder Misstrauen. Wie zu allen Zeiten beobachten sie das Treiben der nachkommenden Generation mit finsteren Befürchtungen, halten die Youngsters für oberflächlich, verantwortungslos, unbelastbar…

Blitzschnell eignen sich die Erwachsenen an, was die Jugendlichen erfinden

Weiter auf Seite 189

ihnen auch Spielraum, ihr Lebensgefühl auszudrücken, mit Arten der Selbstdarstellung zu experimentieren und ihren Spaß an Neuerungen oder Provokationen auszutoben. Natürlich stechen die klar abzugrenzenden Gruppen – vor allem wegen ihrer oft bizarren Erscheinungsformen – besonders ins Auge. Das verführt leicht dazu, an ihnen das Bild »der Jugend« festzumachen. In Wirklichkeit umfassen sie aber nur eine Minderheit. Die allermeisten Jugendlichen verhalten sich viel unauffälliger. Sie haben ein unproblematisches Verhältnis zu Familie und Schule und genaue Zielvorstellungen. Trotzdem schwimmen sie nicht einfach auf der Welle der Erwachsenenkultur mit. Fast alle holen sich Anregungen bei den Exoten des jugendkulturellen Milieus oder aus der Kino- und Musikszene und wandeln sie nach persönlichen Vorstellungen und denen ihrer Clique ab. Über Mode, Frisuren, Musik, Umgangsformen und Slang schaffen sie sich ihre eigene Subkultur, in der die Grenzen fließend sind. Manches wird nur ausprobiert und schnell wieder abgelegt. Aber was sich etablieren kann, gibt oft auch dem Lebensstil der Erwachsenen einen neuen Kick. Viele kulturelle Umschwünge der letzten Jahrzehnte bezogen ihre ersten Impulse aus der Jugendszene.

Die meisten Jugendlichen verhalten sich unauffällig und kommen ohne große Probleme mit Eltern und Schule aus

Viele kulturelle Umschwünge bahnen sich in der Jugendszene an

Jugendkulturelle Strömungen entwickeln sich in enger Wechselwirkung mit den Medien, mit Musik, Kino und Fernsehen, mit Zeitschriften und Büchern. Die Medien liefern Muster für die Selbstinszenierung der Youngsters, greifen aber ihrerseits Ideen auf, die von den Teenies produziert wurden, und machen daraus oft ein Massenphänomen. Damit ist der Reiz für die Jugendlichen meistens verflogen, eine neue Stilrichtung muss her. Bei der Suche nach ihrer Identität scheint ihr Erfindungsreichtum keine Grenzen zu kennen. □

Vielen Eltern hilft es, mehr Gelassenheit und Vertrauen zu entwickeln, wenn sie sich daran erinnern, wie sie selbst die Großen mit lauter Popmusik, Hippiegewändern, wallenden Mähnen und provozierenden Reden nervten – und wenn sie bedenken, wie viele bunte Vögel von damals zu »ganz vernünftigen Leuten« wurden. Mit Geduld und Humor lassen sich selbst die exzentrischsten Kostümierungen und Posen besser ertragen als mit übertriebener Sorge und ständigem Gezeter. Schwieriger allerdings wird es, wenn Jugendliche sich aggressiven Gruppen anschließen. »Seit den 68ern haben die Alten alle Formen der Provokation ausprobiert«, sinniert Axel, 19, »vielleicht treibt das manche Jugendliche heute in die Skinhead-Szene. Das ist neu, und da will von denen wohl keiner hin.« Mag sein, dass sich einige tatsächlich nur von den Erwachsenen abgrenzen wollen. Bei den meisten aber sitzt das Problem tiefer: Über ihr gewalttätiges Auftreten reagieren sie Konflikte mit Familie, Schule oder sozialem Umfeld ab, vor allem aber mangelndes Selbstwertgefühl und den daraus entstehenden Hass auf sich selbst und die anderen (siehe Seite 208) Jugendliche, die sich hinter einer so harten Schale verbarrikadieren, sind mit Worten oft schwer zu erreichen und durch Verbote oder Strafen wenig zu beeindrucken. Das Defizit an Zuwendung, an Geliebt- und Verstandenwerden, das meistens hinter ihrem Verhalten steckt, lässt sich auch kaum aus dem Stand auffüllen, wenn es einmal so weit gekommen ist. Vor allem weil Väter und Mütter häufig in die Entstehungsgeschichte der Gewaltbereitschaft verwickelt sind, brauchen sie fast immer familientherapeutische Hilfe, um die Verstrickung in Hass und Zerstörung überwinden zu können. □

Geduld und Humor sind hilfreicher als Sorgen und Schimpfen

Gewalttätigkeit – oft ein Zeichen von mangelndem Selbstwertgefühl

Sprache: ein ganz eigener Code

Vor ein paar Jahren noch hieß »kein Verständnis« im Teenie-Jargon »keinen Durchblick« haben, inzwischen ist daraus »null Peilung« geworden. Nach dem Stille-Post-Verfahren – einer sagt's dem anderen – sprechen sich die neuesten Idioms unter Jugendlichen herum, und zwar in ganz Deutschland. Irgendwann heißt »toll« nicht mehr »toll«, sondern »geil«. Das Auto ist geil. Der Rock, die Musik, der Film – alles ist geil. Wenn Mütter und Väter dann mit ihren Bemühungen kommen, die deutsche Sprache zu pflegen – »Das kannst du doch nicht sagen« und »Klingt einfach scheußlich!« – ernten sie von ihrem Nachwuchs nur ein mildes Lächeln. Dass das »Geil« von heute nicht mehr die gleiche Bedeutung habe wie das »Geil« von gestern, werden sie belehrt und fühlen sich in diesem Moment weniger jung als sonst, mehr zum älteren Eisen gehörend. Das ist auch der Sinn der Übung, denn die Jungen wollen auch mit Worten provozieren. Denn gerade die Sprache wird von Jugendlichen benutzt, um sich von anderen abzusetzen, von Älteren, aber auch von Gleichaltrigen. Wer mit Sprache spielt, kann seine Kreativität, seinen Humor, seine neuen Denkfähigkeiten anbringen und auf diese Weise seine Individualität unterstreichen – und das tun viele Heranwachsende mit Freuden. Jugendliche, die gute Sprüche drauf haben, sind meist hoch geschätzt unter Gleichaltrigen. Je witziger die Wortschöpfungen und Satzgebilde, desto besser, denn wie Mode und Musik kann auch die Sprache ein Mittel der Selbstinszenierung sein. Klamotten und Kassetten sind zu kaufen, Wortspiele, Wortschöpfungen aber nicht, und deshalb sind sie ein besonders kostbares Gut. – Es gibt zwei Arten von Modewörtern, die bei Heranwachsenden »in« sind: zum Ersten die Ausdrücke, die jeder unter 20 kennt und benutzt (Wörter wie »mega« oder »cool«), und zum Zweiten reine Insider-Codes, Codes, die jeweils nur von einem ganz bestimmten Trupp verstanden und benutzt werden. Wer zu dieser Clique gehören will, muss den Code kennen. □

Sprache: eine Möglichkeit, sich von anderen abzugrenzen

Mit Wörtern, mit Sätzen spielen und so Ideenreichtum beweisen

Die neuesten Redewendungen und Wortschöpfungen aus der Teenie-Szene werden nicht nur von Sprachforschern, sondern vor allem von Werbung und Medien registriert und nur zu gerne übernommen, denn das verkauft sich gut. Jugendliche haben eine Antenne für neue Sprach-Trends; sie ahnen, welche englischen Wörter sich bei uns einbürgern, welche Wortwitze Zukunft haben könnten. Sie spüren, was in der Luft liegt, schnappen Wörter frühzeitig auf und spielen damit, ganz locker und unbeschwert. Viele Eltern wollen sich da anhängen, mitziehen lassen und von der Verspieltheit profitieren. Das klappt selten. Ihre Sprüche sind verkrampfter, treffen eben nicht den ganz bestimmten lässigen Ton. Auf diesem Terrain sind die Jungen den Alten meist eindeutig überlegen: Sie haben für den Zeitgeist in punkto Sprache einfach das bessere Gespür. Dass sie witzig und spritzig mit Sätzen und Wörtern hantieren, hat seinen Grund auch darin, dass Jugendliche als Kenner von Comics und Zeichentrickfilmen mehr als geübt sind im Umgang mit Kürzeln und Satzfetzen.

Von der Lässigkeit und dem Witz der Jungen möchten viele Erwachsene profitieren

Das Ganze hat aber auch eine Kehrseite: Wenn Kinder dauernd vor der Glotze hängen oder sich aufs Sprechblasenlesen beschränken, verlieren sie die Fähigkeit, sich sprachlich präzise auszudrücken. Sie können ihre Probleme weniger exakt und differenziert beschreiben als Gleichaltrige, die auch längere Geschichten lesen, also eine reichere Sprache erleben. Wer sich klar ausdrückt, ist im Vorteil, kann seine Gefühle und Gedanken beschreiben und erhält von seiner Umwelt entsprechend mehr Zuwendung, kommt in der Schule weit besser über die Runden und hat später im Beruf weniger Schwierigkeiten, seine Vorstellungen genau darzustellen. Eltern sind hier als Vorbild unentbehrlich. Eine Mutter: »Ich frage viel nach, wenn ich mich mit meinen Söhnen unterhalte, bringe sie so dazu, ihre Meinungen sorgfältig zu formulieren. Außerdem habe ich es immer noch nicht aufgegeben, sie zum Lesen anzuregen!« □

Auch jetzt noch eine wichtige Aufgabe: die Sprachentwicklung fördern

Und was, wenn die Probleme überhand nehmen?

Wenn mit der Seele auch der Körper krank wird

Wenn sich im Alltag Schwierigkeiten ergeben: Die meisten Jugendlichen holen sich Unterstützung

Rückzug in Krankheit, wenn die Belastungen steigen

Der beste Freund hat plötzlich nur noch seine große Liebe im Sinn. Die Eltern nerven, mäkeln an allem und jedem herum. Die Lehrer kennen nichts als Noten und machen Druck. Das Gros der Teenager verkraftet diesen Alltagsstress. Die meisten sind nicht nur widerstandsfähig, sondern auch selbstsicher und aktiv genug, um sich Unterstützung zu holen. In der Familie. In der Klasse. Sie müssen also nicht alleine mit ihren Problemen fertig werden. Aber etlichen Jugendlichen – und das werden zunehmend mehr – mangelt es gerade an diesen Fähigkeiten. Ihnen will es nicht gelingen, das Leben mit Leichtigkeit anzugehen. Ihnen machen die alltäglichen Belastungen zu schaffen, und sie sind auch nicht in der Lage, sich Unterstützung zu holen. Oft leiden sie unter Kontaktschwierigkeiten, finden keine Clique, in die sie hineinpassen. Dazu kommen meist Selbstzweifel: »Ich bin zu dick. Zu hässlich. Meine Ausstrahlung ist gleich null!« Unter Selbstzweifeln leiden vor allem Mädchen (siehe Seite 201). Wenn ihnen alles über den Kopf wächst, ziehen sich Teenager nicht selten in eine Krankheit zurück. Besonders die Stillen, Zurückhaltenden sind gesundheitlich gefährdet, auch hier wieder vor allem die Mädchen. Mädchen zeigen ihre Ängste seltener, werden nicht aggressiv wie die Jungen, reagieren auf Stress mit körperlichen und seelischen Beschwerden. Sie klagen oft über Nervosität, Schwindelgefühle, Schlaflosigkeit und Traurigkeit, Kopfweh, Bauchweh und Verdauungsstörungen, Rücken- und Kreuzschmerzen. Entsprechend häufiger greifen Mädchen in Stresssituationen zu Medikamenten, vor allem zu Schmerz- und Beruhigungsmitteln (aber auch zunehmend zu Alkohol und Nikotin). Nicht mit Pillen und gesunder Lebensweise ist diesen gesundheitlichen Störungen beizukommen, sondern oft nur mit medizinischer und psychotherapeutischer Hilfe. Die Hilfe besteht vor allem darin, die Botschaften entschlüsseln zu helfen, die sich hinter den Symptomen verbergen. □

Natürlich ist ein Teenager langsam für sich selbst verantwortlich. Klagt er jedoch laufend über Kopf- oder Bauchweh, tun Eltern das, was sie immer schon taten: Sie hegen und pflegen ihn und machen sich Sorgen. Und das ist meist sehr im Sinne ihres Sprösslings, der sich mit dem Kranksein eine Ruhepause gönnt. Ohne sich dessen bewusst zu sein, fällt er wieder in die vertraute Kinderrolle zurück. Denn wer krank ist, kann das Erwachsenwerden hinausschieben und ist den Druck, selbständig werden zu müssen, erst einmal los. Das Kranksein liefert einen Grund, noch einmal gemütlich zu Hause unterzuschlupfen und Wärme, Nähe, Geborgenheit zu tanken. Oft sind die ewigen Bauch- und Kopfschmerzen, die kleineren Wehwehchen oder auch gravierenderen Erkrankungen ein Hilferuf. Erst wenn der Sohn, wenn die Tochter gesundheitliche Probleme hat und damit ihre Aufmerksamkeit erzwingt, wird vielen überbeschäftigten Vätern oder gehetzten Müttern bewusst, dass ihr Kind bislang, da alles glatt lief, zu einem Statisten in ihrem Leben geworden war. Jetzt ergibt sich eine Chance, diese Haltung zu korrigieren.

Sich mies fühlen, heißt manchmal: »Ich brauche eine Verschnaufpause«

Während sie ihr Kind umsorgen, werden sich Eltern schmerzlich ihrer Hilflosigkeit bewusst. Jetzt können sie dem Sohn, der Tochter nicht länger – so wie zu Kinderzeiten – die Sicherheit vermitteln: »Es wird alles gut!« Mit seinen Zweifeln, Ängsten, Schwierigkeiten muss ein 14-, 15-, 16-Jähriger weitgehend selbst fertig werden. Eltern sollten sich darauf beschränken, Hilfestellung zu geben, indem sie das Selbstwertgefühl ihres Kindes stärken und loben, wo es etwas zu loben gibt. Das Lob sollte ehrlich gemeint sein. Gerade Jugendliche entwickeln ein feines Gespür für falsche Töne. Besonders Mädchen, immer noch benachteiligt, brauchen Mütter, vor allem jedoch Väter, die sie als Persönlichkeiten akzeptieren und ihnen zeigen: »Du bist in Ordnung! Wir haben dich lieb!« Die das Selbstwertgefühl ihrer Töchter stärken, ihnen Freiheit lassen und sie für voll nehmen. □

Gerade Mädchen erfahren manchmal zu wenig Anerkennung von ihren Eltern. Sie brauchen das Gefühl, ernst genommen zu werden

Über den Umgang mit Krankheit

Ihre Gesundheit ist den 14- bis 15-Jährigen nicht gleichgültig. Sie hören durchaus zu, wenn von gesunder Ernährung die Rede ist und davon, dass viel Schlaf ein Heilmittel sein kann. Das heißt aber noch lange nicht, dass sie auch gesundheitsbewusst leben. Denn in der Praxis ist alles Wissen schnell vergessen – jedenfalls bei den Schusseligen und Temperamentvollen, den Sportfans und Aktivbolzen. In der Praxis zählt anderes: Der Körper ist für Heranwachsende *das* Mittel, sich auszudrücken. Vor allem für Jungen. Egal, ob sie tanzen, Tore schießen oder Berge erklimmen, immer wollen sie sich durch diese Aktionen mitteilen: »Schaut her, wer ich bin!« (siehe Seite 144). Gleichzeitig werden die Möglichkeiten dieses Ausdrucksmittels getestet, vor allem seine Grenzen ausgelotet. Sind sie in der Disko, auf der Skipiste, auf dem Fußballplatz, also richtig in Action, werden meist alle vernünftigen und guten Vorsätze total vergessen. Dann ist kein Gedanke an »sich schonen« oder »vorsichtig sein«. Jetzt gilt nur noch »sich spüren«, »sich völlig verausgaben«. Das kostet dann eben ein paar Prellungen und Beulen. Erst wenn sie wirklich einmal auf der Nase liegen, kommt bei vielen Heranwachsenden Angst auf, ernsthaft krank zu sein. Ihnen wird jetzt plötzlich bewusst, wie heimatlos sie sich in ihrem neuen Körper noch fühlen. Jetzt wünschen sich viele einen Arzt, mit dem sich reden lässt, der ihnen hilft, sich besser auszukennen mit ihrem Körper, der ihnen seine Funktionen erklärt. Auch wenn sich Jungen oft lange dagegen wehren, krank zu sein, sind sie letztendlich interessiert an Informationen über ihre Beschwerden, haben Mediziner herausgefunden. Mädchen berichten dagegen dem Arzt zwar bereitwillig von gesundheitlichen Problemen, wollen aber häufig weniger über die Ursachen der gesundheitlichen Störung wissen – vielleicht, weil sie ihre Angst vor Krankheit verdrängen wollen. □

Der Körper: ein wichtiges Mittel, um sich auszudrücken. Vor allem Jungen zeigen gerne, wie gut sie ihren Körper beherrschen

Den Körper mit neuen Gefühlen betrachten. Noch ist alles ungewohnt und fremd

Gerade im Bereich Gesundheit haben viele Mütter, viele Väter ihre Schwierigkeiten, die Verantwortung abzugeben, weil sie genau zu wissen meinen, dass 15-, 16-, 17-Jährige alles andere im Sinn haben, als auf ihre Gesundheit zu achten. Da wird garantiert kein Obst gegessen, bei Eiseskälte keine Jacke übergezogen. Das Loslassen fällt Eltern leichter, wenn sie wissen, dass ihr Kind einigermaßen gesundheitsbewusst lebt und bei Krankheit nicht nach eigenem Gutdünken an sich herumdoktert, sondern zum Arzt geht. Es gibt gute Gründe dafür, warum Heranwachsende bis zum Abschluss der körperlichen Entwicklung zum Kinderarzt gehen sollten. Manch langer Lulatsch hat zwar wenig Lust, sich zwischen das kleine Gemüse ins Wartezimmer zu setzen – »Schließlich bin ich kein Kind mehr!« –, dennoch sitzt er hier richtig. (Manchmal gibt's auch Extrasprechstunden für die Großen.) Normalerweise ist der Kinderarzt seinen Patienten seit Jahren vertraut. Und weil er vertraut ist, hat eine 15-, eine 16-Jährige meist weniger Hemmungen, sich an ihn zu wenden als an einen »fremden« Arzt. Er traut sich hier eher, aus sich herauszugehen, um genauere Erklärungen bestimmter Symptome zu erbitten, Fragen zu stellen (auch »dumme« Fragen), Angst vorm Kranksein einzugestehen – und zwar ohne die Furcht, sich zu blamieren. Er hat in der vertrauten Umgebung vielleicht den Mut, von sich selbst und von gesundheitlichen und (oder) psychischen Problemen zu berichten. Gerade weil ihr Gesprächspartner der »alte« Kinderarzt ist und kein Psychologe, fällt es manchem Teenager hier weniger schwer, mit seinen Sorgen und Nöten herauszurücken. Der Schritt zum Psychotherapeuten oder Sozialberater ginge vielen zu weit. Ein guter Kinderarzt fühlt sich nicht nur für Kinder, sondern auch für Heranwachsende zuständig und für ihre besonderen gesundheitlichen Belange, wie etwa Fragen des Wachstums, der Reifung, der körperlichen Entwicklung. Er verfügt über das nötige Fachwissen. □

Bei Gesundheitsproblemen: Noch ist der Kinderarzt der richtige Ansprechpartner

Nicht nur über körperliche Symptome, sondern auch über seelische Probleme mit dem Arzt sprechen

Schule: Eigenständigkeit nur bedingt gefragt

Ein 17-jähriger Gymnasiast hat seine Schwierigkeiten mit Latein und Mathe – eigentlich mit dem ganzen Drum und Dran in der Schule. Er hat die Lernerei satt und die Lehrer erst recht. Gerade jetzt, in dieser Umbruch- und Aufbruchphase, könnte Schule viel Freude machen: Nicht wenige der 15-, 16-, 17-Jährigen nehmen sehr bewusst wahr, dass sie im Denken ein paar Entwicklungsstufen weitergekommen sind, möchten ihre neuen Fähigkeiten in der Schule an den Mann bringen und zeigen, was sie jetzt können: argumentieren und abstrahieren zum Beispiel (siehe Seite 56 bis 64). Umso enttäuschter sind sie, dass in der Schule weiterhin alles nach Schema F läuft, dass Eigenständigkeit, Originalität, Kreativität, Toleranz, Kooperationsfähigkeit nicht oder nur wenig gefragt sind. Den Lehrstoff intus zu haben, das sei allein wichtig. Die ganze Schulatmosphäre sei nicht das Wahre für Individualisten, meinen viele Schüler, die gerade auf ihre Individualität viel Wert legen. In den riesigen Schulen geht jedoch der einzelne Schüler in der Masse leicht unter. Große Klassen, genervte Lehrer, die den Lehrplan durchziehen, die jede Menge Wissen vermitteln (müssen), bringen Frust.

Keine Lust auf das Lernen nach Schema F. Das, was Schule bietet, interessiert viele Jugendliche nicht

Natürlich ist es alles andere als einfach, einen Pulk Halbwüchsiger zum Lernen zu animieren. Ganz klar, dass sich Disziplin- und viele andere Probleme ergeben. Eigentlich müsste es eine besonders interessante Herausforderung für Pädagogen sein, die Schüler gerade jetzt, in dieser spannungsreichen Umbruchphase, bei der Stange zu halten. Ist es in der Praxis aber nicht. Die 7., 8. und 9. Klasse sind unbeliebt bei Lehrern: zu viel Trouble, zu anstrengend. Unterrichten sie Schüler dieser Altersgruppe, geben sie sich häufig betont distanziert und leistungsorientiert – sicherlich vor allem aus Angst, die Klasse nicht in den Griff zu bekommen (siehe Seite 200). □

Lehrer fühlen sich schnell überfordert: zu anstrengend, auf die Belange von Halbwüchsigen geduldig einzugehen

Schule ist ein schwieriges Terrain für Schüler und auch für Mütter und Väter, ein widersprüchliches Thema, über das in den Familien viel geredet, gestritten wird. Einerseits sind sich Eltern und Kinder oft einig in ihrer Kritik an der Schule: eine öde Lernerei über weite Strecken, zu wenig motivierend, nicht abgestimmt auf die Bedürfnisse der Schüler. Andererseits erwarten die meisten Eltern, dass ihre Sprösslinge mit dieser Lernfabrik zurechtkommen: die Schule in Frage stellen ja, aber bitte nicht grundsätzlich. Sich mit dem Grundsätzlichen zu beschäftigen, ist aber gerade das Salz in der Suppe und deshalb von Interesse.

Meist nicht im Sinne der Eltern: Schüler, die Schule – so wie sie sich zeigt – grundsätzlich in Frage stellen

Heranwachsende sind keine Meister im Kompromissemachen und wollen es auch nicht sein: »Wenn der Unterricht blöd ist, sage ich das auch laut und deutlich!« Wieder geraten Eltern in die Zwickmühle. Zwar bestärken sie den Sohn, die Tochter darin, sich eine eigene Meinung zu bilden, aber sie sollten lernen, ihre Kritik nicht ganz so lautstark in der Schule anzubringen, meinen viele. In der Schule muss Anpassung sein. »Schließlich muss man sehen, wie man zu den Zeugnissen kommt, die man braucht!« Die Mutter einer sehr diskussionsfreudigen 17-Jährigen versucht, ihre Tochter immer wieder zu bremsen: »Leg dich doch nicht dauernd mit den Lehrern an!« Vergeblich. Ärger nehmen viele der aufmüpfigen 14-, 15-, 16-Jährigen hin. Wenn sich die Schulprobleme mehren, meinen viele Eltern – vor allem Mütter – sofort, sie seien »schuld« an den Konflikten. Schuldbekenntnisse helfen nicht weiter, es geht vielmehr darum, herauszufinden, was die Ursache für den Schlamassel sein könnte. Kommt das Kind nicht mit seinen Lehrern, mit seinen Mitschülern zurecht? Ist es überfordert? Ist die Schule zu schwer? Will es sich freistrampeln vom Einfluss der Eltern? Verstärken Freunde die Lustlosigkeit gegenüber der Schule? Hat es körperliche, seelische, soziale Probleme?

»Habe ich mich ausreichend gekümmert?« Viele Eltern machen sich Vorwürfe, wenn ihr Kind in der Schule nicht zurechtkommt

Wer sich selbst, wer sein Kind genau beobachtet, viel mit ihm, mit Lehrern und Mitschülern spricht, findet Anhaltspunkte, die Grundlage sein können für weitere Gespräche. □

Schule: kein Interesse, keine Lust mehr

Andere Themen sind jetzt weit interessanter als Schulwissen

In der 7., 8., 9. Klasse sitzt ein gemischtes Völkchen im Klassenzimmer. Hier noch Jungen mit Kindergesichtern, die vor allem ihr Tennis-, ihr Fußballspielen im Kopf haben, da breitschultrige Riesen von Kerlen, die zu den Mädels hinüberpeilen, zu Mädchen, die sich erwachsen geben und dennoch nicht wissen, ob sie noch klein oder schon groß sind. In der Pubertät gehen mehr und mehr Schüler auf Distanz zu Lernen und Leistung. Sie reagieren enttäuscht nach dem Motto: »Wenn sich die Schule nicht um uns kümmert, kümmern wir uns auch nicht um die Schule.« Es gibt also keine oder wenig Motivation, sich für den Schulbetrieb zu engagieren. »Das, was ich lernen möchte, lerne ich in der Schule nicht. Da läuft alles auf eingefahrenen Gleisen, bleibt kein Raum für Experimente und tolle neue Erfahrungen.« Sabine, 16 Jahre alt, 10. Klasse Gymnasium, empfindet die Schule nur als lästige Pflicht. »Stinklangweilig – es ist die Frage, ob ich das noch jahrelang aushalte!«

Dass sie mit sich selbst noch nicht im Reinen sind, zeigt sich besonders in der Schule: Es fällt schwer, die Pflichten zu erledigen

Wenn sie mit der Schule nicht zurande kommen, schalten die meisten Schüler ab, arbeiten unzuverlässig, beteiligen sich nicht am Unterricht, sind unkonzentriert, zerstreut, vergesslich, interesselos. Sie dösen und träumen zum Fenster hinaus. Sie schwatzen und kichern. Ihre Schrift ist krakelig, einfach unmöglich, kaum leserlich. Die Schulleistungen lassen reichlich zu wünschen übrig. Die Noten bewegen sich langsam gen 5 und 6. Ausgerechnet in dieser kritischen Phase schraubt die Schule ihre Forderungen hoch. In der Phase des stärksten Hormonschubs – in der 7., 8. Klasse – geht es rund im Unterricht. Gerade jetzt kommt der Lehrplan mit neuen Fächern: mit der zweiten Fremdsprache, mit mehr Naturwissenschaften. Damit ist bei vielen Kinder das Sitzenbleiben vorprogrammiert (siehe Seite 202). □

In bürgerlichen Familien hat jeder bestens zu funktionieren. Die Eltern verlangen viel von sich selbst und ebenso viel von ihren Töchtern und Söhnen. Je älter die Kinder, desto größer der Druck: Schließlich rückt der Ernst des Lebens langsam näher. Ein guter Schulabschluss muss sein, ist das beste Rüstzeug für die Zukunft. – Weil die Eltern erwarten, dass ihr Kind reibungslos funktioniert, sich erfolgreich in unser Leistungssystem einfügt, also tüchtig und durchsetzungsfähig wird, rücken die Noten in den Mittelpunkt des Familiengeschehens. Schulstress führt oft in einen Teufelskreis: Aus Sorge um das Fortkommen ihrer Kinder achten Eltern nachdrücklich auf die Zensuren und die Hausarbeiten. Da wird kontrolliert, auf die Sprünge geholfen und Rechenschaft verlangt. Gefragt nach dem schulischen Können ihrer Kinder, betonen Mütter und Väter oft die Begabungen ihrer Söhne, während sie gute Leistungen ihrer Töchter auf viel Fleiß und strammes Lernen zurückführen, haben Untersuchungen ergeben. Kein Wunder also, wenn sich das Selbstwertgefühl vieler Töchter in Grenzen hält. »Für die geistigen Höhenflüge ist mein Bruder bei uns zu Hause zuständig. Mir wird auch nicht der kleinste Hauch von Genialität zugetraut. Ich bin für meine Eltern die ewig Strebsame!«, erzählt die 15-jährige Mareike und kann sich über ihre sehr passablen Noten nicht recht freuen: Sie gelten ja »nur« als das Ergebnis von Paukerei. Je höher die Erwartungen, je stärker der Druck, den die Eltern machen, desto größer die Wahrscheinlichkeit, dass die Kinder passen: keine Lust mehr auf Kontrolle, auf gute Zensuren. Viele Heranwachsende wehren sich, immer perfekt funktionieren zu sollen. Die Folge: Sie lassen in der Schule alles schleifen, schmeißen die Schule vielleicht sogar hin. Dann bricht für ihre leistungsorientierten Mütter und Väter eine Welt zusammen. Die Schulnöte lösen massive Ängste aus: Ohne Schulabschluss keine Ausbildung – was soll dann werden? Die Zukunft steht auf dem Spiel. Es ist alles andere als einfach, aus diesem Teufelskreis aus Angst und Druck machen wieder herauszufinden (siehe Seite 203). □

Wenn der Leistungsdruck unerträglich wird, blocken viele Jugendliche ab: Jetzt tun sie gar nichts mehr

Das Selbstwertgefühl der Kinder stärken – das ist jetzt die wichtigste Aufgabe der Eltern

Probleme mit sich, Probleme mit der Schule?

Dass vielen Jungen, vielen Mädchen jetzt die Schule schnurzegal ist, hat nicht nur mit dem Dilemma der Schule zu tun, sondern ganz wesentlich mit ihrem eigenen Befinden. Der Körper, die Seele, der Geist – alles wächst, alles verändert sich: das Verhältnis zu den Eltern, zu den Lehrern, zu den Freunden. Das Selbstbild wandelt sich, und auch die Vorstellung von der Welt. Kein Wunder, dass sich viele schwer tun, die Entwicklungsaufgaben zu bewältigen. Die Coolen, Selbstbewussten neigen dazu, sich selbst zu überschätzen. Begeistert von ihrem Outfit und Aussehen – »Nicht schlecht, was ich da im Spiegel sehe« – und der Vorstellung, überall und immer den totalen Durchblick zu haben, fühlen sie sich reichlich stark und legen sich die entsprechenden Posen zu: ein lässiges, oft herausforderndes Gehabe samt entsprechend motzigem Tonfall, mit dem sie in der Schule anecken. Die Empfindsamen, Sensiblen fühlen sich in der Schule oft überfordert. Gerade Mädchen scheinen kein Vertrauen mehr in ihre Leistungsfähigkeit zu haben (siehe Seite 203). Sie ziehen sich zurück und entwickeln Minderwertigkeitsgefühle. »Hat keinen Zweck, dass ich mich anstrenge. Tag für Tag Lernerei und trotzdem kommt nicht viel dabei raus!« Melanie hat keinen Schwung, keine Lust mehr auf Schule. Viele möchten ihre Schulschwierigkeiten anpacken, greifen dabei aber oft zum falschen Mittel. Sie nehmen Präparate zur Leistungssteigerung oder zur Verbesserung der Konzentrationsfähigkeit und begeben sich damit in Gefahr, abhängig zu werden. Spitzen sich die Konflikte zu, sind Jugendliche leicht versucht, sich mit Macht von dem Druck zu befreien: Sie boykottieren die Schule, wollen die bisherigen Bindungen hinter sich lassen. Auch wenn die Devise in der Familie heißt: »Mit unseren Problemen müssen wir allein fertig werden«, tut Hilfe von außen gut. Oft nützen bereits zwei, drei Gespräche mit einem Experten, um klarer zu sehen. □

Eine wichtige Entwicklungsaufgabe: lernen, sich selbst richtig einzuschätzen

Wenn sich die Schulprobleme zuspitzen: professionelle Hilfe in Anspruch nehmen

Allein der Blick aufs Mathebuch löst grässliche Erinnerungen an eigene Schulzeiten aus. Und der Geruch von Bohnerwachs im Schulgebäude erst recht. Besonders Eltern, die sich ungern an ihre eigene Schulzeit entsinnen, möchten später möglichst wenig mit Schule zu tun haben. »Bitte nicht noch einmal das Ganze!« Auch deshalb und nicht nur aus Sorge um das Fortkommen ihres Kindes reagieren viele Mütter, viele Väter gereizt, wenn das Kind Probleme in der Schule hat. Erfahrene Eltern wissen, dass sie nicht gleich darauf losdiskutieren, sondern erst einmal tief Luft holen sollten: Es fällt allerdings schwer, ein Streitgespräch zum Reizthema Schule gelassen und ruhig, ohne lautes Lamento, ohne intensive Gefühlsausbrüche zu führen. Von Enttäuschung sollten Eltern sicherlich nicht reden und auch nicht von mangelndem Einsatz. Drohen, niedermachen – das alles wirkt zerstörerisch und hilft ihrem Kind nicht weiter. Wenn sich Mütter und Väter vor allem im Zuhören, im Nachfragen üben, wenn sie sich darauf beschränken, möglichst klar und deutlich und ohne Zeitdruck ihre Gefühle und Gedanken zu beschreiben, ist viel gewonnen. Nimmt ihr Kind wahr, dass seine Eltern nicht mit vorgefertigten Meinungen herausrücken, sondern sich um Verständnis bemühen, dass sie sich mit seinen Argumenten auseinander setzen, gelingt es vielleicht, ein vernünftiges Streitgespräch zu führen und gemeinsam zu überlegen, welche Folgen der Schulärger haben könnte: Sitzen bleiben? Schule abbrechen? Gleichzeitig müssen Eltern an diesem Punkt zu akzeptieren lernen, dass nicht jeder Teenager gesprächsbereit ist, dass ihr Kind jetzt die letzten, entscheidenden Schritte in die Selbstständigkeit allein tun muss – auch auf die Gefahr eines Misserfolges. Sie können ihre Hilfe nur anbieten, nicht aufzwingen. Nur wer 18 Jahre alt ist, gilt als voll geschäftsfähig, kann sich von der Schule einfach abmelden. Wer noch keine 18 ist, braucht die Unterschrift eines Erziehungsberechtigten. Die Schulpflicht endet nach 9 Schuljahren, daran schließt sich eine 3-jährige Berufsschulpflicht an (entfällt bei mittlerer Reife). □

Möglichst sachlich und ruhig bleiben bei Gesprächen zum Thema Schule: gar nicht so einfach

Viele Jugendliche pochen jetzt auf ihre Selbstbestimmung, sind nicht mehr bereit, sich mit den Eltern auseinander zu setzen

Nichts wie weg: wenn es zu Hause nicht auszuhalten ist

Häufige Ursache fürs Weglaufen: eine zu geringe oder eine zu enge Bindung an die Eltern

Tür zu. Alles hinter sich lassen. Abhauen. Aus ganz unterschiedlichen Motiven hauen Jugendliche von zu Hause ab. Die meisten Ausreißer wollen den häuslichen Dauerkrächen und -krisen entkommen. Die einen machen sich davon, weil sie die zu enge Bindung an die Eltern nicht mehr aushalten, das Festhalten und Klammern. Besteht zum Beispiel eine enge Beziehung zwischen Mutter und Erstgeborenem, glauben manche Kinder, sich aus dieser Bindung nur durch Weglaufen befreien zu können. Andere hingegen haben gar keine Bindung an die Eltern. Sie wollen eine Kindheit voll leidvoller Erfahrungen hinter sich lassen, wenn sie gehen, können zum Beispiel den tyrannischen Vater oder die lieblose Mutter nicht länger ertragen. Hauptsache weg. Das Ziel ist im Moment weniger wichtig. Manche Ausreißer entschließen sich ganz spontan abzuhauen. Plötzlich, ohne langes Vordenken, steht der Entschluss fest. Viele planen ihre Flucht aber auch bis ins Kleinste, schmuggeln Tage vor der Flucht Klamotten aus dem Haus, verabschieden sich ins Kino und sind weg. Oft sind es Kleinigkeiten, die das Fass endgültig zum Überlaufen bringen. Die Eltern veranstalten einen Mordszirkus, weil die Tochter ihr Zimmer nicht aufräumen mag, geraten außer sich, weil der Sohn schon wieder zur Party abdampft. Dass sie oft auch einiges selbst dazu beigetragen haben, das Familienklima zu vergiften, geben viele Ausreißer zu. »Natürlich habe ich meine Eltern provoziert«, erzählt Frido. Mit 16 hat er zum ersten Mal seine Siebensachen gepackt. »Die haben mich nie ernst genommen. Immer nur Verbote und Befehle!« Manche Ausreißer schlüpfen bei Freunden unter oder wenden sich an staatliche Zufluchtsstätten, die seelisch überlasteten Teenagern Asyl bieten. Andere – und das werden mehr und mehr – landen irgendwo auf der Straße, fühlen sich dann nicht weniger elend und verzweifelt als zuvor. □

Meist sind es die alltäglichen Konflikte, die Jugendliche veranlassen, von zu Hause abzuhauen

Weil viele Eltern Angst um ihr Kind haben, versuchen sie, es mit Hilfe von Verboten und Regeln vor der üblen Welt da draußen zu schützen, in der – aus ihrer Sicht – überall Gefahren lauern: falsche Freunde und Kriminelle samt Alkohol und Drogen. »Du bist um 10 Uhr zu Hause! Disko kommt heute nicht in Frage!« Für die Ängste ihrer Eltern fehlt Jugendlichen meist jedes Verständnis. Also kracht es entsprechend häufig – auch lautstark und heftig –, und das ist ganz normal. Wenn sich Jugendliche dauern eingeengt, kontrolliert fühlen, wehren sie sich – oft auf unqualifizierte Weise: Sie schreien und krakeelen, werfen schließlich ein paar Klamotten in die Tasche und zischen ab, weil diese unerträglichen Eltern, die von nichts eine Ahnung haben, ganz grässlich nerven. Normalerweise sind die Kinder fix wieder da. Dennoch sollten Erwachsene das Weglaufen immer ernst nehmen. Es ist ein Hilferuf, der bedeutet: »Ich habe meine Probleme mit euch!« Kommt das Weglaufen häufiger vor, wissen viele Eltern nicht weiter. Manche sehen alle Schuld bei dem Kind, manche nur bei sich selbst. Vor allem Mütter neigen dazu, die »Schuld« für alle Schwierigkeiten bei sich zu suchen. Erprobte Eltern wissen, dass sie mit Selbstvorwürfen oder Schuldzuweisungen keinen Deut weiterkommen. Es spielt keine Rolle, wer Recht oder Unrecht hat. Gelingt es dagegen, gemeinsam die Konfliktsituationen zu analysieren – ohne Wertung, möglichst sachlich –, so können fruchtbare Streitgespräche entstehen: Jeder versucht, möglichst ruhig und klar, seine Gedanken, seine Gefühle zu schildern und die des anderen zu respektieren. Machtkämpfe bringen nichts. Auf den Willen zum Kompromiss kommt es an, und manchmal auch auf den Willen, sich helfen zu lassen. Karo besuchte im Alter von 15 Jahren zusammen mit ihren Eltern eine Familientherapie. »Meine Eltern wollten nichts ändern«, erzählt sie. »Sie wollten sich nur ihre Meinung bestätigen lassen, das war's. Die Therapie war eine reine Alibiveranstaltung!« Nur wer wirklich etwas ändern will, sollte sich auf eine Therapie einlassen. □

Das Weglaufen immer als Hilferuf der Jugendlichen ernst nehmen

Machtkämpfe vermeiden. Damit verschärfen sich die Konflikte nur

Abhauen: aussteigen aus dem öden Alltag

Viele laufen auch vor sich selbst, vor den Schwierigkeiten, das Leben zu gestalten, davon

Natürlich nerven die Eltern. Natürlich ist es oft fade zu Hause, einfach langweilig. Viele Jugendliche fliehen aber nicht unbedingt vor den Eltern und dem Ärger zu Hause, sondern sie fliehen vor sich selbst. Weil sie nicht zurechtkommen mit der neuen Persönlichkeit, die sie jetzt verkörpern. Sie geraten in eine Krise, entwickeln massive Angst, die Anforderungen nicht erfüllen zu können, die mit dem Erwachsenwerden auf sie zukommen. Spitzt sich dieser Reifungskonflikt zu, steht der Jugendliche zunehmend unter Hochspannung, sucht nach einem Ventil. Er ist in Gefahr, seine Schwierigkeiten mit Alkohol wegzuschwemmen, mit Hilfe von Medikamenten zu betäuben oder wegzulaufen vor der alltäglichen Misere. Viele wollen alles hinter sich lassen und ihren Träumen nachjagen, nur noch tun, was sie möchten, zu gewagten Abenteuern aufbrechen, unabhängig und kühn nach dem Glück in der Ferne suchen – so glorifizieren viele Aussteiger ihre Ideen. Dass ihre romantischen Vorstellungen von Roadmovies und Runaways mit der Realität wenig zu tun haben, das können sie nicht sehen. Ganz unterschiedliche Ziele haben jugendliche Aussteiger vor Augen.

Kein Interesse daran, groß an die Zukunft zu denken

Weil sie die Gesellschaft für ungerecht, für kalt und lieblos halten und keine erfolgreichen Mitglieder unseres Staatsgefüges werden möchten und auch nicht im Elternhaus, in der Schule dazu erzogen werden wollen, ziehen sie die Konsequenz: Sie suchen sich ihr Glück außerhalb dieser Gesellschaft, suchen Nähe und Wärme bei Gleichgesinnten (etwa in Sekten, in politischen Gruppierungen). Oder sie haben überhaupt keine Lust, großartige Zukunftspläne zu schmieden. Sie möchten einfach in den Tag hineinleben, ihr Dasein genießen und jede Menge spannende Selbsterfahrungen machen. □

Die neue Kritikfähigkeit bedeutet, dass Pubertierende alles unter die Lupe nehmen: die Schule, die Familie, die Freunde. Sie betrachten auch sich selbst sehr genau. Mal sind sie beeindruckt von dem, was sie wahrnehmen, und ihre Stimmung ist entsprechend himmelhoch jauchzend. Mal sind sie verzagt, weil sie nur Unzulänglichkeiten sehen. Dann quälen sie sich mit zermürbenden Selbstzweifeln. Diese dauernden Spannungen machen ihnen zu schaffen. Die Gefahr, sich durch Flucht aus diesem schwierigen Dasein zu befreien, ist in der Pubertät besonders groß. Durch Drogen, durch Alkohol entziehen sich manche, oder indem sie versuchen, Träume wahr werden zu lassen: Jetzt abdüsen Richtung Amerika – das wär's. Manchmal kann »Amerika« auch gleich vor der Haustür liegen. Wenn Kinder jetzt, in der Umbruch- und Aufbruchzeit Halt und Geborgenheit in Außenseitergruppen und Subkulturen suchen und oft auch finden – zum Beispiel in einer Sekte, in einer extremen politischen Gruppierung – und nicht mehr zu Hause unterschlüpfen, geraten Eltern in Verzweiflung (siehe Seite 221). Hat ihr Kind viel Selbstvertrauen, viel Geborgenheit während der Kindheit erlebt, fällt es vielen leichter zu hoffen, dass sich der Spuk von selbst wieder geben wird. Oft sind es aber nicht die Selbstsicheren, sondern gerade die mit dem geringen Selbstwertgefühl, die Unsicheren, die so gar nicht mit sich im Reinen sind, die alles hinter sich lassen und ihr Heil in einer Aussteigergruppe suchen. Eltern müssen gerade jetzt besonders schmerzhaft lernen, dass sie ihr Kind innerlich freigeben müssen – es bleibt ihnen keine andere Wahl. Sie selbst sind meist am wenigsten geeignet, es zurückzuholen. Oft gelingt es einem neutralen Außenstehenden viel eher, den Ausreißer zur Umkehr zu bewegen: etwa einem Bekannten oder Freund, der den Jugendlichen ernst nimmt, der ihn als gleichberechtigten Partner anerkennt, der ihn nicht nur versteht, sondern ihn auch leitet, ihm Halt vermittelt. □

Mehr denn je sind Eltern jetzt auf ihre Beobachtungen angewiesen, denn besonders mitteilungsfreudig sind die wenigsten Söhne und Töchter in dieser Entwicklungsphase

Und wenn sie noch so verzweifelt sind und diese Verzweiflung auch zeigen: Eltern haben kaum Möglichkeiten, ihr Kind umzustimmen

Gewalt: Wohin mit den Aggressionen?

Auf dem Bolzplatz auf dem Schulhof, im Klassenzimmer – die Gewalt unter Jugendlichen nimmt zu

Die Attacken werden brutaler – vor allem unter Jungen

Bandenterror auf der Straße. Schüler, die mit Schlagringen, Messern und Ketten in die Schule kommen. Die Jugend werde immer gewalttätiger, ein Klima der Angst herrsche in Großstädten, heißt es zunehmend in Medienberichten. Aber nicht nur die spektakulären, kriminellen Gewaltaktionen verunsichern Erwachsene und Kinder, sondern vielmehr die stetig wachsende »ganz alltägliche« Brutalität, die dramatische Zunahme von Gewaltbereitschaft macht Angst. »Wenn David in die Turnhalle kommt, drischt er wie doof auf den Ball ein. Kommt ihm jetzt ein Mitschüler in die Quere, haut David rücksichtslos zu. Ganz ohne Hemmungen. Einfach so!« David mache ihm Angst, berichtet Moritz, 17 Jahre alt. Der habe sich nicht unter Kontrolle, sei in manchen Momenten unberechenbar. Inzwischen sind mehr und mehr Schüler mit Waffen ausgerüstet – mit Wurfsternen, Messern und Gaspistolen, die vor Angreifern schützen sollen. Die Abschreckung klappt häufig nicht, im Gegenteil: Es wächst die Gefahr, dass die Waffe auch benutzt wird. In allen Kulturen sind Jungen für die wilden Spiele zuständig. Sie sind auf Toben und viel Bewegung aus, reagieren ihren Frust nach außen ab, haben Sozialwissenschaftler erforscht. Ist die innere Anspannung nicht auszuhalten, geht's los: Geschwister werden gepiesackt, Freunde geärgert. Oder schlimmer: Mitschüler verprügelt, Telefonzellen demoliert. Weibliche Wesen halten sich raus aus den Keilereien – obwohl sie in punkto Gewalt langsam aufholen. Die meisten haben jedoch wenig Verständnis für die Prügeleien dieser raubeinigen Kerle. Wenn sie Wut haben, fressen sie ihren Ärger eher in sich hinein, machen den Frust mit ihrem Körper ab (siehe Seite 194). Wer mit Jugendlichen zu tun hat, beklagt, dass die Attacken brutaler geworden sind: War früher beim Beinstellen Schluss, wird jetzt nachgetreten, auch wenn das Opfer bereits am Boden liegt. Wer Gewalt ausübt, hat zuvor Gewalt erlebt, Verletzungen hinnehmen müssen (siehe Seite 210). □

Erwachsene erleben Tag für Tag Kinder, die aufeinander losgehen, und das macht ihnen Angst. Aggressionen sind Teil der ganz normalen kindlichen Entwicklung. Den Kumpel im Kindergarten anrempeln, heißt: Ich will Kontakt aufnehmen. Der Freundin die Puppe wegreißen, bedeutet: Wie weit kann ich gehen? Oft schimpfen und schreien sich Kinder ihre Aggressionen aus dem Leib und lassen dabei Dampf ab. Danach geht es ihnen sichtlich besser. Die Wut ist weg. Arten die Brüllereien und Kloppereien aus, werden normalerweise von Erwachsenen klare Grenzen gesetzt und Erklärungen abgegeben: »Du darfst nicht an den Haaren ziehen, das tut dem anderen weh!« oder »Du kannst nicht einfach losbrüllen, wenn wir nicht nach deiner Pfeife tanzen!« Nach und nach lernen Kinder, mit ihren Aggressionen umzugehen, sich zu kontrollieren. Lassen Eltern den Nachwuchs immer gewähren, sagen sie so gut wie nie »Jetzt ist Schluss!« und bestehen nicht darauf, dass Grenzen respektiert werden, verunsichern sie ihr Kind. An welchen Werten, Maßstäben soll es sich orientieren? Ungeliebte, allein gelassene Kinder reagieren oft depressiv, manchmal sehr wütend und schlagen in ihrer Verzweiflung häufig wild um sich. Eltern sind Meister im Beobachten. Sie haben ihr Kind im Blick und vergessen darüber manchmal, sich selbst anzuschauen: »Welche Art von Vorbild gebe ich als Mutter, als Vater eigentlich ab?« Auch viele Mütter, viele Väter haben mit Leistungsdruck zu kämpfen, haben die festen Maßstäbe, die Orientierung verloren und leiden unter Ängsten. Sie halten ihre Verunsicherungen zwar oft gut unter Verschluss, dennoch sind die Aggressionen spürbar für ihre Kinder. Und diese Kinder leben nicht selten das aus, was ihre Eltern empfinden. Sie lassen die Aggressionen raus, stellvertretend für die Erwachsenen. Wenn Mütter oder Väter hinnehmen, dass sich ihr Filius kloppt bis zum Nasenbluten, wenn sie ihn vielleicht noch anfeuern – »Gut so, das muss ein ›richtiger‹ Junge aushalten können!« –, unterstützen sie die Bereitschaft zur Gewalt. Kein Wunder, dass dieser Junge später glaubt, Zuschlagen sei ein Zeichen von Stärke und Männlichkeit. □

Kinder erwarten, dass ihnen Grenzen gesetzt werden – auch jetzt noch

Wie gehen die Eltern mit ihren eigenen Aggressionen um? Auch in diesem Punkt sind sie ein Vorbild für ihre Kinder

Über die Ursachen von Gewalt

Wer keine Entwicklungschancen für sich sieht, versucht manchmal mit Gewalt, ein Stück weiter zu kommen

Vielen ist jedes Mittel recht, um Aufmerksamkeit zu erzwingen. Sie versuchen es auch mit Gewalt

Was sind die Ursachen von Gewalttätigkeit? Die Erklärungsmuster der Jugendforscher sind vielfältig: In unserer Ellenbogengesellschaft geht es rücksichtslos, manchmal brutal zu: auf der Straße, im Beruf, in der Schule. Nur das eigene Glück gilt, die Belange anderer spielen oft keine oder eine geringe Rolle. Freundschaftliche Beziehungen lösen sich auf. Immer mehr Jugendliche kennen keine anderen Spielregeln als sich durchzuboxen, durchzusetzen, notfalls mit Gewalt. Vor allem Jugendliche, die keine Zukunftschancen für sich sehen, versuchen nicht selten, sich mit Macht aus ihrer Misere zu befreien. Gewalt wird als Gegenwehr verstanden. Nicht nur außen, auch innen, in der Familie erleben viele Heranwachsende Gewalt. Gewaltige Kräche. Trennungen, Scheidungen. Dramen, die Spuren hinterlassen, oft den sozialen und psychischen Halt nehmen. Vielen jungen Menschen fällt es schwer, sich in unserer Gesellschaft zu orientieren. Welche Normen, welche Werte gelten? Sie sind verunsichert, entsprechend geladen, in Gefahr zu explodieren. Dazu erleben Jugendliche Gewalt tagtäglich auf dem Bildschirm, in Computerspielen, in Videos, im Fernsehen, egal, ob Krimi oder Tagesschau. Viele Jugendexperten machen die TV-Gewalt mit verantwortlich für die zunehmende Brutalität. Medieninhalte können vorhandene Aggressivität verstärken. Die täglichen Fernsehmorde sorgen für ein Abstumpfen gegenüber Gewalt: »Alles schon Gewohnheit!« Kinder, die nicht viel gelten in ihrer Gruppe, schaffen es, durch Gewaltaktionen Aufmerksamkeit zu erregen. Wenn sie mit Klappmesser daherkommen, nimmt man plötzlich Notiz von ihnen. Dann sind sie »wer«. 13-, 14-, 15-Jährige hängen oft in der Luft, wissen wenig mit sich anzufangen. Nichts macht so richtig Spaß. Aus Frust und Langeweile beginnen sie zu balgen. Das Raufen artet schnell in eine Schlägerei aus. □

Eltern und Lehrer stehen dem Phänomen Gewalt hilflos gegenüber. Vor allem Mütter haben hier häufig Probleme mit ihren Söhnen: »Grauenhaft, diese ewigen Balgereien, die dauernd in richtiges Prügeln ausarten!« Genervt von den Dauerstreitereien, die sie manchmal Tag für Tag in der Familie, in der Schule aushalten müssen – hier ein Tritt gegen das Schienbein, da ein In-den-Schwitzkasten-Nehmen –, tun sie in ihrer Hilflosigkeit gerade das, was ihren Erziehungsidealen widerspricht: Sie schreien, toben, drohen, ermahnen, verbieten – und vergessen in ihrem Frust, dass Kinder auch Strafen als eine Art Gewaltanwendung empfinden. Gewalt spielt sich nicht nur weit weg, draußen auf der Straße ab, ist nicht nur eine Sache der Fäuste, sondern ebenso der Worte. Gewalt findet überall, auch zu Hause statt, und nicht nur, wenn Streit herrscht: Jugendliche werden laufend mit Wortgewalt verdonnert, das zu tun, was sie nicht tun wollen: zur Schule, zur Arbeit zu gehen, das Zimmer aufzuräumen. Gewalt ist kein Jugendproblem, sondern eine allgemeine, weit verbreitete »Krankheit«. Welche Möglichkeiten haben Eltern, dieser Krankheit entgegenzuwirken? Den Kindern viel Freiheit lassen, ein großes Maß an Selbstbestimmung zugestehen. Das heißt aber nicht, sie allein zu lassen. Im Gegenteil. Gerade jetzt sind Eltern als Rückhalt im Hintergrund, als zuverlässige Instanz unentbehrlich. Neue »Spielregeln« für das Familienleben festlegen. Die Regeln nicht vorgeben, sondern gemeinsam mit dem Sohn, mit der Tochter suchen. Kompromisse eingehen. Zusammen mit den Kindern Grenzen festlegen, klipp und klar aufzeigen, wo diese Grenzen und warum sie nötig sind, und nachdrücklich darauf dringen, dass sie eingehalten werden. Frust aushalten lernen. Nicht jedes Bedürfnis muss befriedigt, nicht jeder Ärger sofort beseitigt werden. Offen über eigene Nöte und Sorgen reden oder es wenigstens versuchen und ein offenes Ohr haben für die Probleme anderer. Vertrauen in die Kinder haben. Erlebnisse, vor allem Erfolgserlebnisse bieten. Das müssen keine Riesenaktionen sein. Gemeinsam lernen, Konflikte friedlich zu lösen (siehe Seite 236). □

Auch Eltern üben nicht selten Gewalt aus: oft mit Worten und nicht mit den Fäusten

Zu Hause für ein einigermaßen entspanntes Klima sorgen, damit sich der Frust in Grenzen hält

Langsam und unmerklich: wie Süchte entstehen

Unmerklich kann sich aus einer Gewohnheit eine Sucht entwickeln

Neben den stoffgebundenen gibt es auch stoffungebundene Abhängigkeiten

Johannes übt vorm Spiegel, die Zigarette lässig im Mundwinkel zu halten. Es dauert, bis das richtig cool wirkt. Jeder Jugendliche muss unbedingt ausprobieren, einmal oder häufiger, wie das Gefühl ist, eine zu rauchen. Auch wer häufiger an der Zigarette zieht, häufiger ein Bier zischt, muss nicht süchtig werden. Schon gefährlicher wird es, wenn laufend von der Zigarette oder dem Bier die Rede ist, wenn immer dringlicher danach verlangt wird und das nicht nur in Gesellschaft, sondern im Alltag und alles zusammen die Ablösung vom Elternhaus symbolisiert. Wenn sich Probleme, Ärger zu Hause, Ärger mit Freunden, am Arbeitsplatz häufen. Gewöhnt sich der Körper durch wiederholten Konsum an einen ganz bestimmten Stoff, etwa an Alkohol oder Nikotin, kann sich aus der Gewohnheit eine Sucht entwickeln, eine so genannte stoffgebundene Abhängigkeit. Wird dem Organismus dieser Stoff vorenthalten, reagiert er mit quälenden Entzugserscheinungen, verlangt die Droge in immer höherer Dosierung. Schließlich dreht sich das Dasein vor allem um die Droge: »Wann brauche ich die nächste Ration? Woher bekomme ich sie?« Nicht nur der Körper wird abhängig, sondern auch die Seele. Es besteht ein unbezwingbares, gieriges Verlangen, sich die Droge wieder und wieder zu beschaffen. Zu den körperlichen und seelischen Problemen kommen oft soziale: Schwierigkeiten mit Freund oder Freundin, in der Schule, in der Familie. – Wer süchtig ist, leidet an einer Krankheit. Diese Krankheit verändert den ganzen Menschen. – Von Sucht wird auch gesprochen, wenn ein Abhängiger unter dem Zwang steht, ein ganz bestimmtes Verhalten zu wiederholen; es handelt sich dabei um stoffungebundene Abhängigkeiten. Er MUSS Computer spielen. MUSS essen. MUSS arbeiten. – Süchtige Jugendliche gibt es in der Stadt und auf dem Land, in sozial starken und sozial schwachen Familien. Sie sind keine Ausnahmeerscheinung mehr (siehe Seite 214). □

Die immer wiederkehrenden Schreckensmeldungen zum Thema Sucht und Süchtige machen Eltern Angst: »Was können wir tun, um unsere Kinder zu schützen?« Wer sich seelisch stabil und selbstbewusst fühlt, ist noch am ehesten vor Sucht geschützt. Das bedeutet: Das Vorbeugen beginnt schon im Babyalter. Jedes Kind braucht Liebe, um sich gesund zu entwickeln. Aber Lieben allein reicht nicht. Die Liebe muss auch spürbar für den anderen sein. Nicht nur Zärtlichkeit ist wichtig, sondern auch Zuwendung: zuhören, reden, spielen, sich mit dem Kind beschäftigen. Hier sind nicht aufwendige Freizeitaktionen gemeint, sondern gerade die kleineren alltäglichen Erlebnisse wie zusammen malen, zusammen essen, zusammen nach draußen gehen. Je bunter das Leben zu Hause, je vielfältiger die Erfahrungen, die ein Kind im Alltag macht – gerade jetzt während der Pubertät –, desto eher lernt es, sein Leben befriedigend zu gestalten – und zwar aus eigener Kraft. Zu sehr sollten Eltern ihre Söhne und Töchter aber nicht umsorgen, denn Kinder müssen auch lernen, sich mit Enttäuschungen und Konflikten auseinander zu setzen, Probleme zu bewältigen. Dabei erleben Jugendliche, dass sie allein, aus eigenem Antrieb mit Krisen klarkommen: kein schlechtes Gefühl. Auch Lob wirkt sich positiv aus. Kinder brauchen die Erfahrung, dass ihre Eltern viel von ihnen halten. (Lob sollte sich nicht nur auf gute Leistungen beziehen.) Alles zusammen stärkt und schafft Selbstvertrauen. Ich-starke Jugendliche haben meist nicht allzu viele Probleme, die Entwicklungsaufgaben zu meistern, die mit der Pubertät in Familie und Schule oder Beruf, in der Freizeit und im Freundeskreis auf sie zukommen. Sie können sich an ihrer Lebensfreude und -kraft freuen und sind damit weniger gefährdet, von Drogen abhängig zu werden (siehe Seite 220). □

Das Leben aus eigener Kraft befriedigend gestalten – auch hier haben Eltern eine wichtige Vorbildfunktion

Nicht jedes Steinchen aus dem Wege räumen. Kinder müssen auch lernen, mit Frust fertig zu werden

Erziehungsstil und Sucht

Kinder sind genaue Beobacher: Sie orientieren sich am Verhalten ihrer Eltern – manchmal auch, wenn sie damit nicht einverstanden sind

Gleich morgens ein Pott Kaffee, damit sie in die Gänge kommen. Im Job eine Zigarette nach der anderen gegen den Stress. Nach dem Heimkommen ein Bier zum Abschalten. Und abends ein paar Gläschen Wein zum Froh- und Muntersein. Suchtähnliches und süchtiges Verhalten beobachten Kinder in ihrer Umgebung. Sie können durchaus unterscheiden zwischen genießen und abhängig sein. Sie erleben, dass Erwachsene nach welchem Stoff auch immer greifen, um Probleme eine Zeit lang zu vergessen, um vom Alltag abzuschalten, um fröhlich und entspannt sein zu können. Sie registrieren, wenn ihre Eltern abhängig werden, wenn sie gereizt, unsicher, unruhig reagieren, weil keine Zigaretten, kein Schnaps, keine Beruhigungspillen im Haus sind. Es hat also keinen Zweck, Kindern da etwas verheimlichen zu wollen. Sie wissen sowieso, was los ist. Leider, aber auch verständlicherweise, sind nur wenige Eltern in der Lage, ganz offen mit ihren Kindern über die eigene Sucht zu sprechen, vor allem über die Probleme, die sich dadurch ergeben. Kinder orientieren sich immer am Vorbild der Erwachsenen. Wenn die Eltern regelmäßig zum Schnaps greifen, um Ärger hinunterzuspülen, oder zum Schlafmittel, um einem tristen Dasein zu entfliehen, dann besteht die Gefahr, dass Kinder dieses Muster übernehmen. Dass sie ebenfalls zu Alkohol, Pillen oder anderen Drogen greifen, um sich zu entspannen. Wer süchtig ist, will oder kann die Wirklichkeit nicht richtig wahrnehmen, weil sie kalt und bedrückend oder öde und langweilig erscheint. Auch schon 12-, 13-, 14-Jährige kommen heute mit der Realität so wenig klar, dass sie Drogen nehmen, etwa mit Haschisch oder Alkohol experimentieren. Langsam, ganz langsam und unmerklich kann aus den Experimenten eine Sucht, also eine Krankheit werden. Die Jugendlichen brauchen dann psychotherapeutische, oft auch ärztliche Hilfe (siehe Seite 218 bis 227). □

Auch Jugendliche betäuben sich schon, um die triste Wirklichkeit nicht wahrnehmen zu müssen

Natürlich sollten Eltern mit ihren Kindern immer wieder über Suchtgefahren reden. Viele Jugendliche sind allerdings nicht besonders gesprächsbereit: »Das Ganze kennen wir doch schon!« Oft hören sie dennoch zu und reden sogar mit, wenn sie als Gesprächspartner ernst genommen werden. Belehrungen mit erhobenem Zeigefinger sind allerdings eher von Schaden als von Nutzen. Gut informiert zu sein, heißt allerdings nicht automatisch, geschützt zu sein. Viele Jugendliche greifen dennoch – allem Wissen zum Trotz – zu Drogen, wenn die Situation danach ist. Wie kann man erkennen, ob Heranwachsende gefährdet sind? Sie fühlen sich mies und schlafen schlecht. Sie hängen rum. Was sie bisher interessiert hat, wird plötzlich ad acta gelegt. Sie sacken in ihren Schulleistungen ab, und zwar in sämtlichen Fächern. Sie sind unkonzentriert. Sie brechen die Schule ab. Sie haben zunehmend Schwierigkeiten am Arbeitsplatz. Verändertes Verhalten kann, muss aber kein Hinweis auf Gefährdung sein, denn Kinder haben während der Pubertät auch im Normalfall mit Stimmungsschwankungen zu tun. Leiden Jugendliche unter Händezittern, Schüttelfrost, Schweißausbrüchen (der Körpergeruch verändert sich), kann das ein Hinweis auf Entziehungserscheinungen sein. Wenn sie einen Verdacht hegen, neigen Eltern in ihrer Hilflosigkeit schnell dazu, ihre Kinder mit Vorwürfen und Strafen einzudecken. Hilfreicher ist es, mit dem Kind im Gespräch zu bleiben, Verständnis für seine Krankheit zu zeigen, ihm Rückhalt und Geborgenheit zu bieten, die Situation nicht schön zu reden, sondern den Mut zu haben hinzuschauen, ehrlich mit dem Kind und mit sich selber zu sein, möglichst bald Hilfe von Experten in Anspruch zu nehmen, eindeutig und konsequent zu sein im Umgang mit dem Jugendlichen, klare Grenzen zu setzen, darauf zu dringen, dass diese Grenzen respektiert werden (siehe Seite 181). □

Obwohl sie bestens informiert sind, genau wissen, was sie tun, greifen viele Jugendliche zu Suchtstoffen

Es erfordert Mut, genau hinzuschauen. Wegsehen und Verdrängen ist aber eine schlechte Lösung

Rauchen: immer noch ein Riesenthema bei Jugendlichen

Walkman, Lederjacke, Stiefel, Kippe im Mund – Robbi fühlt sich stark. Viel stärker als 13 Jahre alt. Die Zigarette muss sein (egal ob sie schmeckt), sie gehört zur Ausstattung. An der Zigarette kann er sich festhalten. Mit dem Ding in der Hand wirke er sicherer, meint Robbi. Sicherer, als er sich in Wahrheit fühlt. Einerseits gilt Rauchen als »hart« unter Jugendlichen. Und hart sein, erwachsener wirken, als man ist, hat ein gutes Image. Andererseits gilt Rauchen manchmal auch als angeberisch. In der Anfangshase wird heimlich gepafft, ein, zwei Zigaretten, meistens zusammen mit Freunden, und mit dem Rauchen experimentiert. Wichtig sind Fragen wie »Welche Marke rauchst du, welches Feuerzeug benutzt du?« Während der Pubertät meinen viele Jugendliche, die Zigarette als Eintrittskarte zu brauchen, um in die Gruppe zu gelangen oder in der Gruppe akzeptiert zu werden, die als attraktiv gilt. In vielen Cliquen ist Rauchen ein Muss. Nur mit Glimmstengel in der Hand hat man etwas zu sagen. Viele Jungen und Mädchen greifen außerdem zur Zigarette, weil sie meinen, sich so von der Masse absetzen zu können: von den Angepassten, Braven. Wenn das Rauchen mies gemacht wird, rauchen sie erst recht, um ihre Eigenständigkeit zu dokumentieren. Wer das Rauchen jetzt nicht wieder aufgibt, greift langsam häufiger zur Zigarette, beginnt sich an das Rauchen zu gewöhnen, vor allem an die entspannende Wirkung der Zigaretten. Als weitere Gründe fürs Rauchen werden hauptsächlich genannt: Stress und Frust in der Familie, in der Schule, am Arbeitsplatz, Geltungsbedürfnis. – Jeder dritte Heranwachsende raucht heute und verringert seine Lebenserwartung um ein Jahrzehnt, wenn er die regelmäßige Raucherei nicht aufgibt. Wer bis zum 18. Lebensjahr noch nicht zur Zigarette gegriffen hat, wird es – laut Statistik – wahrscheinlich nicht mehr tun (siehe Seite 212). □

Die Zigarette als Eintrittskarte für die Clique: zuerst nur ein wichtiges Symbol

Langsame Gewöhnung an die entspannende Wirkung

Alle Eltern möchten ihre Söhne, ihre Töchter vom Rauchen abhalten und sehen schnell ein, dass sie mit Ermahnen und Verbieten nicht viel oder gar nichts erreichen können. Ellenbogen aufgestützt, Zigarette zwischen den Fingern – irgendwann sitzt der Sohn, die Tochter am Tisch und qualmt, lässig und provozierend. Oder pafft heimlich eine. Nichtrauchereltern beginnen jetzt zu bezweifeln, ob ihr gutes Beispiel auf Dauer Wirkung zeigen wird, und Raucher machen sich Vorwürfe: »Wenn ich nicht rauchen würde, dann…!« Eltern sollten die Zigarette nicht als persönlichen Angriff werten, sondern möglichst gelassen die Regeln festlegen, die in punkto Rauchen in der Familie gelten sollen. Sind die Grenzen klipp und klar festgelegt, werden die Regeln meist respektiert. Wenn nicht, ist es wichtig, darauf zu dringen, dass sie beachtet werden. Hier sollten Eltern konsequent sein. – Jugendliche rauchen, obwohl sie genau um die gesundheitsschädigenden Wirkungen des Rauchens wissen. »Das ist mir egal!«, sagt Susanne, 15 Jahre alt. Ihre guten Vorsätze, nicht zu rauchen, waren vergessen, als sie Max kennen lernte. Max raucht. Wenn ihr die Eltern mit Argumenten gegen das Rauchen kommen, hört Susanne zu und pafft weiter. Die »Alten« haben ja Recht, wenn sie auf die Widersprüche in der Zigarettenreklame hinweisen: Es stimmt, dass die Schönheiten nicht so taufrisch, so schön bleiben wie auf den Fotos, wenn sie Kette rauchen, und die Supermänner nicht so fit. Sie haben Recht, wenn sie auf die durchs Qualmen verpestete Luft hinweisen, auf den Gestank in den Klamotten. Und – Susanne raucht trotzdem, und mit ihr viele ihrer Altersgenossen. Möglicherweise versuchen Heranwachsende, sich durch die entspannende Wirkung des Nikotins von depressiven Verstimmungen zu befreien, meinen Fachleute. Müssen sich Eltern an diesem Punkt geschlagen geben? Sie müssen einsehen, dass sie in ihrer Rolle als Mahner nicht viel ausrichten können, müssen darauf vertrauen (und auch das will erst gelernt sein), dass ihr Kind aus eigener Kraft den Willen entwickelt, das Rauchen zu lassen. □

Grenzen setzen. Regeln verabreden, die zu Hause gelten

Auch hier gilt wieder: gelassen bleiben, kein Riesenthema aus dem Rauchen machen. Verbote, Versprechungen nützen nichts

Trinken: mitmachen, weil's alle tun?

In den meisten Familien eine Selbstverständlichkeit: alkoholische Getränke

Mut antrinken: Viele Jugendliche meinen, darauf nicht verzichten zu können

Mit sechs habe ich zum ersten Mal probiert, wie Alkohol schmeckt«, erzählt Tobias, heute 17 Jahre alt. »Meine Oma trank jeden Abend ihr Glas Sekt, ich durfte nippen. Bei meinem Vater durfte ich den Schaum vom Bier abtrinken. Bei meiner Mutter das Likörglas ausschlecken. Mit 12 habe ich meine erste Flasche Bier getrunken.« Immer häufiger greifen auch schon 12- bis 18-Jährige zur Flasche. Jeder zweite Teenager zieht sich »Alk« rein. Experten schätzen, dass mehr als 150 000 Kinder und Jugendliche in Deutschland alkoholkrank sind. Sowohl psychische und soziale als auch erbliche Faktoren sind von Bedeutung bei der Entstehung der Alkoholkrankheit. Beim Gros der Betroffenen gehört Alkohol zum Familienalltag, bei vielen ist entweder Mutter oder Vater alkoholabhängig. Geburtstag, Silvester, Karneval, Fußballweltmeisterschaft – wenn's lustig, gemütlich, spannend wird, kommt Wein, Bier, Schnaps auf den Tisch. Auch und gerade bei Jugendlichen: wenn die Clique am Wochenende zusammenhockt zum Beispiel. Alkohol ist Bestandteil unseres Lebens, steht für Entspannung und Feierabend, für Genuss und Geselligkeit. Männliche Wesen versuchen besonders häufig, ihre Schwierigkeiten mit Hilfe von Alkohol zu lösen, etwa Kontaktprobleme. Ein, zwei Gläser und man wird mutig – so lässig, wie man in Wirklichkeit nicht ist. Jugendliche denken wenig darüber nach, dass sie sich in Gefahr begeben, alkoholabhängig zu werden, wenn sie regelmäßig und reichlich trinken. Sie ramponieren ihre Gesundheit. Leber und Magen – ihr gesamter Organismus ist noch nicht voll entwickelt und reagiert deshalb besonders empfindlich auf Belastungen durch Alkohol. Ein Lichtstreifen am Horizont: Die Jugendlichen werden gesundheitsbewusster. Fit sein ist »in«. Saufen gilt in vielen Gruppen nicht länger als Zeichen der Stärke, sondern der Schwäche. Deshalb verzichten inzwischen viele Teenager darauf, jede Menge »Alk« in sich hineinzuschütten. □

In der Werbung wird mit viel Witz Bier verkauft. Im Film hält der Held dauernd ein Whiskyglas in der Hand. Egal, ob Bier oder Whisky – Alkohol ist für viele Jugendliche ein Zeichen für Erwachsensein. Das gehört einfach dazu. Wie können Eltern ihre Kinder zu einem vernünftigen Umgang mit Alkohol anleiten? Entscheidend ist wieder das Vorbild, das sie selbst abgeben. Wenn eine 13-Jährige miterlebt, dass die Mutter ihren Kreislauf morgens regelmäßig mit Hilfe eines Piccolos auf Trab bringt, dass der Vater abends etliche Biere kippt, um schlafen zu können, besteht die Gefahr, dass sie sich daran ein Beispiel nimmt (siehe Seite 214). Gerade wenn Eltern mit ihren eigenen Trinkgewohnheiten nicht einverstanden sind, ist es umso wichtiger (wenn auch nicht gerade einfach), dieses Problem ehrlich anzusprechen. Leichter haben es Mütter und Väter, die ihren Sprösslingen einen vernünftigen Umgang mit Bier und Wein vorleben. Ein Gespräch über den richtigen Umgang mit Alkohol ist immer eine zwiespältige Angelegenheit. Einerseits will niemand Spielverderber sein, den Spaß an der Freude, am Feiern nehmen – und dazu gehört in den meisten Cliquen Alkohol. Andererseits sollten Heranwachsende möglichst klar und sachlich auf die Gefahren hingewiesen werden. Ohne erhobenen Zeigefinger. Ohne Moralisieren. Jungen und Mädchen müssen lernen, im Kreis von Altersgenossen nein zu sagen, wenn die Flasche kreist, sie aber nicht mittrinken wollen. Das ist leichter zu schaffen, wenn sie Rückhalt in der Familie haben, vor allem jedoch bei Freunden, die sie stärken. Es hat wenig Zweck, Alkoholkonsum zu verbieten. Im Gegenteil. Verbote nützen nicht, sondern regen höchstens zur Neugierde an, steigern die Lust am Ausprobieren. Jugendliche greifen häufiger zur Flasche, wenn sie Ärger mit den Eltern haben, mit dem Leistungsdruck in der Schule nicht zurechtkommen, unter Mangel an Zuwendung leiden, Probleme mit ihrem Selbstwertgefühl haben. Wenn sie regelmäßig trinken, brauchen sie schleunigst professionelle Hilfe (siehe Seite 215). □

Nicht einfach, mit Kindern über einen vernünftigen Umgang mit Alkohol zu reden, wenn man selbst unvernünftig damit umgeht

Den Alkoholgenuss verbieten – ein untaugliches Mittel. Jugendliche müssen lernen, selbst zu entscheiden, ob und wie viel Alkohol sie trinken wollen

Hasch: Entspannung per Droge?

Haschen – schädlich oder gar nicht so schädlich? Ein umstrittenes Thema – auch unter Experten

Magisch angezogen von dem, was Eltern und Lehrer verteufeln, probieren viele Jugendliche aus, was sie nach Meinung der meisten Erwachsenen keinesfalls probieren sollten. Sie greifen zu Cannabisprodukten (Marihuana und Haschisch) oder härteren Rauschmitteln, denn nichts reizt mehr als das Verbotene. – Einen Joint zu ziehen, gehört für viele Jugendliche zum Alltag. Warum so viele ihrer Freunde gierig sind aufs Highsein, ist Corinna ein Rätsel. »Komisch ist es jedenfalls nicht, mit ihnen etwas zu unternehmen, wenn alle zugekifft sind. Jeder ist für sich, da läuft nichts zusammen. Da kommt wenig Spaß auf. Alle sind ziemlich lahm und gleichgültig!« Corinna nimmt kein Hasch. Und sie wäre froh, wenn auch ihre Freunde seltener oder gar nicht kiffen würden. »Mag ja sein, dass sie sich entspannt fühlen und ich weiß nicht was im Kopf erleben, wenn sie Hasch nehmen!« Wenn sie nichts nehmen würden, wüsste Corinna mehr mit ihnen anzufangen. Wozu also Hasch nehmen? Nur weil's die anderen tun? Kein Grund für Corinna. Sie will sich so erleben, wie sie in natura ist, und das Leben pur genießen. Und wenn das Leben mal nicht zum Genießen ist, dann ist es eben triste und irgendwie auch auszuhalten. Corinna lehnt Drogen ab. Hasch, Marihuana und erst recht andere Drogen.

Literaturempfehlungen zum Thema Drogen auf Seite 249

Die meisten Heranwachsenden beschränken sich darauf, Cannabis zu nehmen. Jugendliche, die dauernd zum Joint greifen, weil sie den Alltag nur aushalten, wenn sie zugedröhnt sind, gelten als gefährdet. Wenn sie an falsche Freunde geraten, besteht die Gefahr, dass sie in die Fixerszene abgleiten. □

In einem Urteil des Bundesverfassungsgerichtes heißt es, von Strafverfolgung sei in Einzelfällen abzusehen, wenn Cannabisprodukte in geringen Mengen und zum gelegentlichen Eigenverbrauch erworben oder besessen werden. Dank dieses Urteils ist die Diskussion über Schaden oder Nicht-Schaden von so genannten weichen Drogen wieder aufgeflammt. Die Drogenhardliner sagen zu allen Rauschmitteln grundsätzlich nein und halten alle Liberalisierungstendenzen für gefährlich. Sie weisen ausdrücklich darauf hin, dass auch Hasch gesundheitsschädlich sei. Andere sehen die Situation weniger eindeutig. Für sie kommt es auf die Art und die Intensität des Haschischkonsums an. Wer nur ab und an mal einen Joint ziehe, etwa einmal im Monat, verhalte sich »normal«, sozial unauffällig. Wer dagegen regelmäßig kiffe, etwa einmal pro Woche und häufiger, tue sich schwerer, mit sich selbst und seinem Leben zurande zu kommen, haben Wissenschaftler herausgefunden. Dauerkonsumenten empfinden die Umwelt oft als feindlich, haben weniger Selbstvertrauen, fühlen sich isolierter, schaffen es weniger gut, sich Ziele zu setzen und diese Ziele konsequent anzusteuern.

Gefürchtet von allen Eltern: dass ihr Kind auf harte Drogen umsteigt, in die Kriminalität abgleitet

Eltern reagieren ratlos bis ängstlich auf diesen Streit unter den Experten. Sie fürchten, dass jetzt sorglos und öffentlich in der Schule gekifft wird. Ein Albtraum für viele. Was sollen sie antworten, wenn ihre Kinder mit der Meinung auftrumpfen: »Haschisch ist nicht gefährlich. Viel ungefährlicher jedenfalls als Alkohol!« Sie können nicht ja oder nein dazu sagen, weil sie es nicht sicher wissen. Die Frage heißt für Eltern nicht, welche Expertenmeinung richtig, welche falsch ist. Auch nicht: Ist Hasch gefährlich oder nicht, jetzt erlaubt oder nicht? Die Frage heißt: Was halte *ich* von Hasch – *ich* als Mutter oder Vater? Es geht vor allem darum, den eigenen Standpunkt zu erklären. Wer selber keine Drogen nimmt, kann überzeugend vertreten: »Es geht auch ohne!« Die Antwort klingt umso glaubwürdiger, wenn Eltern ihrem Kind vorleben, dass sie Freude an ihrem Dasein haben – und zwar aus eigener Kraft. Ein gutes Vorbild bringt mehr als alles Aufklären. □

Ganz klar Stellung beziehen, den eigenen Standpunkt erklären

Essstörungen: Magersucht, Ess-Brechsucht, Fettsucht

Mädchen sind wesentlich öfter betroffen als Jungen

Immer häufiger tragen Jugendliche – vorwiegend Mädchen – ihre Konflikte beim Erwachsenwerden in Form von Essstörungen aus, die die physische und psychische Gesundheit der Betroffenen ernsthaft gefährden. Ihr Verhalten entwickelt eine solche Zwanghaftigkeit, dass es schließlich zur regelrechten Sucht wird.

Die Magersucht, wissenschaftlich Anorexia nervosa genannt, beginnt gewöhnlich zwischen 13 und 17 Jahren. Viele Mädchen finden sich in dieser Zeit zu dick und fangen an, dem geltenden Schlankheitsideal mit Diäten nachzueifern. Aber Magersüchtige fasten weiter, obwohl sie schließlich nur noch Haut und Knochen sind, und helfen sogar mit Abführmitteln und strapaziösem Sport nach. Abnehmen ist für sie höchstes Ziel. Unentwegt wiegen sie sich, feilschen um jede Kalorie und verfallen auf tausend Tricks, um nicht normal essen zu müssen. Dabei dreht sich ihr Denken pausenlos um Nahrung. Liebend gern kochen sie für andere und reden vom Essen, rühren aber selbst nichts an, sondern genießen das Gefühl, den Hunger zu besiegen. Für 10 bis 20 Prozent der Kranken endet die oft jahrelange Unterernährung tödlich. Und bei den übrigen hat sie schwerwiegende Folgen: Psychisch sind Magersüchtige total besetzt von ihrer fixen Idee. Frühere Hobbys und Kontakte haben daneben keinen Spielraum mehr. Ihr Urteilsvermögen ist so verzerrt, dass sie sich auch in skelettartigem Zustand noch für gesund und eher fett halten. Argumenten sind sie nicht mehr zugänglich. Dazu kommen gravierende körperliche Auswirkungen wie Herz- und Nierenschäden, Stoffwechsel- und Hormonstörungen. Die Regelblutung bleibt aus. Zwar kann die so genannte Pubertätsmagersucht bei 30 Prozent der Kranken während dieser Phase auskuriert werden, die Mehrheit aber hat lebenslänglich immer wieder mit Essstörungen zu kämpfen.

Die schwerwiegenden Folgen des Dauerfastens wirken sich oft lebenslänglich aus

In vielen Fällen geht die Magersucht irgendwann in eine Ess-Brechsucht, die so genannte Bulimie über. Von Heiß-

Weiter auf Seite 224

Noch immer weiß man nicht genau, warum es manche trifft und andere nicht

Es sind in erster Linie intelligente Mädchen aus wohl situierten, leistungsbewussten Familien, die an Magersucht und Bulimie erkranken. Die Gründe dafür, dass es manche trifft, andere dagegen nicht, konnten bislang nur annäherungsweise geklärt werden. Fachleute vermuten die Ursache in einem Zusammenwirken verschiedener Faktoren. Eine wichtige Rolle scheint neben dem herrschenden Schlankheitskult und genetischen Bedingungen die Familienstruktur zu spielen. Häufig gut behütet, überangepasst, mit wenig Raum für Selbstbestimmung und Gefühlsäußerungen aufgewachsen, sind die Mädchen unfähig, sich abzunabeln. Sie wollen klein und beschützt bleiben, fühlen sich nicht gewappnet für das selbstständige Leben als erwachsene Frau. Die Magersucht »befreit« sie von allen Anzeichen und Verpflichtungen der Geschlechtsrolle. Sie grenzt sie ab von der oft als dominant empfundenen Mutter. Und gleichzeitig gibt sie ihnen ein Gefühl der Macht und Autonomie, weil sie ihren Körper so perfekt beherrschen und sich dadurch von anderen unterscheiden. Jeder Fall hat seine eigenen Gesetze, deswegen lässt sich nicht vorhersehen, wer wann an einer Essstörung erkranken könnte. Umso wichtiger ist es für Eltern, die Signale zu kennen.

Anzeichen der Magersucht können u. a. sein: extremes Interesse an Nahrung, vor allem am Kalorien- und Fettgehalt; Ablehnung normaler Mahlzeiten; großer Verbrauch von Abführmitteln; erheblicher Gewichtsverlust; kraftzehrende Sportarten oder ständiges Stehen und Gehen; Aussetzen der Periode; die Haut wird trocken, und zarter Flaum überzieht den Körper; groteske Fehleinschätzung der eigenen Erscheinung; Abschottung nach außen; Ausflüchte und falsche Versprechungen als Reaktion auf Zureden.

Woran Magersucht und Bulimie zu erkennen sind

Anzeichen der Bulimie können u. a. sein: dauernde Gewichtsschwankungen; unregelmäßige Periode; unerklärliches Verschwinden von Lebensmitteln aus Keller und Kühlschrank; heimliche Deponien von Essen; fauliger Mundgeruch und angegriffene Zähne durch die ständige Berührung mit Magensäure; ungewöhnlich viele und lange Aufenthalte auf der Toilette.

Weiter auf Seite 225

Bulimie – der zerstörerische Kreislauf zwischen Essanfällen und Erbrechen

hunger überwältigt, stopfen die Kranken sich heimlich bis zum Anschlag voll mit Essen – und hassen sich danach für ihre »Schwäche«. Zur Strafe wird noch strenger gefastet oder alles wieder herausgewürgt. Die Mehrheit der Bulimiekranken gerät allerdings ohne diesen Vorlauf in die Fänge der Sucht. Wie bei den Magersüchtigen dreht sich ihr Denken ausschließlich um das Essen. Auf wilde Fressanfälle folgt regelmäßig das Erbrechen – ein Kreislauf, der sich oft sogar mehrmals täglich wiederholt. Manchmal empfinden die Jugendlichen das Erbrechen als Triumph über den eigenen Körper oder als lustvollen Vorgang, dann wieder als abstoßenden Prozess. Äußerlich ist ihnen meistens nichts anzumerken. Sie wirken normal, verlieren kaum Gewicht und behalten ihre sozialen Kontakte. Aber das ständige Erbrechen kann bei Magen und Speiseröhre zu chronischen Entzündungen führen. Den Strudel aus Gier, Ekel und Scham über ihre »Niederlagen« erleben die Betroffenen bewusst als Krankheit. Einige fühlen sich ihr so hilflos ausgeliefert, dass ihnen der Selbstmord als einziger Ausweg erscheint (siehe Seite 228).

Essen als Trost und Stütze für die Fettsüchtigen

Während viele Pubertierende sich an den Rand des Todes hungern, tun andere das Gegenteil: die Fettsucht, wissenschaftlich Adipositas genannt, zwingt sie, unentwegt zu essen, weit über den Hunger hinaus. Das Essen ist ihr Halt und Trost. Fettsüchtige Jugendliche stufen sich meistens als wertlos ein, als Versager, die ihre Gier nicht in den Griff bekommen, sie leiden unter einem negativen Körperbild. Je mehr ihnen aber ihr unförmiges Aussehen und der Spott der Umgebung zu schaffen machen, desto mehr müssen sie essen. Zwar sind die Folgen der Fettsucht nicht ganz so dramatisch wie die von Magersucht und Bulimie, aber immer noch schlimm genug. Denn die Pfunde bleiben oft hängen und führen auf die Dauer zu massiven Herz-Kreislaufproblemen. □

Signale der Fettsucht

Anzeichen der Fettsucht können u. a. sein: maßloses Verschlingen von Nahrung, ohne aufhören zu können; ewiges Naschen; die Unfähigkeit, Essbares stehen zu lassen; Essanfälle als Reaktion auf jede Freude, jeden Frust; dazu mangelndes Selbstvertrauen, Unselbstständigkeit, Angst vor Schule und Mitschülern.

Essstörungen lassen sich ohne therapeutische Hilfe kaum bewältigen

Einige Eltern empfinden es als sozialen Makel, wenn ihr Kind eine Essstörung entwickelt. Manche versuchen, das Problem zu ignorieren, und warten darauf, dass es sich auswächst. Die meisten aber leiden entsetzlich, wenn sie mit ansehen müssen, wie das Kind sich systematisch zugrunde richtet. Mit Überredungskünsten, Strafen, Lockungen und Verboten bemühen sie sich, es von seinem Irrweg abzubringen. Sie sind enttäuscht und verärgert, wenn ihre Tochter keine Abmachung einhält, jede Zusage, »morgen vernünftig zu essen«, bricht. In vielen betroffenen Familien wird nur noch gekämpft und verhandelt – ohne Aussicht auf Erfolg. Denn die Jugendlichen haben keine Kontrolle mehr über ihr Verhalten. Sie können es nicht ändern, selbst wenn sie wollten. Jeder Versuch, sie in Eigenregie zu kurieren, muss scheitern. Essstörungen basieren immer auf tief greifenden inneren Konflikten, denen kein Laie gewachsen ist. Nur Ärzte und Psychotherapeuten können hier weiterhelfen, und je eher sie eingeschaltet werden, desto besser die Heilungschancen.

Hilfe zu finden, ist inzwischen kein Problem mehr, weil Essstörungen sich immer mehr verbreiten. Informationen und Adressen von Selbsthilfegruppen, Therapeuten und Spezialkliniken gibt es in den meisten größeren Städten über Gesundheitsämter, Krankenhäuser, Frauenzentren oder Volkshochschulen. □

Depressionen

Mehr als ein Stimmungstief: Wenn alles ohne Sinn und Hoffnung erscheint

Bei manchen Jugendlichen wachsen sich die Gefühle von Trauer, Bedrückung und Hilflosigkeit, die üblicherweise die Pubertät begleiten, zu einer richtigen Depression aus. Während andere ihre Stimmungstiefs bald überwinden, setzt sich in ihnen die Niedergeschlagenheit dauerhaft fest. Sie sind überzeugt davon, nutz- und wertlos zu sein, und sehen die ganze Welt und die Zukunft in genauso trüben Farben: Alles erscheint ihnen ohne Sinn und ohne Hoffnung, voller bedrohlicher Schwierigkeiten, die sie nicht meistern können. Verstrickt in einen finsteren Teufelskreis, entdecken sie in jeder Erfahrung nur die Bestätigung ihrer negativen Erwartungen. Gerade in der Zeit, die sie vor so viele Aufgaben stellt, nehmen Angst und Verzweiflung ihnen Schwung und Mut.

Verhaltensweisen, die auf eine Depression schließen lassen

Nach außen kann sich die Depression in Appetit- und Schlaflosigkeit, schlechter Laune, Reizbarkeit und Unrast zeigen, in Apathie, Konzentrationsschwäche und plötzlicher Aggressivität, die die Betroffenen in der Gruppe der Gleichaltrigen unbeliebt macht – was sie umso weiter in die Selbstverachtung treibt. Viele vernachlässigen Schule und Freunde und bringen sich bei riskanten Abenteuern in Gefahr, weil sie der Tod oft mehr lockt als das Leben. Selbstmord ist für die meisten ein nahe liegender Gedanke (siehe Seite 228).

Depressive Teenies bringen häufig schon aus der Kindheit eine negative Selbsteinschätzung mit und fühlen sich dem Absprung ins Erwachsenendasein nicht gewachsen. Bei einigen führt Erfolglosigkeit in der Schule oder bei der Suche nach Liebe und Anerkennung in die Depression. Bei anderen wird sie durch Konflikte mit der Familie oder durch belastende Vorfälle ausgelöst, deren Bewältigung ihnen unmöglich erscheint, etwa die Scheidung der Eltern, Krankheit oder Tod im nahen Umfeld, eigene Krankheit oder ein Umzug mit den dazugehörigen Trennungen. □

Für Eltern ist es nicht leicht zu erkennen, dass ihr Kind in einer wirklichen Depression steckt, weil sämtliche Anzeichen auch ohne so ernsten Hintergrund während der Pubertät auftreten können. Speziell bei Mädchen wird es dadurch sehr schwierig, dass sie oft nur still, grüblerisch und passiv erscheinen. Man hält sie für unauffällig und bescheiden, aber nicht für depressiv. »Eine Zeit lang war ich sogar froh, dass sie sich so ruhig verhielt und kein Theater machte wie viele andere«, berichtet die Mutter von Tina, 17. »Bis mir auffiel, dass etwas falsch lief. Sie zog sich völlig zurück, alles wurde ihr zu viel, ständig war sie bedrückt, nichts machte ihr Spaß. Unser Arzt öffnete mir schließlich die Augen für ihren depressiven Zustand.«

Gerade bei Mädchen ist eine Depression oft schwer zu erkennen

Dass es sich um mehr handelt als um eine der alterstypischen Stimmungsschwankungen, können Eltern meistens daran feststellen, dass ihr Kind entweder überhaupt nicht mehr aus seiner Niedergeschlagenheit auftaucht oder immer wieder in Traurigkeit versinkt; dass sich sein gesamtes Verhalten, seine gewohnten Aktivitäten und Beziehungen unter dem Einfluss der negativen Grundstimmung verändern; dass es vielleicht sogar von Selbstmord spricht (siehe Seite 228).

Es ist wichtig, dass Eltern die Sorge und Verzweiflung der Kids ernst nehmen, auch wenn sie selbst keinen Anlass für derart schwarze Gedanken sehen. Fast alle wissen, wie gut es tut, sich Nöte von der Seele zu reden. Einigen Müttern oder Vätern gelingt es, mit so viel Behutsamkeit und Respekt auf ihr Kind zuzugehen, dass es seine Probleme offen legt. Manchmal entsteht über diese Hilfestellung eine ganz neue Qualität des Miteinanders in der Familie. Aber nicht selten sind die Eltern Mit-Auslöser der Niedergeschlagenheit und helfen dem Kind mehr, wenn sie ihm raten, sich einer außenstehenden Person seines Vertrauens zuzuwenden. So erleichternd das auch sein mag, bei schweren Depressionen ist fast immer ärztliche Hilfe nötig. □

Wichtig: die Angst und Sorge der Betroffenen ernst nehmen

Selbstmord

Liebeskummer, Schulprobleme, Trennung der Eltern, Außenseitertum werden neben anderen oft als Motive für den Selbstmord Jugendlicher genannt. Ist das wirklich genug, um ein kaum begonnenes Leben wegzuwerfen? Tatsächlich bringen diese Konflikte nur das Fass des Leidens zum Überlaufen. Sie sind Auslöser, aber nicht Grund für den Entschluss, in den Tod zu gehen. Junge Selbstmörder kämpfen fast alle mit einer abgrundtiefen Verzweiflung, sie können keinen Sinn in ihrem Dasein finden, fühlen sich isoliert, abgelehnt und unverstanden und haben niemanden, der ihnen Halt und Geborgenheit geben könnte. Selbstmord erscheint ihnen schließlich als einziger Ausweg aus ihrem Elend, übermächtig wird der Wunsch, »mit allem Schluss zu machen«. Jugendliche malen sich machmal aus, wie die anderen leiden würden, wenn sie sich umbrächten – eine bitter-süße Rache für ihre Einsamkeit. Sicher ist nicht allen bewusst, dass es aus dem Tod keine Rückkehr gibt.

Aus abgrundtiefer Verzweiflung scheint es keinen anderen Ausweg mehr zu geben

Selbstmord steht auf der Liste der Todesursachen von Heranwachsenden ganz oben, und Fachleute schätzen, dass auf jeden Suizid noch weitere 100 Selbstmordversuche kommen. Mädchen probieren zwar sehr viel öfter als Jungen, ihrem Leben ein Ende zu setzen, aber Jungen gehen offensichtlich zielstrebiger vor, denn die Todesrate liegt bei ihnen entschieden höher. Viele, denen ihr Vorhaben nicht gleich gelingt, versuchen es wieder, wenn sich ihre Situation nicht grundlegend ändert.

Fast alle Selbstmörder kündigen ihr Vorhaben an

Fast alle Selbstmörder geben vorher mehr oder weniger verschlüsselte Hinweise auf ihren Plan: Manche reden davon, dass »es sich nicht lohnt, zu leben« oder wie schön es wäre, »endlich aus allem raus zu sein«. Andere denken laut über Mittel und Methoden nach, sich das Leben zu nehmen. Bei den meisten verbirgt sich dahinter die unbewusste, dringende Bitte, ihnen aus ihrer Hoffnungslosigkeit herauszuhelfen. □

Selbstmord ist das verzweifeltste, unwiderruflichste Zeichen der Ausweglosigkeit, nachdem alle Andeutungen und indirekten Hilferufe nicht verstanden wurden. Es gibt Eltern, die die Signale ihrer suizidgefährdeten Kinder auf die leichte Schulter nehmen. Sie halten sie für leere Drohungen oder Druckmittel, um Aufmerksamkeit auf sich zu lenken. »Wer davon spricht, der tut es nicht«, heißt es dann. Wie sehr sie sich geirrt haben, erkennen viele erst, wenn es zu spät ist. Oft fallen Eltern aus allen Wolken, wenn ihr Kind versucht, sich das Leben zu nehmen. Sie haben von seinen Schwierigkeiten gar nichts mitbekommen. Im Nachhinein geht ihnen allerdings oft auf, dass vieles in seinem Verhalten vor der Tat nicht »normal« war und ihnen hätte verraten können, in welch unglücklichem Zustand es sich befand. Jugendliche, die sich mit dem Gedanken an Selbstmord tragen, reden nämlich nicht nur davon, sondern zeigen meistens auch Symptome einer schweren Depression (siehe Seite 226) wie anhaltende Schwermut, Interesselosigkeit, Abschottung. Je aufmerksamer Väter und Mütter diese Veränderungen rückblickend registrieren, desto eher kann es ihnen gelingen, die Gefahr eines erneuten Selbstmordversuchs zu erkennen.

Höchst riskant: Wenn Eltern nicht auf die Signale ihrer Kinder achten

Der versuchte oder »gelungene« Selbstmord von Sohn oder Tochter verursacht bei vielen Eltern das Gefühl, versagt zu haben. Wenn sie Glück haben und das Kind überlebt, würden sie die Sache am liebsten bald verdrängen. Dem Kind tun sie mit dem Versuch, das Vorgefallene zu überspielen, absolut keinen Gefallen. Sie beweisen ihm nur einmal mehr, wie allein es mit seinen Problemen dasteht.

Einen Selbstmordversuch schnell vergessen? Das kann dem Kind nicht helfen

Wirklich helfen können sie nur, wenn sie auf den Hilferuf ernsthaft eingehen, wenn sie Verständnis und Anteilnahme zeigen, das Kind zum Reden ermutigen und ihm mit Achtung vor seinen Gefühlen zuhören. Dann findet es vielleicht einen Ansatz für neues Vertrauen. Trotzdem aber wird eine therapeutische Behandlung fast immer nötig sein. □

Gelandet auf festem Boden?

Zu Hause mithelfen? Fehlanzeige!

Mehr als lästig: Programmpunkte verordnet bekommen, und das auch noch in Sachen Hausarbeit

Ist von Hausarbeit die Rede, fühlen sich 13- bis 18-Jährige selten angesprochen. Sie haben Wichtigeres im Kopf, müssen unbedingt »leider« gerade jetzt ans Telefon oder ins Bad verschwinden. »Nun räum doch mal, nun lauf doch mal…« Wenn sie das schon hören – diese ewigen Aufforderungen und Programmpunkte: Geschirr wegräumen, Brief zum Postkasten tragen, Flur fegen. Lässt man sich Zeit damit, wird das gleich moniert. Beginnen die Eltern dann noch zu vergleichen – »Kind XY hilft zu Hause, und zwar ohne Gemotze« –, reicht's: Die Lust, zu Hause auch nur den kleinen Finger zu rühren, lässt rapide nach.

Jugendliche wehren sich dagegen, zu Hause den Handlanger zu spielen

Wer sich fast erwachsen fühlt, mag nicht ermahnt werden – das ist unter aller Würde – und reagiert allergisch auf Anweisungen wie »Geh mal …« In den Keller. Zum Metzger. Zur Reinigung. Scheußlich, dauernd durch die Gegend gescheucht und geschickt zu werden. »Kommt meiner Mutter die Idee, dass sie mich gebrauchen könnte, ruft sie sofort nach mir!«, beklagt sich Judith, 15 Jahre alt. »So, als hätte ich nichts anderes zu tun, als nach ihrer Pfeife zu tanzen.« Sie wehrt sich dagegen, laufend als Handlanger zur Verfügung zu stehen. Eltern sehen die Situation natürlich völlig anders: »Wir müssen sehr nachdrücklich um Hilfe bitten, freiwillig geschieht nichts!« Oft sagen Jugendliche schlicht und einfach: »Nein! Keine Lust, in der Küche zu helfen!« Oder sie murmeln »keine Zeit« und »Schularbeiten«. Häufig tun sich Heranwachsende schwer damit, ihren Eltern klipp und klar zu sagen, warum sie die Wäsche jetzt nicht zusammenlegen oder die Kisten mit Flaschen nicht schleppen mögen. Stattdessen drucksen sie oft schlecht gelaunt herum und maulen. Diese Haltung wird von Müttern und Vätern schnell als »aufsässig« oder »unverschämt« empfunden. Häufig sind also Missverständnisse und Kommunikationsprobleme Ursache der Querelen (siehe Seite 234). □

Der Riesenlulatsch von Sohn liest in aller Gemütsruhe den Sportteil, und das Töchterlein puzzelt in ihrem Zimmer herum. Dass in der Küche Chaos herrscht, wird großzügig übersehen – zum Ärger der genervten Eltern, die sich Luft machen: »Ihr seid doch keine Babys mehr … wir sind nicht für alles zuständig … könnt ihr die Küche nicht mal aus eigenen Stücken aufräumen … muss man euch immer eine Extraeinladung schicken …?« Allem Gemecker zum Trotz: Sohn und Tochter wollen die Küche jetzt nicht aufräumen. Das habe noch jede Menge Zeit, meinen sie. Und wer überhaupt für die Küche zuständig sei? Das Palaver artet in ein Mordsgezanke unter den Geschwistern aus: »Warum soll *ich* dran sein, *ich* habe die Spülmaschine gestern ausgeräumt!« Und so weiter und so fort – immer die gleiche Leier. In zahllosen Familien läuft die Geschichte nach ähnlichem Muster ab.

Immer die gleichen Streitereien: Einer fühlt sich schlecht behandelt. »Ich muss dauernd helfen!«

In dieser Situation lassen sich Mütter und Väter oft auf Machtkämpfe ein – erst recht, wenn sie selbst mehr als genug Trouble um die Ohren haben. In ihrer Hilflosigkeit kommen sie gerne mit Begriffen wie Gemeinsinn, Fairness und Pflicht. Wenn sie ordentlich in Rage sind, versteigen sie sich zu Kernsätzen wie: »Familie ist schließlich nicht nur eine Lebens-, sondern auch eine Arbeitsgemeinschaft!« Oder sie rücken mit genau den Sprüchen raus, die sie nie sagen wollten: »Wir sind hier kein Hotel mit Mutter und Vater als Zimmermädchen, Hausbursche, Portier, Koch und Kellner in einem!« Daraufhin sind sich die Geschwister plötzlich ganz einig: »Warum wollt *ihr* bestimmen, wie der Betrieb zu Hause zu laufen hat? Warum sollen *wir* uns unterordnen? Wir helfen schon – aber in dem Maße, wie's uns passt!« An Argumenten mangelt es ihnen nicht.

Das Thema HELFEN – ein ganz heißes Eisen in den meisten Familien. Und oft ein Streit ohne Ende

Wie immer bei Machtkämpfen fühlen sich beide Seiten total und vollkommen im Recht. Machtkämpfe führen zu gar nichts – außer zu sinnlosen Keifereien. Und wie wieder rauskommen aus diesem Teufelskreis (siehe Seite 235). □

Der Haushalt: das große Reizthema in der Familie

Schön und gut, dass in dieser Entwicklungsphase für das Wir kaum Platz bleibt und das Ich jede Menge Raum einnimmt, aber irgendwann platzt auch den verständnisvollsten Eltern der Kragen, wenn die Sprösslinge in Sachen Haushalt null Engagement zeigen: »Ein bisschen mehr Umsicht und Zupacken wäre nicht schlecht!« Wer sonst in allen Lebenslagen darauf bestehe, für voll genommen zu werden, könne beim Geschirrwegräumen und Staubsaugen nicht Sonderrechte einklagen und das kleine, schwache Kindchen mimen, sagen viele Eltern. Vor allem Mütter meinen das, denn sie freuen sich darauf, langsam weniger familiäre Pflichten zu haben: Endlich keine schweren Einkaufstüten mehr schleppen, endlich nicht mehr allein mit dem Gros der Hausarbeit dastehen. Sie erwarten, dass ihr Kind nicht nur Schritt für Schritt die Verantwortung für sich selbst übernimmt, sondern sich auch zunehmend mitverantwortlich fühlt für den gesamten Familienapparat, angefangen von der Waschmaschine bis zum Einkaufszettel. Die Hoffnung auf Mithilfe im Haushalt – eine Erwartung, die selten erfüllt wird. Aus der Sicht der Jugendlichen haben »Verantwortung übernehmen« und »zu Hause helfen« allerdings nichts miteinander zu tun. Verantwortung übernehmen: ja. Aber nur für die eigenen Belange und nicht – und sei es auch nur teilweise – für den Zirkus zu Hause. Der Familienbetrieb, samt allem lästigen Kleinkram, interessiert weniger denn je: draußen ist das Leben. Was sich zu Hause abspielt, ist weitgehend wurscht und piepegal. Weil hier verschiedene Erwartungen aufeinander prallen, fliegen die Fetzen: Die verschiedenen Standpunkte passen schwerlich unter einen Hut. Eltern und Kind müssen sich neu orientieren. Es braucht Zeit, sich hier zusammenzuraufen. Das kostet einiges an Energie und Krächen (siehe Seite 236). □

Die Erwachsenen erwarten, dass die Kinder auch zu Hause Verantwortung übernehmen

Was sich zu Hause abspielt, ist Nebensache. Alles, was sich im Haushalt tut, wird kaum wahrgenommen

Wenn sie schimpfen und moralisieren, erreichen Eltern höchstens, dass ihr Sprössling seine Ohren auf Durchzug schaltet. Lamentos à la: »Wie kannst du nur so wenig hilfsbereit sein« sind vielleicht ein Mittel, den eigenen Frust herauszulassen. Darüber hinaus wird Jammern nicht ernst genommen. Drohen Mütter und Väter mit Strafen – oft tun sie das, wenn ihnen kein anderes Mittel einfällt –, antwortet ein Jugendlicher wahrscheinlich eher mit Schulterzucken als mit Einlenken. Eine Strafe – wie könnte die aussehen bei einem 13- bis 18-Jährigen? Taschengeld kürzen? Fernsehen verbieten? Eher lächerlich als sinnvoll. Strafen und Verbote sind keine pädagogischen Glanzideen – in dieser Phase erst recht nicht (siehe Seite 233). Was dann? An jeder Auseinandersetzung – egal, ob das Thema »Engagement im Haushalt« oder anders heißt, stricken alle Beteiligten mit. Alle gemeinsam erzeugen die Spannungen, die die Atmosphäre vermiesen. Wer nicht nur sein Kind, sondern sich selbst betrachtet – ganz bewusst auf Abstand geht –, nimmt Feinheiten des eigenen Verhaltens wahr, die sonst leicht übersehen werden: etwa einen gereizten Unterton in der eigenen Stimme oder ein paar abfällige Gesten. Hört sich Sätze sagen, die so, wie sie klingen, nicht gemeint waren. Oder entdeckt Gefühle, die bisher verdrängt wurden – zum Beispiel Wut darüber, dass sich die Vorfreude auf mehr Freiraum, auf mehr Entlastung in Haushaltsdingen als verfrüht herausgestellt hat. Diese Enttäuschung schwingt mit bei Auseinandersetzungen – auch wenn nicht ausdrücklich darüber gesprochen wird. – Manchmal ermuntern Eltern ihre Kinder zwar pro forma, Verantwortung in Haus und Hof zu übernehmen, in Wahrheit wollen sie jedoch keine Verantwortung abgeben. Und das signalisieren sie, oft ohne sich dessen bewusst zu sein. Wer sich selbst kritisch anschaut, kann diesen geheimen Gefühlen auf die Spur kommen. Sich damit auseinander zu setzen, verhilft zu einem neuen Blickwinkel: Plötzlich klären sich die Dinge (siehe Seite 237). □

Wer meckert, wer mahnt, hat schon verloren: keine Aussicht auf Erfolg

Möglichst sachlich und sehr nachdrücklich darauf beharren, dass die Haushaltspflichten erledigt werden

Neue Spielregeln in der Familie

Jugendliche möchten ernst genommen, so wie die Erwachsenen behandelt werden

Das Bett von rechts nach links schieben. Die Küche auf den Kopf stellen. Das Bad streichen. Es ist nicht so, dass Jugendliche keine Ideen hätten, was sich zu Hause machen ließe – nicht wenige würden gerne frischen Wind in die Bude bringen. Heranwachsende wollen sich vor allem da engagieren, wo die Meinung von Erwachsenen gefragt ist – also in Bereichen, die früher, zu Kinderzeiten, nicht attraktiv für sie waren. Bei der Planung der Ferien, der Familienfeste, der Großeinkäufe wollen sie ein Wörtchen mitreden, und zwar ein entscheidendes. Am großen Wurf sind sie eher interessiert als an alltäglichem Kleinkram. Leider ist ihre Kreativität meist nur in Maßen gefragt, und zwar nicht nur, weil ihre Vorstellungen nicht unbedingt mit den Plänen der Eltern übereinstimmen, sondern auch, weil es einfach unbequem ist, wenn ein weiteres Familienmitglied den Anspruch erhebt, bei den wesentlichen Familienentscheidungen mitzubestimmen. Das vereinfacht Entscheidungsprozesse nicht unbedingt. Außerdem ist alles in Haus und Hof seit Jahren eingespielt. Dieses System soll bitte bleiben, wie es ist, darauf bestehen Eltern in der Regel nachdrücklich. Verständlich, dass Mütter und Väter so reagieren. Zu Hause soll alles praktisch sein, gut funktionieren – für mehr fehlt die Zeit und die Kraft. Sicherlich, ab und zu Dinge anders machen als gewohnt, das wäre schon möglich – aber nur, wenn sich das Ganze im Rahmen hielte; oft schränken Erwachsene den Freiraum gleich wieder ein: Das eigene Zimmer umräumen: ja! Aber alles andere ist tabu. Oder: Kuchen backen: ja! Aber bei der Aktion bitte nicht sämtliche Küchengeräte aus dem Schrank kramen! Das Aber nach dem Ja, die dauernden Einschränkungen, mindern den Schwung, stutzen die Begeisterungsfähigkeit auf Norm zurecht. Die Folge: weniger Motivation, weniger Lust, sich zu Hause zu engagieren. Und mehr Streit, unter dem alle leiden. □

Oft schwer einzusehen, dass die eigenen Ideen nicht unbedingt gefragt sind. Das nimmt die Lust am Helfen

Manchmal die reinsten Mimosen – nicht einfach in der richtigen Art und Weise auf die Kinder zuzugehen

Auch wenn sie noch so robust wirken, Kinder sind während der Pubertät besonders verletzliche Wesen, die empfindsam reagieren. Wenn sie sich unterfordert fühlen, neigen viele dazu, sich schnell zurückzuziehen nach dem Motto: »Ich bin kein kleiner Hansel mehr und lasse mich nicht für dumm verkaufen!« Gleiches gilt, wenn Aufgaben zu anspruchsvoll sind. Wird etwa ein 15-Jähriger aufgefordert, im Alleingang den Keller aufzuräumen, empfindet er diesen Auftrag wahrscheinlich weniger als Herausforderung denn als Zumutung und gibt entsprechend schnell auf: »Macht doch euren Kram alleine!« Was ist zu viel Anleitung, was zu wenig Unterstützung? Es ist nicht einfach für Eltern, den richtigen Maßstab zu finden. »Der Bursche wächst innerlich und äußerlich in so rasantem Tempo, dass ich den Anschluss an seine Entwicklung verliere und ihn nicht mehr richtig einschätzen kann«, berichtet die Mutter eines 16-jährigen Knaben. Kinder werden laufend verdonnert, dieses zu holen und jenes zu bringen. Einleuchtend, dass auf diese Weise die Motivation nicht gerade gefördert wird, sich zu Hause zu engagieren. Aber im Alltagsgetriebe ist oft kein Raum für ein Mehr. Für mehr Kreativität. Für mehr Freiräume. Da muss alles zackzack weggeschaufelt, geordnet werden – vor allem dann, wenn Mütter mit der Doppelbelastung Beruf und Haushalt allein dastehen. Sowieso schon überfordert, steht ihnen nicht der Sinn danach, extra behutsam auf die Bedürfnisse von Tochter oder Sohn einzugehen. Das unterbleibt von Montag bis Freitag. Hier heißt der (Entwicklungs-)Anreiz: zupacken lernen. Und lernen, dass die Kindheit, sprich Schonzeit, zu Ende geht. Wenn mit Jugendlichen in aller Ruhe gesprochen wird – ohne erhobenen Zeigefinger –, wenn an ihre Solidarität appelliert wird, handeln sie meist auch solidarisch. Dann hält sich ihr Widerstand auf Dauer in Grenzen – vor allem, wenn ein »goldener« Mittelweg gefunden wird zwischen Freiheit und Eingebundensein. Mal stehen die Bedürfnisse der Jugendlichen im Vordergrund, mal die der Erwachsenen. □

Mütter und Väter sollten Meister im Motivieren sein

Nur sich selbst im Blick haben?

Nachrichten im Fernsehen. Die Schreckensmeldungen lassen die 18-jährige Sophie kalt. Kein Nachfragen, keine Anteilnahme. Sie bittet ihren Vater umzuschalten. Auf einem anderen Kanal laufe eine Musiksendung, sagt sie. Ziemlich fassungslos betrachtet der Vater dieses Wesen von Tochter: Wieso ist sie derart desinteressiert?

Der Ego-Trip: nur eine Weile reizvoll, auf die Dauer fade

Viele Jugendliche bleiben in ihrem eigenen Kreis, sind kaum neugierig auf anderes

Immer mehr Jugendliche haben – laut neuerer Studien – vor allem Freizeit und Lebensgenuss im Kopf. Begriffe wie Gemeinwohl und Solidaritätsbereitschaft gelten nicht viel. Wer den Sinn des Lebens vor allem in sich selbst sucht und entsprechend viel Zeit damit verbringt, das Ich zu stylen, sein Outfit, seinen Körper, sein Zimmer, seinen Lebensstil auf den neuesten Stand zu bringen, ist rund um die Uhr reichlich beschäftigt und hat weder die Zeit noch die Energie, intensiv an anderen Menschen und ihrem Dasein Anteil zu nehmen (siehe Seite 98). Heranwachsende, die sich vor allem um sich selbst kümmern, umgeben sich gerne mit Menschen, die zu ihrem Lebensgefühl, zu ihrem Lebensstil passen, die oft mehr Staffage sind als Freunde. Sie verlieren die Fähigkeit oder entwickeln sie erst gar nicht, neugierig auf die Menschen zuzugehen, die nicht in ihr Bild passen, sind also nicht darauf aus zuzuhören, mit anderen zu reden, sich für die Belange von Freunden, Mitschülern, Kollegen zu engagieren. So verführerisch dieser Ich-Kult ist, mit der Zeit erkennen viele Jugendliche, wie fade solch ein Ego-Trip auf Dauer ist, dass übertriebener Egoismus nicht glücklich, sondern einsam macht. Viele bemühen sich, das Kunststück zu lernen, die eigenen Bedürfnisse im Blick zu haben und die Wünsche anderer dennoch zu berücksichtigen, soziales Denken und Handeln wichtig zu nehmen. Natürlich gelingt es ihnen leichter, diese Balance zu halten, wenn sie sich an Vorbildern orientieren können und Rückhalt in der Familie haben. □

Schon zu Baby-, Kindergarten- und Schulzeiten erfahren Kinder heute, dass ihre Bedürfnisse ernst genommen und weitgehend befriedigt werden. Die Folge: selbstbewusste Kinder, die ziemlich genau wissen, was sie wollen. Mit der Pubertät verwandelt sich dieses gesunde Selbstbewusstsein nach Meinung vieler Erwachsener in ein übersteigertes Selbstwertgefühl. »Die Kinder nehmen sich plötzlich so unendlich wichtig. Sie glauben, sie seien der Nabel der Welt und alles Drumherum diene ausschließlich dazu, ihr Wohlbefinden zu steigern!«, stöhnt ein Vater zweier halbwüchsiger Söhne und denkt darüber nach, auf welche Art er seinen Knaben Lebensinhalte wie etwa soziales Verhalten und Solidarität näher bringen könnte. Viele Eltern sprechen gar nicht so selten mit ihren Kindern über Gemeinsinn, über Bereitschaft zur Solidarität, über Selbstsüchtigkeit und die Auswirkungen auf die Gesellschaft, über Selbstlosigkeit und Nächstenliebe und warum diese Werte unverzichtbar sind. Viele beschränken sich jedoch aufs Reden und verlieren damit an Glaubwürdigkeit. Wenn Theorie und Praxis nicht immer übereinstimmen, sehen Jugendliche nicht milde darüber hinweg, sondern nehmen das Verhalten ihrer Eltern meist besonders kritisch unter die Lupe (siehe Seite 56 bis 64). »Alle naselang wird mir vorgehalten, dass ich nur an meine Wünsche denke und mich nicht um andere kümmere.« Christine, 15 Jahre alt, ärgert sich darüber, dass ihre Mutter an ihr bemängelt, worüber sie bei sich selbst gnädig hinwegsieht: »Ich soll meine Egozentrik überwinden und mich für andere einsetzen, dabei tut sie selbst nichts für andere!« – Die meisten Jugendlichen treten in die Fußstapfen der Erwachsenen, spiegeln das wider, was die Elterngeneration ihnen vorlebt – oft mit einem Unterschied: Sie verzichten darauf, ihr Verhalten mit großen Worten zu verbrämen, und sagen ganz klar, was sie wollen: die eigenen Bedürfnissse optimal befriedigen. Und da bleibt oft wenig bis kein Raum für soziales Handeln. □

Erziehung zu Solidarität und Gemeinsinn – jetzt noch möglich?

Jugendliche weisen ihre Eltern gerne auf Widersprüche in ihrem Denken und Handeln hin

Politik: ein interessantes Thema – rein theoretisch

Vor einem Jahrzehnt fühlte sich die Mehrzahl der Jugendlichen nicht nur durch Kriege und atomare Aufrüstung, durch die Zerstörung der Natur bedroht, sondern auch durch knappe Angebote an Ausbildungs- und Arbeitsplätzen. Die Erwartungen an die Zukunft waren ausgesprochen pessimistisch. Dennoch war nicht Resignation, sondern Kampf um bessere Lebenschancen, also Aufbruchstimmung angesagt. Heranwachsende arbeiteten in Bürgerinitiativen und sozialen Verbänden mit, interessierten sich nicht nur für Politik, sondern auch für Parteien. Soziales Engagement stand hoch im Kurs. Zehn Jahre später sind die tristen Vorstellungen – laut neuerer Jugendstudien – weit weniger düsteren Zukunftserwartungen gewichen. Die jüngere Generation hat – allen Krisenerscheinungen zum Trotz – eine ausgesprochen optimistische Meinung über die Weiterentwicklung der Gesellschaft. Dennoch ist das Vertrauen in den Staat gering. Die offizielle Politik steht samt Regierungen und Verwaltungen in keinem hohen Ansehen bei den Jugendlichen von heute – und die Politiker erst recht nicht. Sie sind ihnen kein Vorbild für »Ehrlichkeit« und »Gerechtigkeit«, für »Gemeinsinn« und »Solidarität« – für die hehren Werte, von denen in unserer Gesellschaft viel die Rede und wenig zu sehen ist. Alternative Aktionen wie etwa Unterschriften sammeln, Flugblätter verteilen, demonstrieren, werden dagegen für gut befunden. Jugendliche halten etwa Umwelt- und Friedensbewegungen für wichtig, können sich aber trotzdem nur selten dafür begeistern. Sie wissen Initiative zu schätzen, aber selber mitmischen? Nein, danke – es werden sich andere finden, die das machen, davon gehen sie aus. Die nachwachsende Generation ist kaum bis gar nicht bereit, sich gesellschaftlich zu engagieren. Nur noch rund ein Prozent der Jungen ist heute in Bürgerinitiativen und Parteien aktiv. □

Ohne Angst schauen die meisten Jugendlichen heute in die Zukunft – allen Problemen zum Trotz

Das Engagement für gesellschaftliche Belange hält sich bei den meisten sehr in Grenzen

Ganz egal in welchem Zeitalter – die ältere Generation beäugt die jüngere immer ängstlich bis misstrauisch und voller Vorurteile: Mal werden die Nachkommen als vergnügungssüchtige Egomanen, mal als lasche Langweiler abgestempelt – jede Zeit hat ihre eigenen Klischees. Natürlich betrachten die Alten die Jungen auch heute mit Skepsis: Wird *diese* Jugend, die sich abkoppelt von Staatsdingen, so als hätte das alles mit ihrem Leben nichts zu tun, später in der Lage sein, für die Renten, die Wirtschaft, das Staatswesen zu sorgen? Lissy, 17 Jahre alt, zählt zu den Heranwachsenden, die zuversichtlich in die Zukunft schauen. »Das wird schon klargehen: Abitur machen, studieren, nebenbei jobben und dann ab in den Beruf«, so etwa denkt sie sich das. Und privat: »Den richtigen Partner finden, Kinder großziehen!« Ganz wichtig bei allem: Lissy will keine Abstriche machen, will den gewohnten Lebensstandard unbedingt halten. Reichlich pragmatische Vorstellungen seien das, meinen Lissys Eltern. Sie sehen nicht ganz so optimistisch in die Zukunft wie ihre Tochter: »Was wird, wenn sich die Mehrheit der Jugendlichen mit der Zuschauerrolle in diesem Staat begnügt? Und was, wenn sich die hoch gespannten Erwartungen später nicht erfüllen lassen, wenn der super Ausbildungsplatz, der tolle Job zum Geldverdienen nicht aufzutreiben ist? Wenn hunderttausende baden gehen mit ihren Lebensplänen – was geschieht dann mit diesem ungeliebten Staatswesen?« Antworten auf diese Fragen sind schwierig. Und selbst, wenn sie Antworten wüssten, müssten Eltern an diesem Punkt einmal mehr lernen, dass ihre Weisheiten nicht mehr unbedingt gefragt sind. Weil die nachwachsende Generation Anspruch auf Autonomie erhebt, wird es schwieriger, sie zu erreichen. Eltern müssen lernen, sich damit abzufinden, dass ihre Einflussmöglichkeiten schwinden, und das zu akzeptieren fällt oft schwer – vor allem, wenn sie sich Sorgen machen. □

Die Zukunftssorgen der Eltern lassen die Kinder weitgehend kalt

Auch hier stoßen Mütter und Väter schnell an Grenzen: Die Kinder wollen keine guten Ratschläge

Von der Schwierigkeit, sich einzugliedern

Auf der Suche nach neuen Ideen

Auf Individualität und die eigene Meinung wird viel Wert gelegt

Dass nur noch wenige Jugendliche Lust verspüren, sich politisch zu engagieren, heißt nicht, dass sie kein Interesse an Politik hätten. Im Gegenteil. Politik gilt vielen als spannendes Thema, über das sich gut reden lässt. Bei politischen Diskussionen halten heute nicht nur die Fast-Erwachsenen und Erwachsenen mit, sondern häufig schon 13-Jährige, die sich dank Fernsehen und Zeitung nicht nur gut informiert fühlen, sondern auch selbstbewusst genug sind, um hier ihren eigenen Standpunkt zu vertreten (siehe Seite 146). Es mangelt vielen dieser politisch Interessierten nicht nur an der Lust, sich zu engagieren, sondern auch an Alternativen: Sie sehen keinen Spielraum mehr für sich. Immer nur kritisieren, analysieren, irgendwelchen Visionen oder Ideologien nachjagen, sich einsetzen für Ideen, das hat an Reiz verloren – alles schon abgegrast. Andere Jugendgenerationen waren hier Vorkämpfer. Die Rollen »junge Rebellen« oder »ungestüme Weltverbesserer« mag kaum noch einer übernehmen. Das ist passé. Immer mehr Heranwachsende der 90er haben heute ihre Schwierigkeiten mit den Rollen, die Erwachsene für »typisch jugendlich« halten. Sie wollen keine Extraklasse in unserer Gesellschaft sein, keine Mitläufer in einer Masse, die sich Etiketten verpassen lässt wie etwa »Generation X« oder »Punker«. »Ich hasse dieses Schubladendenken!« Mit seinen gerade 17 Jahren besteht Moritz selbstbewusst darauf, ein Original, einfach einmalig zu sein: »Ich passe in keine Kiste. Politisch schon gar nicht!« Er lehnt Bezeichnungen wie »rechts« oder »links«, »progressiv« oder »konservativ« für sich ab. »Alles zu klischeehaft. Alles unbrauchbare Schlagwörter!« Deshalb graust es Moritz und viele seiner Freunde, wenn von großen Gefühlen die Rede ist, etwa von Heimat- oder Nationalgefühl: »Nicht unser Ding!« Als Kosmopolit oder als Europäer möchten viele Heranwachsende noch am ehesten gelten. Das ist weniger eng, da bleibt Raum für Individualismus. □

Politik ist kein Sonderthema, über das Eltern ab und an mit ihren Töchtern, Söhnen diskutieren sollten, damit sie sich über Staat und Gesellschaft ein Urteil bilden können. Politik ist Teil des Alltags, des sozialen Lebens, und das bereits zu Kindergarten- und Schulzeiten. Immer, wenn Kinder ihre Angelegenheiten in einer Gruppe regeln, handeln sie politisch: Wenn sie einen Einzelgänger triezen oder schützen. Wenn sie einen Klassensprecher ausgucken. Wenn sie über das Ziel eines Klassenausflugs abstimmen. Wenn sie bei einem Streit nicht auf ihrem Standpunkt beharren, sondern nach einem Kompromiss suchen. Ziehen immer mehr Jugendliche eine Grenze zwischen politischem Handeln und Denken im privaten und im öffentlichen Bereich und verweigern sich der großen Politik, entfremden sie sich damit nicht nur dem gesellschaftlichen Leben ganz wesentlich. Sie überlassen auf Dauer einer immer kleiner werdenden Gruppe das Regieren und Verwalten – beunruhigende Zukunftsaussichten, auf die Sozialforscher zunehmend hinweisen. Für Eltern stellt sich die Frage, auf welche Weise ihr Kind zu seiner politischen Meinung kommt und was sein politisches Verhalten prägt. Wo ist ihr Part in diesem Gefüge? Sicherlich orientieren sich Jugendliche an der politischen Grundeinstellung ihrer Eltern und Freunde. Sie lernen einiges über die offizielle Politik, wenn sie die Zeitungen, die Bücher lesen, die zu Hause herumliegen, wenn sie fernsehen und sich an politischen Diskussionen in der Familie und der Schule beteiligen. Über das genaue Zusammenspiel der verschiedenen Faktoren weiß man – wissenschaftlich gesehen – noch wenig. Sicherlich können Eltern das politische Verhalten ihrer Kinder beeinflussen, indem sie ein gutes Vorbild abgeben, und das heißt: soziales Verhalten im Alltag wichtig nehmen, aktiv Politik machen, egal in welchem Lebensbereich. □

Schon im Kindergarten wird die Grundlektion politischen Handelns gelernt

Ganz wichtig: politisches Handeln im Alltag vorleben und nicht nur über Politik reden

Herantasten an neue Themen – mit Hilfe der Eltern

Jugendliche lernen schnell, sich in unserem Gesellschaftssystem zurechtzufinden

Belehrt werden wollen sie nicht. Aber die meisten Jugendlichen reden nicht ungern mit ihren Eltern. Auch über Gesellschaft und Politik

Früher haben die Eltern ihr Kind immer an die Hand genommen: bei den ersten Versuchen, laufen zu lernen, beim ersten Gang in den Kindergarten, in die Schule. Mit der Zeit löst sich die kleine Hand immer häufiger von der großen. Das Kind wird selbstständig (siehe Seite 154). Erstaunlich schnell und gut finden sich Heranwachsende in unserem Gesellschaftssystem allein zurecht. Sie tun sich nicht schwer damit, die Organisation zu durchschauen, die das Zusammenleben ordnet; sie lernen frühzeitig, wie man ein Konto bei der Bank eröffnet, den Personalausweis verlängert, an ein Zeitungsabo kommt. Sie wissen auch, was nicht in ihren Erfahrungsbereich fällt, was Arbeitgeber und Arbeitnehmer sind, was Gewerkschaften und Verbände zu tun haben. Häufig verschaffen sie sich per Fernsehen, Rundfunk und Zeitungen die nötigen Informationen. Natürlich vermittelt auch die Schule einiges an Wissen über unsere Gesellschaft, über Politik. Dennoch bleiben Fragen offen. Wenn ein Kind langsam erwachsen wird, heißt das nicht, dass die Eltern damit für seine Entwicklung unwichtiger werden, sondern dass sich ihre Aufgaben verändern. Sie sind nicht länger als Erzieher gefragt, sondern als Vertraute und Berater, als Gesprächspartner, die Fragen anregen, Fragen stellen und Fragen beantworten, die mit ihren Kindern über Politik, über das Gesellschaftssystem sprechen, in dem wir leben. Sie können eine Menge bewegen, wenn sie sich engagieren und sich die Zeit nehmen, die Mühe machen, ihr Kind so zu motivieren, dass es weiterfragt und neugierig bleibt. Viele Jugendliche fühlen sich hier allein gelassen: Die Eltern haben keine Zeit, sind zu sehr mit sich selbst beschäftigt oder glauben, ihr Kind gehe längst seiner eigenen Wege, habe keinen Bedarf an Gesprächen und Anregungen. Umso wichtiger, dass Kinder auf ihre Eltern zugehen, sich ihnen mitteilen. Oft besteht dann doch eine Chance, Versäumtes nachzuholen. □

Mit Minirock und frisch geföhnten Haaren tänzelt Renata davon: Kino steht an. Renatas Mutter meint, ihre Tochter genau zu kennen und richtig einschätzen zu können. Auch Renatas Freunde sind ihr vertraut. Alles typische Teenager, mehr oder weniger angepasst. – Ihre Erfahrungen stimmen jedoch kaum mit dem Bild überein, das Fernsehen und Zeitschriften von Jugendlichen vermitteln. Da ist von Heranwachsenden die Rede, die dealen, die originell bis zum Gehtnichtmehr sein wollen, die Lehrer bedrohen und Krawall machen – oder die schon zu Schulzeiten ihre Karriere planen.

Dass ihre Erfahrungen so wenig mit den Medienberichten übereinstimmen, verunsichert viele Eltern: »Welches Bild ist nun typisch? Leben wir vielleicht hinter dem Mond? Liegen wir total daneben mit unseren Beobachtungen? Bekommen wir nicht mit, was wirklich läuft, oder sehen wir – ohne es zu merken – unsere Kinder durch eine rosarote Brille?« Manchmal schwindet das Vertrauen in die eigene Urteilsfähigkeit und auch das Vertrauen in die Jugendlichen. Dann kriechen diffuse Ängste aus den Ritzen, und die »lieben« Kinder verwandeln sich in der Fantasie in ausgemergelte Junkies oder ölig-glatte Konsumtypen mit ansprüchigem Gehabe – jeder hat da seine eigenen Befürchtungen. Am Schluss steht immer die Frage: »Was wird aus unseren Kindern? Wird es ihnen gelingen, sich in die Gesellschaft einzugliedern?« Und man beruhigt sich damit, dass die Medien das herauspicken, was Furore macht. Was Aufsehen erregt, ist aber nicht der Normalfall. Die meisten Jugendlichen sind jedoch »Normalos«, die nett und adrett, oft zwar unwillig, aber dennoch zur Schule und zur Arbeit antreten. Die eine feste »Beziehung« haben und auch in ihrer Freizeit nicht allzu sehr über die Stränge schlagen, in der Regel also keine Extreme suchen. Sie mögen auf den ersten Blick vielleicht farbloser, langweiliger sein als die Teenies aus der Medienlandschaft, die meisten Eltern wissen das jedoch zu schätzen: Sie müssen sich in der Regel keine allzu großen Sorgen machen. □

Wenn sie sich verunsichern lassen, schwindet das Vertrauen in die Kinder leicht

Die Mehrzahl der Heranwachsenden sind »Normalos« und machen ihren Müttern, ihren Vätern keine allzu großen Sorgen

Erstes Nachdenken über den Beruf

Das Thema »Berufstätigkeit« wird für viele bereits jetzt akut. Welcher Beruf kommt überhaupt in Frage? Wie findet man den richtigen Beruf und dann auch noch den entsprechenden Ausbildungsplatz? Auf die Hilfe der Eltern können sich längst nicht alle verlassen. Viele Jugendliche fühlen sich mit ihren Überlegungen ziemlich allein gelassen. »Da ist niemand, mit dem ich darüber reden könnte«, erzählt Astrid, 15 Jahre alt und auf Suche nach einem Beruf. »Alle kommen mit ihren eigenen Ideen. Keiner hört mir richtig zu!«

Interessant soll der Beruf sein, darauf legen die meisten viel Wert

Nicht das große Geldverdienen steht auf ihrer Wunschliste in Sachen Beruf an erster Stelle, haben Wissenschaftler herausgefunden, sondern Punkte wie sicherer Arbeitsplatz, selbstbestimmtes, kreatives und interessantes Arbeiten. Berufe, die einiges an Selbstlosigkeit verlangen, wie etwa Krankenschwester oder Sozialarbeiter, sind dagegen wenig gefragt. Die Arbeit muss Selbstverwirklichung ermöglichen, heißt das Credo. Der Lebensgenuss soll sich nicht auf die paar Stunden Freizeit beschränken, sondern auf den ganzen Tag erstrecken. Von Beruf als reiner Pflichterfüllung ist unter Jugendlichen nicht mehr die Rede. Das Gros aller 16-Jährigen meint, dass ohne massiven Einsatz von Ellenbogen heute kein Fortkommen sei, dass sich Ehrlichkeit im Beruf nicht auszahle. An Chancengleichheit glaubt kaum noch einer. Wohl wegen dieser ernüchternden Sichtweise verzichten so viele Mädchen von vornherein auf den Versuch, ihre Berufsträume – von Tierärztin über Archäologin bis Hotelkauffrau reicht hier das Spektrum – zu verwirklichen. Sie haben die Sorge, in nichttraditionellen Berufen schlechtere Chancen zu haben als Männer, von Kollegen nicht anerkannt oder sogar diskriminiert zu werden, fürchten aber auch Widerstände in der Familie und im Freundeskreis.

Mädchen trauen sich oft nicht, ihre Berufsträume wahr werden zu lassen

Der Optimismus in punkto Beruf hält sich also in Grenzen. Aber mit einer gewissen Wurschtigkeit hoffen viele darauf, dass auch sie ihre Chance haben werden. □

Wenn ihr Filius, Sporttasche unterm Arm, fröhlich pfeifend abdampft, können sich seine Eltern kaum vorstellen, dass dieses Riesenkind demnächst auf Jobsuche gehen will. Wie alle Mütter und Väter sorgen sie sich um die Zukunft ihres Knaben, der wahrscheinlich unverkrampfter und provozierend locker an das Thema »Beruf« herangeht: Natürlich will er etwas leisten, Erfolg haben – ohne großen Einsatz geht es heute nicht mehr, das ist ihm klar. Aber er hat es nicht besonders eilig, beruflich auf eigenen Füßen zu stehen, will noch eine Weile viel Freizeit und Reisen genießen. Der Gedanke an Karriere hat aus seiner Sicht Zeit. Und muss Karriere überhaupt sein? Diese Sichtweise zu akzeptieren, fällt Eltern oft schwer. Das »Kind« müsste gleich mit Schwung loslegen, aktiv, initiativ sein – das ist heute gefragt. Sie wissen, wie schwierig es heute für Jugendliche sein kann, sich ins Berufsleben einzugliedern, und welche einschneidenden Folgen das rasante Tempo des technischen und wissenschaftlichen Fortschritts für die Berufstätigkeit hat (Stichwort Jugendarbeitslosigkeit). Wer nicht hellwach ist, den Willen hat, sich ständig zu qualifizieren, bleibt auf der Strecke. Eine gute Grundausbildung ist längst kein Garant mehr für einen Arbeitsplatz. Für die Argumente und Fakten, die ihre Eltern vorbringen, haben Teenies meist kein Ohr. Die Eltern werden als Ratgeber, als Vorbild nicht unbedingt ernst genommen – selbst wenn sie gut zurechtkommen in ihrem eigenen Beruf. Viele Heranwachsende fühlen sich hier – in ihrem jugendlichen Höhenflug – den »Alten« überlegen; so können sie, blutige Anfänger, zum Beispiel jetzt schon besser mit Technik, mit Computern und Fremdsprachen umgehen. Wenn sich Eltern in Zurückhaltung üben, keinen Druck machen, dem »Kind« nicht gleich ihr Wissen und ihre Vorstellungen überstülpen wollen, sondern sich darauf beschränken, Gesprächsbereitschaft zu signalisieren, haben sie am ehesten Chancen, schließlich doch noch als Ratgeber erwünscht zu sein. Und gute Ratgeber werden bei der Berufswahl dringend gebraucht. □

Heiße Diskussionen über die Berufswahl – nicht immer einfach, dem Kind die Entscheidung zu überlassen

Bloß nicht aufdrängen als Ratgeber, sondern Gesprächsbereitschaft signalisieren

Literatur und Kontaktadressen

ALLGEMEINE LITERATUR ZUR PUBERTÄT:

Arlt, Marianne: Pubertät ist, wenn die Eltern schwierig werden. 3. Auflage. Freiburg 1992

Baacke, Dieter: Die 13- bis 18jährigen. 5. Auflage. Weinheim und Basel 1991

Dolto, Françoise; Dolto-Tolitch, Catherine: Von den Schwierigkeiten, erwachsen zu werden. Stuttgart 1991

Gordon, Thomas: Familienkonferenz. 13. Auflage. München 1993

Hirsch, Anna-Maria: Wenn Kinder flügge werden. München 1991

Molden, Hanna: Man nennt es Pubertät. Wien 1990

Storch, Maja: Das Eltern-Kind-Verhältnis im Jugendalter. Weinheim und München 1994

ZUM THEMA WEIBLICHE SEXUALITÄT:

Broschüren-Serie »Ich werde erwachsen« – liegt in der Praxis vieler Kinder- und Frauenärzte aus

Infoblatt »Aus der Praxis« Nr. 9 »Meine Tochter wird Frau« – bekommt man bei Frauenärzten

KONTAKTADRESSEN:

Telefonischer Beratungs- und Informationsdienst für Jugendliche »Durchblick«
Montag bis Freitag: 15–17 Uhr
08 00/3 43 13 43 (gebührenfrei)

Arbeitsgemeinschaft Kinder- und Jugendgynäkologie, Am Bonneshof 30, 40474 Düsseldorf
Tel.: 02 11/43 45 91

Österreich:

First Love
Anonyme und kostenlose Sexualberatung für Jugendliche im Krankenhaus Rudolfstiftung
Juchgasse 25/I. Stock, 1030 Wien
Montag + Mittwoch: 14–16 Uhr
Tel.: 01/7 11 65–47 12
Internet: www.firstlove.at

ZUM THEMA VERHÜTUNG:

»Was Sie schon immer über Empfängnisverhütung wissen wollten« – zu bestellen bei: Pamminger & Partner, Postfach 1631, 94666 Leonberg

ZUM THEMA AIDS:

KONTAKTADRESSE:

Bundeszentrale für gesundheitliche Aufklärung, Köln
Telefonische Beratung,
Tel.: 02 21/89 20 31
Internet: www.bzga.de
Internet: www.aidsberatung.de
E-Mail: telefonberatung@bzga.de

ZUR WEIBLICHEN IDENTITÄTSFINDUNG:

Caron, Anne F.: Töchter werden junge Frauen. Stuttgart 1992

Debold, Elisabeth; Malavé, Idelisse; Wilson, Marie: Die Mutter-Tochter-Revolution. Reinbek bei Hamburg 1994

ZUM THEMA MÄNNLICHE IDENTITÄTSFINDUNG:

Keen, Sam: Feuer im Bauch. Über das Mann-sein. Hamburg 1992

Kracke, Bärbel: Pubertät und Problemverhalten bei Jungen. Weinheim 1993

Schnack, Dieter; Neutzling, Rainer: Kleine Helden in Not. Jungen auf der Suche nach Männlichkeit. Reinbek bei Hamburg 1990

ZUM THEMA ANGST:

Richter, Horst-Eberhard: Umgang mit der Angst. Hamburg 1992

ZUM THEMA PFERDE:

Wagenmann, Sonia; Schonhammer, Rainer: Mädchen und Pferde. Psychologie einer Jugendliebe. Berlin 1994

ZUM THEMA FERNSEHEN:

Eicke, Ulrich; Eicke, Wolfram: Medienkinder. Vom richtigen Umgang mit der Vielfalt. München

ZUM THEMA SCHULE:

KONTAKTADRESSE:

Aktion Bildungsinformation e. V.
Alte Poststraße 5, 70173 Stuttgart
Tel.: 07 11/29 93 36
Internet: www.abi-ev.de
E-Mail: info@abi-ev.de

ZUM THEMA GEWALT:

Bründel, Heidrun; Hurrelmann, Klaus: Gewalt macht Schule. Wie gehen wir mit aggressiven Kindern um? München 1994

Luca, Renate: Zwischen Ohnmacht und Allmacht, Unterschiede im Erleben medialer Gewalt von Jungen und Mädchen. Frankfurt/Main 1993

Schulte-Markwort, Michael: Gewalt ist geil. Stuttgart 1994

KONTAKTADRESSE:

Eltern mit Gewaltproblemen.
Bundesarbeitsgemeinschaft
»Die Kinderschutz-Zentren«, Köln
Tel.: 02 21/56 97 53
Fax: 02 21/56 97 550
Internet:
www.kinderschutzzentren.org
E-Mail:
die@kinderschutz-zentren.org

ZUM THEMA SUCHT UND DROGEN:

Bühringer, Gerhard: Drogenabhängig. Wie wir Mißbrauch verhindern und Abhängigen helfen können. Freiburg 1992

Burr, Alison: Alkohol in der Familie. München 1985

Christiane F.: Wir Kinder vom Bahnhof Zoo. 38. Auflage. Hamburg 1994

Harm, Wolfgang (Hrsg.): Mein Kind nimmt Drogen. Reinbek bei Hamburg 1994

Nissen, Gerhard (Hrsg.): Abhängigkeit und Sucht. Bern 1994

Schiffer, Eckhard: Warum Huckleberry Finn nicht süchtig wurde. Anstiftung gegen Sucht und Selbszerstörung bei Kindern und Jugendlichen. Weinheim 1993

Schröder, Burkhard: Heroin, Sucht ohne Ausweg? Ein Aufklärungsbuch. Reinbek bei Hamburg 1993

Sichinger, Richard; Kindermann, Walter; Lind-Krämer, Susanne; Timper-Nittel, Angela: Wege aus der Drogenabhängigkeit. Gelungene und gescheiterte Ausstiegsversuche. Freiburg 1992

KONTAKTADRESSEN:

Bundeszentrale für gesundheitliche Aufklärung, Köln
Telefonische Beratung,
Tel.: 02 21/89 20 31
Internet: www.bzga.de
E-Mail: telefonberatung@bzga.de

Deutsche Hauptstelle gegen Suchtgefahren (DHS)
Westring 2, 59065 Hamm
Infomaterial, Tel.: 0 23 81/9 01 50
Internet: www.dhs.de
E-Mail: info@dhs.de

Deutscher Paritätischer Wohlfahrtsverband, Referat Gefährdetenhilfe
Heinrich-Hoffmann-Straße 3,
60528 Frankfurt/Main
Tel.: 0 69 / 6 70 62 69
Internet: www.paritaet.org
E-Mail:
gefaehrdetenhilfe@paritaet.org

Gesamtverband für Suchtkrankenhilfe im Diakonischen Werk der evangelischen Kirche Deutschlands
Kurt-Schumacher-Straße 2,
34117 Kassel
Tel.: 05 61/10 95 70
Fax: 05 61/77 83 51
Internet: www.sucht.org
E-Mail: gvs@sucht.org

Verband ambulanter Beratungs- und Behandlungsstellen für Suchtkranke/ Drogenabhängige
Karlstraße 40, 79104 Freiburg
Tel.: 07 61/20 03 63/3 03

Österreich:

Zentralstelle für Suchtkrankenhilfe,
Borschkegasse 1, 1090 Wien
Tel.: 01/4 05 67 86

ZUM THEMA ESSSTÖRUNGEN:

Bruch, Hilde: Eßstörungen. Zur Psychologie und Therapie von Übergewicht und Magersucht. Frankfurt 1992

Gerlinghoff, Dr. med. M.; Backmund, Dr. med. H.: Magersucht. München 1994

ZUM THEMA DEPRESSION UND SELBSTMORD:

Bronisch, Thomas: Der Suizid. Ursachen, Warnsignale, Prävention. München 1995

Friese, Hans Jürgen; Trott, Götz Erik (Hrsg.): Depression in Kindheit und Jugend. Bern, Stuttgart, Toronto 1988

Greist, John H.; Jefferson, James W., Depression: Was man darüber wissen sollte und was man dagegen tun kann. München 1995

KONTAKTADRESSEN:

Die Arche – Zentrale für Selbstmordverhütung und Lebenshilfe e.V.
Viktoriastraße 9, 80803 München
Tel.: 0 89/33 40 41

Max-Planck-Institut für Psychiatrie. Therapie-Centrum für Essstörungen (TCE). Schleißheimer Straße 267, 80809 München, Tel.: 0 89/3 56 24 90

Österreich:

Kriseninterventionszentrum (für Eltern)
Spitalgasse 11/III. Stock, 1090 Wien
Tel.: 01/40 69 59 50

Ambulanz der Psychiatrischen Universitätsklink, Währinger Gürtel 18–20, 1090 Wien
Tel.: 01/4 04 00-35 47

Schweiz:

Zentrum für Kinder- und Jugendpsychiatrie
Universitätspoliklinik
Neumünsterallee 3, 8032 Zürich
Tel: 01/4 22 18 00

Pro Mente Sana, Rotbuchstraße 32, 8037 Zürich, Tel.: 01/3 61 82 72

Sorgentelefon Schlupfhuus, Schönbühlstraße 8, 8032 Zürich
Tel.: 01/2 51 06 11

ZUM THEMA ALLEIN ERZIEHENDE:
KONTAKTADRESSE:

Bundesverband alleinerziehender Mütter und Väter e.V.
Beethovenallee 7, 53173 Bonn
Tel.: 02 28/35 29 95
Internet: www.vamv.de
E-Mail: vamv-bv@netcologne.de

Bei allgemeinen Problemen zum Thema Pubertät und als erste Anlaufstellen wenden Sie sich an:

Pro Familia, Bundesverband
Streesemannallee 3,
60596 Frankfurt/Main
Tel.: 0 69/63 90 02
Internet: www.profamilia.de
E-Mail: profamilia.info@t-online.de

Register